窦凯 ◎ 著

中国数字内容产业
国际竞争力研究

中国财经出版传媒集团
经济科学出版社
Economic Science Press
·北京·

图书在版编目（CIP）数据

中国数字内容产业国际竞争力研究/窦凯著. --北京：经济科学出版社，2023.12
ISBN 978-7-5218-5460-2

Ⅰ.①中… Ⅱ.①窦… Ⅲ.①数字技术-高技术产业-国际竞争力-研究-中国 Ⅳ.①F279.244.4

中国国家版本馆 CIP 数据核字（2023）第 253026 号

责任编辑：李　雪
责任校对：郑淑艳
责任印制：邱　天

中国数字内容产业国际竞争力研究
ZHONGGUO SHUZI NEIRONG CHANYE GUOJI JINGZHENGLI YANJIU
窦　凯　著

经济科学出版社出版、发行　新华书店经销
社址：北京市海淀区阜成路甲 28 号　邮编：100142
总编部电话：010-88191217　发行部电话：010-88191522
网址：www.esp.com.cn
电子邮箱：esp@esp.com.cn
天猫网店：经济科学出版社旗舰店
网址：http://jjkxcbs.tmall.com
固安华明印业有限公司印装
710×1000　16 开　19 印张　250000 字
2023 年 12 月第 1 版　2023 年 12 月第 1 次印刷
ISBN 978-7-5218-5460-2　定价：96.00 元
（图书出现印装问题，本社负责调换。电话：010-88191545）
（版权所有　侵权必究　打击盗版　举报热线：010-88191661
QQ：2242791300　营销中心电话：010-88191537
电子邮箱：dbts@esp.com.cn）

前言

Preface

随着以数字化知识和信息为关键生产要素的数字经济开始由量变发生质变,作为"文化创意+信息通信技术"的碰撞跨界融合所产生的数字内容产业,正逐渐成为中国乃至全球"后国际金融危机"时代经济复苏的新引擎。近年来,由于"网络中国""数字中国"战略的实施推进,中国数字内容产业整体上呈现向好向优的发展态势,数字影音、网络游戏、数字出版、移动内容等领域增长迅速且国际化程度逐渐加深,中国已经成为世界数字内容产业大国。然而与美欧日等数字内容产业强国相比,中国数字内容产业国际竞争力在整体水平上仍然处于竞争弱势,国际化水平有待进一步提升。在当前全球数字化背景下中国数字内容产业面临着激烈的竞争,如何正确评价、合理分析当前中国数字内容产业的国际竞争力水平以及在全球数字内容产业格局中的地位,明确中国与发达国家存在的差距,进而有针对性制定中国数字内容产业国际竞争力提升政策,是当前亟待解决的关键问题。

本书以数字经济时代数字内容产业的发展为研究背景,利用问卷调查、专家访谈、灰色关联等研究方法，探讨了数字内容产业的内涵及分类体系，阐述了数字内容产业国际竞争力国内外研究现状，分析了数字内容产业国际竞争力的理论基础；围绕全球及中国数字内容产业发展历程及现状，分析了中国数字内容产业在全球数字内容产业格局中的地位，判断了中国数字内容产业的生命周期阶段；在以上基础理论研究和现状分析的基础上，确定了数字内容产业国际竞争力理论分析框架，并利用层次分析法的思想构建包含1个目标、4大系统、14项要素、50项指标的中国数字内容产业国际竞争力评价指标体系；最后依据灰色关联分析法构建评价模型，并通过数据的收集与整理，选择G20国家为样本考察对象，选定2010~2017年作为考察阶段，完成了对中国数字内容产业国际竞争力的横向综合测评。

实证结果表明，虽然近年来中国数字内容产业伴随数字经济快速发展，国际竞争力呈现明显增强的发展趋势，但较之于美国、英国等数字内容产业强国，中国在全球数字内容产业竞争格局中仍然处于弱势阶层，中国在G20国家中位列第7名，整体处于第三梯度。通过与美英两国的比较发现，中国劣势指标的数量远大于优势指标，尤其是在产品竞争实力、企业战略、关联产业、产业结构、产业基础设施、政府政策、市场开放等方面劣势明显，成为制约中国数字内容产业国际竞争力的关键因素。

本书以实证结果为参考，在借鉴美、英、日、韩四国数字内容产业发展模式的基础上，从政府层面、行业协会层面以及企业层面制定了数字内容产业国际竞争力提升路径。政府作为数字内容产业的宏观规划者，要加强顶层战略设计、科学规划产业布局，要规范产业发展秩序、优化产业发展环境，要加强政府引导扶持、完善产业政策体系，要推动跨界融合发展、构建协同产业集群，要全面深化改革开放、培养高端国际企业，要完善数字基础设施、推动数字经济发展；行业协会作为沟通数字内容企业与政府的中介，要发挥行业政策倡导功能、推动产业快速发展，要发挥行业自律功能、维护产业发展秩序，要发挥资源整合功能、提高资源配置效率，要发挥沟通协调功能、完善桥梁纽带作用；企业作为数字内容产业经营的微观主体，要推动企业持续创新、促进产业整体提升，要提升企业管理水平、促进企业科学发展，要参与国际竞争合作、不断开拓国际市场，要促进要素资源升级、形成动态竞争优势。

目录

Contents

第 1 章　引言 / 1
  1.1　研究背景与研究意义 / 1
  1.2　研究思路与研究方法 / 7
  1.3　研究框架与主要内容 / 9
  1.4　创新点 / 12

第 2 章　文献综述及基础理论梳理 / 14
  2.1　相关概念界定 / 14
  2.2　国内外相关研究综述 / 21
  2.3　产业竞争力来源及基本理论梳理 / 28
  2.4　文献述评 / 44

第 3 章　中国数字内容产业发展现状 / 46
  3.1　全球数字内容产业发展历程及现状分析 / 46
  3.2　中国数字内容产业发展历程及现状分析 / 53

- 3.3 中国数字内容产业在全球数字内容产业格局中的地位 / 68
- 3.4 中国数字内容产业生命周期阶段判断识别 / 71
- 3.5 本章小结 / 80

第 4 章 中国数字内容产业国际竞争力评价指标体系与模型构建 / 82

- 4.1 数字内容产业国际竞争力理论分析框架 / 82
- 4.2 数字内容产业国际竞争力评价技术路径 / 91
- 4.3 中国数字内容产业国际竞争力综合评价指标体系构建 / 97
- 4.4 数字内容产业国际竞争力评价模型构建 / 127
- 4.5 本章小结 / 134

第 5 章 中国数字内容产业国际竞争力系统测度与评估 / 135

- 5.1 横向层面基于国际比较的数字内容产业国际竞争力综合测评 / 135
- 5.2 基于横向测评结果的数字内容产业国际竞争力综合评价 / 161
- 5.3 中国与其他 G20 国家竞争力要素与指标的综合比较 / 166
- 5.4 基于实证研究的中国数字内容产业国际竞争力系统总结 / 194
- 5.5 基于实证研究的中国数字内容产业国际竞争力制约因素分析 / 204
- 5.6 本章小结 / 207

第 6 章 主要发达国家数字内容产业发展模式成功经验分析 / 208

6.1 美国数字内容产业发展模式成功经验分析 / 208

6.2 英国数字内容产业发展模式成功经验分析 / 217

6.3 日本数字内容产业发展模式成功经验分析 / 224

6.4 韩国数字内容产业发展模式成功经验分析 / 230

6.5 本章小结 / 235

第 7 章 中国数字内容产业国际竞争力提升路径 / 236

7.1 政府宏观层面的数字内容产业发展路径 / 237

7.2 行业中观层面的数字内容产业发展路径 / 248

7.3 企业微观层面的数字内容产业发展路径 / 254

7.4 本章小结 / 262

第 8 章 结论与展望 / 264

8.1 研究结论 / 264

8.2 研究局限 / 265

8.3 未来展望 / 266

附录 A　数字内容产业国际竞争力初始评价指标专家咨询表 / 268

附录 B　基于层次分析法的数字内容产业国际竞争力评价指标权重确定调查问卷 / 274

附录 C　数字内容产业国际竞争力评价指标体系定性指标专家打分表 / 283

参考文献 / 285

第 1 章
引 言

本章主要介绍了数字内容产业国际竞争力的研究背景以及研究意义，阐释了主要研究思路及研究方法，厘清了研究框架及主要内容，为后文研究奠定了前提和基础，同时对研究的创新点进行了归纳和总结。

1.1 研究背景与研究意义

1.1.1 研究背景

信息通信技术的飞速发展在全球范围内掀起了一场重塑未来经济发展格局的"数字革命"，正从各领域深刻影响着社会发展。在此背景下，"文化创意+信息通信技术"的碰撞跨界融合，产生出了极具发展潜力的战略性新兴产业——数字内容产业。作为跨行业以及渗透性强的高知识密集型产业，最早自1995年"西方七国信息会议"上提出"内容产业"这一新兴概念以来，数字内容产业便在全球范围内呈现指数化增长趋势，并成为促进国家和地区经济复苏增长的新引擎。以创意为核心的数字内容产业已经成为后工业化时代推动经济转型发展的重要方式，其发展规模以及水平也成为衡量一个国家或地区数字经济发展程度的重要标志。

目前，全球数字内容产业发展迅速，2021年全球数字游戏行业市场规模达到1758亿美元，增长幅度达到1.4%；全球数字音乐行业收入规模达到150亿美元，增长幅度达到3.2%；全球数字视频行业收入规模达到932亿美元，年平均增长率达到29%；全球数字阅读行业市场规模达到174亿美元，增长幅度达到16.9%；全球数字广告市场规模达到4655亿美元，增长幅度达到18%。数字内容产业占GDP的比重也在逐年提升，已经成为发达国家重要支柱型产业，如英国数字内容产业规模占GDP的比重约为7.3%，已经成为仅次于金融服务业的第二大产业，其占据了全球15%的音乐市场和16%的视频游戏市场；美国数字内容产业规模占GDP的比重约为11.7%，占据全球1/3的影视票房市场，同时其相关数字内容产品已经占据美国最大出口份额；日本数字内容产业产值规模占GDP比重约为2.4%，其占据了全球60%的动漫制作份额。[①]未来，在数字经济的快速发展驱动下，随着数字技术与文化创意的不断融合，数字内容产业占GDP的比重也将会持续增加，必将成为推动未来经济发展的主力军。

全球数字经济逐渐向体系重构、动力变革以及范式迁移的阶段迈进，此时中国的数字经济也已经处在由量变到质变的关键节点上，数字技术与文化创意产业的交相融合、共同发展，使得数字内容产业已经成为后金融危机时代推动中国经济结构转型发展的重要力量。随着中国逐渐进入数字经济时代，中国互联网产业在移动互联时代实现了弯道超车，得益于"免费基础服务＋收费增值服务"的本土商业模式以及人口红利，融信息产业、一般文化产业以及文化创意产业为一体的中国数字内容产业已经开始在全球崛起，并实现了连续十几年的高速增长，2021年中国数字内容产业产值规模约为10.8万亿元，市场规模位居全球第三位。数字游戏、数字音乐以及电子竞技用户量、网络视频总时长

---

① 资料来源：根据Newzoo、北京研精毕智信息咨询有限公司、中研普华产业研究院相关信息整理所得。

等多项指标位居全球第一，数字娱乐以及媒体业市场规模位居全球第二。① 规模上的全面增长为数字内容产业发生质变提供了坚实的土壤，尤其是新技术在数字内容产业上的不断应用，使得涌现出一批如直播、虚拟现实（VR）、增强现实（AR）以及人工智能（AI）等新型商业模式，同时随着国内持续推进数字版权保护以及内容付费模式，中国形成了独具特色的"泛娱乐"化数字内容产业生态，并以此为基础促使整个文化产业焕发了新的生机和活力。

数字内容产业已经成为中国经济发展的新引擎，它与当前数字化世界经济发展趋势相适应、与国家当前经济发展战略相吻合，发展数字内容产业有助于拓展中国对外贸易的组织形态、有助于推动供给侧结构性改革的顺利实现、有助于提升中国贸易的全球辐射能力，对于形成新时代全面开放新格局具有重要意义。数字内容产业普遍被全球各国认为是数字经济时代最具发展潜力和影响力的朝阳产业，由此也逐渐把发展数字内容产业作为关系国家未来的重要发展战略。因此，政府、企业以及学术界纷纷对数字内容产业国际竞争力给予高度重视，如何提高数字内容产业国际竞争力已经成为一个重要研究课题。分析研究中国数字内容产业国际竞争力问题，能够更好地解决数字内容产业发展中出现的新问题和新现象，从而有效提升数字内容产业质量和效益，最终推动中国数字经济持续快速发展，进而促进中国由贸易大国向贸易强国目标的实现。

1.1.2 研究意义

1.1.2.1 研究的现实意义

（1）发展数字内容产业有助于推动中国产业结构转型升级

首先，数字内容产业带来产业转移效应。数字经济时代的来临使得

---

① 资料来源：根据东方财富证券相关数据整理所得。

消费者逐渐对产品生产要素的需求发生改变，促使原有的对劳动密集型和资本密集型产品的需求被技术密集型产品所替代，而数字技术与传统生产要素的融合使其本身的密度发生改变，这一现象促成了以数字内容产业为代表的新兴产业的诞生和发展，既是对原有技术的变革，也是对现有产业增量和存量的调整，进而实现了传统劳动密集型以及资本密集型产业向技术密集型产业的提升转换。其次，数字内容产业带来产业关联效应。数字化产品和服务的出现对上下游产业带来了明显的前向及后向关联效应，从前向关联效应来看，数字技术的快速发展使得以数字产品和服务为直接投入品的相关下游产业劳动生产率提升，增加了产出品的数量及质量，进而提升了产业国际竞争力；从后向关联效应来看，全球数字贸易的迅猛发展扩大了对相关产品的需求，使得上游产业增加了对数字内容产业的投资，尤其是加大数字技术研发方面的投入力度。最后，数字内容产业带来产业竞争效应。数字贸易相关产业的诞生对原有传统制造业和服务业的市场地位带来了冲击，打破了原有的市场竞争格局，加剧了传统行业与新兴行业之间的竞争，同时各国通过数字贸易从其他国家进口相关产品，对各国国内行业造成的竞争压力会倒逼国内企业改革，进而推动各国进行产业转型升级。

（2）挖掘数字内容产业竞争优势有助于推动中国可持续发展战略的实施

当前不断增加的人口数量、严重短缺的生产和消费资源以及日益恶化的环境，给全球带来严峻的生存压力，如何实现这三者同经济发展关系相协调，已经成为中国乃至全球可持续发展的第一目标，而数字内容产业的出现为可持续发展战略的实施提供了重要可行性路径。数字内容产业以数字技术为依托，能够有效提高生产效率和贸易效率；产品对象多为知识产权密集型产品和服务，具备高知识、高技术、高创新的特征；云计算、大数据等技术不断创新，推动数字内容产业形式不断丰富。总而言之，数字内容产业的发展能够最大限度地节约社会资源，降低对生态环境的威胁，进而推动生态、经济以及社会三者之间的协调有序发展。

(3) 提升数字内容产业国际竞争力直接影响中国的国际分工地位和利益分配格局

数字内容产业是在高层次的全球价值链领域参与国际分工与竞争，并通过在全球领域内对数字内容资源进行配置，从而提高数字内容产业的整体经济利益。数字内容产业领域的竞争，不再是过去的企业之间、供应链之间的竞争，而将是生态圈与生态圈之间的新型竞争模式。在新一轮竞争中，数字内容产业将成为国家在数字经济时代提升外商直接投资的新型增长点，通过数字内容产业各细分领域，与一、二、三产业保持良性互动，提升整个经济体系的运转效率，从而形成竞争优势。在当前全球经济复苏阶段，发达国家为抢占数字经济制高点，积极出台数字经济发展战略，力求借助于发展数字内容产业，保持自身在全球价值链体系中的优势竞争地位。由此可见，未来数字内容产业将成为全球竞争的焦点，国家要着眼于全球数字内容产业的发展趋势及消费需求，高度重视数字内容产业竞争力的提升，这将直接影响我国在经济全球化过程中的国际利益分配和国际分工地位。

1.1.2.2 研究的理论意义

(1) 开展国际竞争力理论研究有助于提高数字内容产业国际竞争优势

通过全景式观察主要发达国家研究国际竞争力的历史状况，可以明显发现一国产业国际竞争力的提升，重要的一点是归因于该国有影响力的竞争力理论研究成果的出现。如日本通产省产业政策局 1974 年、1983 年以及 1984 年分别对企业综合经营力、美日产业竞争力以及企业竞争力进行了调查评价，从而为日本政府推动企业创新发展提供了理论研究基础，使得日本企业 20 世纪 80 年代在全球拥有极强的国际竞争力。80 年代美国在被日本取代从而失去全球最大的汽车生产国的背景下，美国政府相继成立了"工业竞争能力总统委员会""竞争能力委员会"以及"竞争力政策委员会",重点分析和研究提高美国国际竞争力的路径;同时在这一阶段美国哈佛商学院教授迈克尔·波特(Michael Porter;1980,1985,1990)陆续出版了《竞争战略》《竞争优势》以及《国家竞争优势》,美国学者普拉哈德和哈默(C. K. Prahalad & G. Halnel,1990)提出企业的竞争优势的根源是核心竞争力,伴随着美国竞争力理论的不断发展,进而使得产业竞争力得到恢复和提升。因此,数字内容产业作为战略性新兴产业,对其开展国际竞争理论研究,是提升其国际竞争优势的关键途径。

(2) 中国数字内容产业发展需要运用国际竞争力理论进行解释

对产业竞争力的研究可以为各国制定产业政策以及贸易政策提供理论基础和政策依据,能够有效提高本国产业及贸易的竞争优势。中国数字内容产业尚处于成长发展阶段,企业整体参与国际竞争的经验不足,数字内容产业的发展急需国际竞争力理论进行指导,所以对数字内容产业国际竞争力进行研究应成为数字经济时代重点关注的课题。中国数字内容产业发展呈现高速增长态势,截至 2021 年年底,游戏市场用户规模达到 6.66 亿人,动漫领域用户规模超过 3.21 亿人,网络视听领域用户规模达到 9.91 亿人,网络文学领域用户规模达到 5.02 亿人。然而,总体来看,我国数字内容产业发展水平低、综合竞争力弱,与美英日发达国家相比仍然存在一定的差距。[①] 中国数字内容产业发展以及数字内容企业参与国际竞争迫切需要运用国际竞争力理论进行解释。

(3) 国内对数字内容产业国际竞争问题的研究较为薄弱

在全球传统产业数字化发展的趋势下,国际数字内容产业发展不平衡化越来越明显,尽管发展中国家数字经济发展迅速,但是发达国家在数字内容产业上仍然占据主导地位。发展中国家由于存在观念转型和业态转型跟不上数字经济发展、数字内容产品贸易规则受到欧美等发达国家主导、各国数字内容产品贸易本土化保护政策以及缺乏支持性发展要

---

① 资料来源:根据共研产业研究院相关数据整理所得。

素等方面制约，在数字内容产业发展上与欧美发达国家相比综合竞争力仍然较弱。在数字经济时代，全球各国围绕数字内容产业的竞争将会成为未来的主战场，中国面临的主要任务就是找出当前数字内容产业发展中存在的优势及不足，结合全球数字内容产业发展状况，进而制定切实可行的发展战略。而目前中国关于数字内容产业的研究刚刚起步，对于数字内容产业国际竞争力的研究仍然处于较为薄弱状态，加强对数字内容产业国际竞争力的研究刻不容缓。

1.2 研究思路与研究方法

1.2.1 研究思路

本书首先对学术界以及业界尚未形成统一的数字内容产业概念、数字内容产业分类体系等相关文献进行进一步梳理，在此基础上对数字内容产业的内涵及数字内容产业的分类体系进行明确；其次，对数字内容产业国内外相关研究以及数字内容产业国际竞争力评价理论基础进行分析和梳理，探究中国数字内容产业国际竞争力的形成机制，并以波特"钻石模型"、乔东逊"九因素模型"、IMD – WEF 国际竞争力评价理论、赵彦云"中国产业竞争力钻石模型"、金碚"因果关系模型"理论为基础，构建中国数字内容产业国际竞争力理论评价框架；再次，以中国及全球数字内容产业发展现状为切入点，依据国内外相关学者和机构的研究成果及国际竞争力评价框架，在科学合理原则指导下，构建中国数字内容产业国际竞争力评价指标体系，以 G20 国家为样本国，利用灰色关联分析法构建评价模型，对 2010～2017 年中国数字内容产业国际竞争力状况进行诊断和评价；最后，客观评价中国数字内容产业的国际竞争地位，并结合中国经济发展状况，借鉴发达国家数字内容产业发展经验，进而从国家、行业以及企业层面为中国数字内容产业国际竞争力提升提出策略性建议。

1.2.2 研究方法

对中国数字内容产业国际竞争力的研究，不仅是纯理论领域的研究，更多的是理论与实践紧密结合的应用研究，这将对数字内容产业发展起到很强的实践指导作用。因此，本书采取理论与实践相结合、定性与定量相结合、静态与动态相结合的分析方法，综合运用产业经济学、国际贸易学等相关的理论方法，对中国数字内容产业国际竞争力及其影响因素进行多维度、深层次的分析研究。

（1）理论与实践相结合的分析方法

在归纳总结现有产业竞争力研究理论和分析方法的基础上，针对数字内容产业的新颖性和独特性探索理论的创新；在总结国内外现有数字内容产业国际竞争力理论研究成果的基础上，寻求在不同理论的交界处创造新的分析框架和思路，打破现有理论成果的束缚，实现数字内容产业竞争力理论新的突破。在构建中国数字内容产业国际竞争力分析框架时，重点分析近年来数字内容产业及其国际竞争力的最新研究成果，并采用实地调研以及计量经济学等相关研究方法，对理论分析框架进行实践验证，以明确本书构建的理论框架结构是否与中国数字内容产业发展现状相吻合。

（2）定性与定量相结合的分析方法

以定性分析引领定量判断，以定量判断验证定性分析。本书定性研究主要基于文献研究法以及德尔菲法，通过文献研究梳理现有数字内容产业国际竞争力的研究成果，厘清数字内容产业的概念与内涵，结合中国数字经济发展现状，进一步完善数字内容产业国际竞争力评价理论；通过德尔菲法征求相关领域专家的意见，完善数字内容产业国际竞争力评价指标体系。在定性分析的基础上，构建数字内容产业国际竞争力评价指标体系，并利用灰色关联分析法构建评价模型开展横向测评，进而为数字内容产业发展提供量化基础。

(3) 静态与动态相结合的分析方法

静态分析是指不考虑时间因素的变化而相对静止的分析问题，重点对某一时间点进行分析和研究，探索该节点发生的现象，寻找所研究对象背后蕴藏的本质问题；动态分析是以静态分析为基础，探索研究对象随着时间变化而发生的各种不同规律。中国数字内容产业国际竞争力不是静止不动的，而是一个随着时间变化而发生的动态概念。因此本书以 2010～2017 年作为时间跨度、以 G20 国家作为区域跨度，深度探索这 8 年期间中国数字内容产业国际竞争力的变化规律，探寻中国与美英等发达国家之间的差距，明确制约中国数字内容产业发展的主要劣势点。

1.3 研究框架与主要内容

1.3.1 研究框架

本书以评价中国数字内容产业国际竞争力为首要目标，以制定数字内容国际竞争力提升路径为根本目的，整个研究框架主要按照四个部分进行。第一部分是前提导入，为整个研究奠定前期基础，涉及章节为第 1 章；第二部分是理论研究，重点对数字内容产业国际相关文献进行梳理和归纳，涉及章节为第 2 章、第 3 章；第三部分是实证研究，重点是通过构建评价指标体系来对中国数字内容产业国际竞争力进行横向测评，明确竞争的优劣势所在，涉及章节为第 4 章、第 5 章；第四部分是对策研究，重点是在借鉴发达国家发展模式的基础上，根据实证分析结果，从政府、行业协会以及企业三方面制定发展路径，涉及章节为第 6 章、第 7 章。具体研究框架如图 1.1 所示。

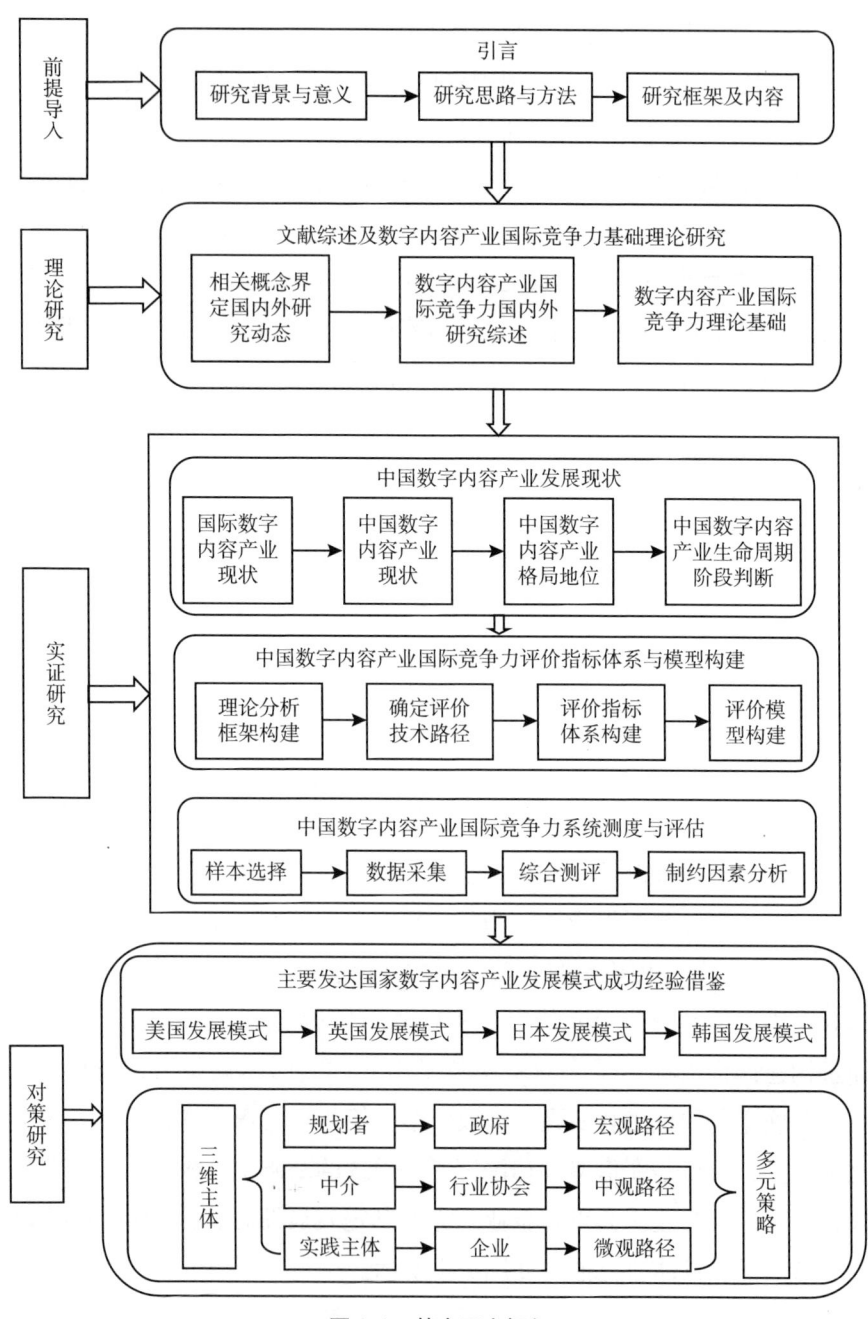

图 1.1 基本研究框架

1.3.2 主要内容

全书共分为8章,具体内容如下。

第1章是引言。从四个部分进行论述,第一部分详细分析了数字内容产业国际竞争力的研究背景及研究意义,第二部分明确了研究思路和方法,第三部分明确了主要逻辑结构以及各章节的主要内容,第四部分总结和归纳了主要创新点。

第2章是文献综述及基础理论梳理。通过对数字内容产业的概念以及分类体系进行界定,对国内外数字内容产业国际竞争力研究成果以及竞争力的来源理论进行归纳和梳理,厘清数字内容产业与国际竞争力之间的联系和机理,总结数字内容产业国际竞争力评价的各种方法及其优点与不足,为下面构建中国数字内容产业国际竞争力评价体系理论框架以及探索中国数字内容产业国际竞争力影响因素提供理论基础。

第3章是中国数字内容产业发展现状。首先,对全球数字内容产业发展历程及现状进行分析,从总体上把握当前全球数字内容产业发展概况;其次,对中国数字内容产业发展历程及现状进行分析,明确中国数字内容产业发展历程、发展现状以及重点领域发展状况;再次,分析中国数字内容产业在世界数字内容产业中的格局和地位,从国际分工和国际贸易两个层面进行阐述;最后,基于Logistic生长曲线模型定量研究中国数字内容产业的发展阶段,为构建国际竞争力评价指标体系以及制定发展战略提供基础。

第4章是中国数字内容产业国际竞争力评价指标体系与模型构建。首先,在前文理论研究基础上确定数字内容产业国际竞争力理论框架,包括数字内容产业国际竞争力构成要素以及衍生路径;其次,确立数字内容产业国际竞争力评价技术路径,包括评价目标、评价原则、评价思路、评价流程以及评价方法;再次,构建中国数字内容产业国际竞争力评价指标体系,包括确立指标体系评价框架和选取原则,在此基础上经过理论初选以及专家筛选,最终确定中国数字内容产业国际竞争力评价指标体系；最后，结合评价指标体系，基于灰色关联分析法构建数字内容产业国际竞争力评价模型。

第5章是中国数字内容产业国际竞争力系统测度与评估。本章是全书的核心，也是最重要的实证分析部分。根据前面构建的数字内容产业国际竞争力评价指标体系，应用灰色关联分析评价模型，以2010~2017年的数据为样本，对G20国家数字内容产业国际竞争力进行分析和比较，在实证分析的基础上，明确中国数字内容产业竞争力的优势与劣势，总结制约国际竞争力提升的关键因素。

第6章是主要发达国家数字内容产业发展模式成功经验分析。对主要发达国家数字内容产业发展概况及发展经验进行分析，重点探索并总结美国、英国、日本、韩国等国的发展经验，以期通过经验总结为发展中国数字内容产业、提高其国际竞争力提供模式借鉴。

第7章是中国数字内容产业国际竞争力提升路径。根据理论分析与实证研究结果，借鉴国外发达国家数字内容产业发展模式，从政府宏观层面、行业协会中观层面、企业微观层面有针对性地提出中国数字内容产业国际竞争力提升策略。

第8章是总结与展望。在前面分析的基础上，总结本书研究的主要结论，指出研究过程中存在的局限之处，进而明确未来需要进一步研究的主要方向。

1.4 创 新 点

1.4.1 研究视角创新

目前国内外针对数字内容产业的研究主要集中于发展趋势、社会影响等方面，而从定量方面对中国数字内容产业国际竞争力进行研究尚未有专家学者涉及。本书以数字内容产业作为研究对象，以产业国际竞争力作为研究切入点，构建产业国际竞争力评价指标，从横向方面进行国际比较分析，深入剖析中国数字内容产业发展现状以及国际地位，本研究选题在一定程度上具有前沿性和针对性，紧扣数字经济发展的需要，进一步丰富了数字内容产业理论与实践的研究成果。

1.4.2 研究方式创新

一方面，本书突破原有的对发展现状的分析方式，首次构建 Logistic 生长曲线模型，对中国数字内容产业发展阶段进行分析，明确中国数字内容产业所处的产业生命周期阶段，探寻中国数字内容产业发展面临的深层次环境，为制定中国数字内容产业短期和长期发展战略提供参考；另一方面，以波特"钻石模型"、乔东逊"九因素模型"、IMD – WEF 国际竞争力评价理论、赵彦云"中国产业竞争力钻石模型"、金碚"因果关系模型"理论为基础，创新构建数字内容产业竞争力评价指标体系，引入更多评价指标以丰富现有的产业国际竞争力评价指标体系，不但能够避免因单纯地依靠进出口数据进行评价所造成的不准确性，还能够通过评价体系判别中国数字内容产业在国际上的地位。

1.4.3 机制路径创新

本书基于对 G20 国家的总体横向测评结果以及中美英三国之间竞争优势和劣势的比较分析，围绕制约因素对国际竞争力提升路径进行了创新性思考。目前，国内相关学者对数字内容领域相关产业国际竞争力提升路径的建议，多是从宏观国家角度进行分析，对于中观行业角度以及微观企业角度涉及较少，本书综合考虑国家、行业协会以及企业三者之间的关系，创新性地从宏观、中观以及微观角度制定了中国数字内容产业国际竞争力提升路径。

第 2 章
文献综述及基础理论梳理

根据本书研究对象和研究目的，本章对数字内容产业的定义以及分类体系进行了界定，梳理了数字内容产业国际竞争力的相关文献和理论基础，为下面进行数字内容产业国际竞争力研究提供理论基础。

2.1 相关概念界定

2.1.1 数字内容产业概念界定

随着以互联网为代表的数字技术与传统文化创意产业的不断融合发展，数字影音、网络游戏、数字出版、内容软件等数字内容产业逐渐兴起，并成为驱动全球经济增长的关键动力，各国为支持和引导数字内容产业发展，均制定了相关鼓励和支持政策。虽然当前数字内容产业已经展现出蓬勃的生命力以及巨大的发展潜力，但是在数字内容产业概念的界定上各国尚未形成共识，其内涵和外延还在不断地延伸。

（1）国外数字内容产业概念演进概述

国际上对数字内容产业概念的界定较为多样化，相继提出了内容产业、创意产业、版权产业、数字内容产业等多元化概念。国际上首次（1995）在"西方七国信息峰会"上提出了内容产业（content industry）

这一新兴概念，但是该次会议并没有对内容产业进行明确的界定，仅仅提出要依靠网络基础构架上的多媒体技术来发展文化以及语言等内容；欧盟（1996）在《Info2000 计划》中明确了数字内容产业的内涵，指出它是从生产到销售信息产品及服务的产业，涉及数字印刷品、数字出版物以及音像传播、互联网服务、游戏等领域；美国（1997）认为数字内容产业是指将信息转化为商品的信息产业，既包括报纸、书刊、电影以及音像产品等传统的文化产品，又包括软件、信息库以及通信服务等新兴信息化产品；世界经合组织（OECD，1998）在《作为新增长产业的内容》专题报告中指出内容产业是一种新兴服务业，主要由信息和娱乐业提供生产内容，涉及出版、印刷、音乐、电影以及影视传播等领域；国际贸易金融专家（CITF，1998）把数字内容产业定义为创意产业，认为其是源自个人创意、技能以及才华的生产经营活动，涉及广告、艺术、设计、电影、录像、音乐、出版、内容软件等领域；澳大利亚（2001）传播、信息科技及艺术部与信息经济国家办公室与英国同样把数字内容产业定义为创意产业，认为其是在生产过程中体现信息及通信特征的数字内容及其产业。

（2）国内数字内容产业概念演进概述

国外在数字内容产业内涵的阐述上，对于内容产业、创意产业、信息产业以及数字内容产业并未有严格的区分，认为这些产业之间存在着交叉重叠。国内对于数字内容产业内涵的界定也是众说纷纭，上海市开国内之先河，于 2003 年首次在政府工作报告中提出了"数字内容产业"这一概念，指出其是依托现代化的信息基础设施以及信息产品销售渠道，把数字化的影音、图像、字符等信息产品以及服务提供给客户的新兴产业；台湾地区在《2004 台湾数位内容产业白皮书》中提出，数字内容产业是利用信息技术将图像、文字、语音、影像等内容进行数字化，并加以整合利用的产品或服务的一类产业；谢小勇（2006）认为数字内容产业是依托数字化的高新技术，对图、文、影、音以及数据进行整合利用并提供给客户的一种新兴经济产业，其融合了过去传统的文化娱乐产业和现在的新兴电子通信产业；王斌等（2010）认为数字内容产业与当前已有的文化产业、信息产业以及创意产业同生共存，其不同点在于数字内容产业强调图像、文字、语音、影像等创意元素以及数字技术元素的重要作用；熊澄宇等（2015）认为数字内容产业是依托数字通信和网络，融合传统文化和新型多媒体等形式，对文化内容进行制造、生产、储存以及传播和利用的综合性产业；闫世刚（2011）、林环（2018）提出数字内容产业是以创意为核心、以数字化为表现形式，是具备以内容为主以及依托信息技术支持为特征的新兴产业群。

（3）数字内容产业概念界定

综上所述，国内外相关机构和学者对数字内容产业内涵的界定尚未统一，自1995年至今20多年的时间，各国均根据自身产业发展特点对数字内容产业的内涵进行了界定，呈现出较大的异同点，无论是称呼为"版权产业"还是"数字文化产业"，从根本上而言，数字内容产业是以数字通信和互联网等信息技术为基础，以创意内容为核心，将传统图像、文字、影视、语音、数据等产品和服务进行数字化并提供给客户的新兴产业，属于高智力、高附加值、高成长性、高技术密集型产业，其本质是信息技术与文化创意产业高度交叉融合的产业集群，具备明显的生产数字化、传播网络化以及消费个性化的特点。

2.1.2　数字内容产业分类界定

现阶段，全球对数字内容产业的分类尚未形成统一的国际标准，对于该领域的研究一直是全球重点讨论的课题，国际国内对于数字内容产业的分类在所属领域上存在较大差异，存在着各具特色、适合本国发展的分类体系。

（1）国外数字内容产业分类界定研究综述

国外对于数字内容产业的分类，现阶段以联合国服务通信统计局产业分类体系、北美行业分类体系以及欧盟经济活动统计分类体系最为通用，具体分类如表 2.1～表 2.3 所示。

表 2.1　　　　　联合国服务通信统计局数字内容产业分类体系

项目	产业类别	细分行业
联合国服务通信统计局产业分类	出版业：包含在线出版	图书、报纸、期刊等出版业
	电影录像业	电影录像产业、发行业以及展览业
	唱片及广播服务业	唱片生产业、音乐出版业、无线电广播以及在线音乐提供业
	音频服务和视频服务的播放及分发	在线信息提供业、新闻代理业、频道出版业、电视广播业以及音视频服务分发业
	支持性产业	印刷及拷贝业
	视频游戏生产业	—

资料来源：根据联合国服务通信统计局官方文件及已有文献整理所得。

表 2.2　　　　　北美数字内容行业分类系统（NAICS2002）

项目	产业类别	细分行业
北美行业分类体系	出版业：不包含互联网	报纸出版业、书刊出版业、期刊出版业、指南出版业以及软件出版业
	广播：不包含互联网	收音以及电视广播
	通信	有线通信服务、无线通信载体、有线电缆以及卫星通信
	动感图像与声音记录	动感图像与录像业、录音业
	其他信息服务	新闻综合服务、图书馆服务、档案馆服务等
	互联网出版与广播	—
	网络搜寻门户、数据处理业务以及互联网服务提供商	—

资料来源：根据北美数字内容行业分类系统及已有文献整理所得。

表 2.3　　　　　欧盟经济活动数字内容产业统计分类体系

项目	产业类别	细分行业
欧盟经济活动统计分类体系	内容软件	现阶段并未对所涉及的八大类别进行具体的细分
	数字影音	
	网络服务	
	电脑动画	
	数字游戏	
	数字学习	
	移动内容	
	数字出版	

资料来源：根据欧盟《信息社会 2000 计划》相关资料整理所得。

联合国服务通信局、北美以及欧盟在数字内容产业的分类上既存在着交叉，也存在着较大的差异性，但从数字内容产业内涵的界定上来看，欧盟的分类体系更适用于现阶段数字内容产业的发展内涵，其所包含的八大类别更适合当前统计发展需要，但其最大的缺陷是现阶段并未对具体的细分行业进行明确的界定。

（2）国内数字内容产业分类界定研究综述

国内现阶段对数字内容产业的划分以台湾地区在《2004 年数位内容产业白皮书》中的划分最具代表性，台湾地区将数字内容产业划分成八类，具体如表 2.4 所示。

表 2.4　　　　　中国台湾地区数字内容产业分类体系

项目	产业类别	细分行业
数字内容产业分类体系	内容软件	制作、管理以及组织和传递数字化内容的关联软件、工具或者平台，涉及内容应用软件、平台软件以及数字内容服务等领域
	数字影音	利用数字化方式拍摄、传送以及播放的影视和音频，涉及数字电视、网络视频、数字音乐以及数字电影等领域

续表

项目	产业类别	细分行业
数字内容产业分类体系	数字游戏	利用信息平台提供客户声光娱乐，涉及网络游戏、手机游戏、PC单机游戏、电视游戏和掌机游戏等领域
	网络服务	提供网络内容、网络连线、网络储存、网络传递、在线播放等相关服务，涉及内容服务、应用服务、平台服务及通信/网络增值服务等领域
	数字学习	利用计算机等辅助设备学习数字化内容的活动，涉及数字学习内容制作、工具软件、建置服务和课程服务等
	数字出版典藏	涉及电子数据库、数字出版和典藏等领域
	电脑动画	利用计算机生成或协助制作影像，并应用于娱乐与工商用途，涉及工业及建筑设计、游戏、影视等领域
	移动内容	通过移动通信网络提供信息、数据及服务给移动终端用户，涉及内容及应用服务领域

资料来源：根据《2004年数位内容产业白皮书》整理所得。

与此同时，国内其他相关学者和机构对数字内容产业的分类也进行了深入的研究，如沈菲（2007）把数字内容产业划分为七类，分别为数字出版、数字音像传播、信息数据库、移动信息服务、网络服务、信息数据处理以及游戏业，并对各行业做了明确的细分；雷弯山（2008）在总结国内外相关成果的基础上，把数字内容产业划分为数字娱乐、数字音乐、数字动漫、数字电影、数字出版、数字广告、数字图书馆以及数字教育等内容；上海市数字内容产业促进中心（2009）在《2008~2009年上海数字内容产业白皮书》中把数字内容产业划分为八类，分别为网络游戏、数字动漫、数字出版、数字学习、移动内容、数字视听以及其他网络服务和内容软件；熊澄宇等（2015）根据研究需要，把数字内容产业划分为数字动漫、数字游戏、数字音乐以及数字视频等产业；罗琳琳等（2018）以内容特征为依据把数字内容产业细分为网络游戏、动漫、数字影音、网络教育以及移动增值等产业；张立等

(2019）依据产业最新发展动态，把数字内容产业重点划分为网络游戏、网络视频、网络文学、在线音乐等12个领域，其划分的依据是把当前社会上所有被高度关注且广泛认知的领域全部纳入进来。

（3）本书数字内容产业研究范围界定

综合而言，对数字内容产业的分类体系进行界定是当今世界各国研究的重点和难点，虽然数字内容产业并不是一个全新的产业，但是各国根据自身数字技术发展状况及产业发展格局，均纷纷制定出适合自身发展的产业分类体系。因此，本书在综合国外发达国家和地区对数字内容产业分类体系界定的基础上，结合中国数字内容产业的发展特点，并根据本书的研究需要，把数字内容产业划分为数字影视、数字动漫、数字游戏、数字出版、数字音乐、移动应用、网络服务、内容软件共八类，具体如表2.5所示。

表2.5　　　　　　　　数字内容产业研究分类体系

项目	产业类别	细分行业
数字内容产业研究分类体系	数字影视	利用数字化方式拍摄、传送以及播放的数字影视和音频内容，涉及网络视频、移动视频、数字电影等内容
	数字动漫	基于计算机技术和信息技术，以动画、漫画为表现形式，通过数字化播放设备作为最初或者主要发行渠道的动画作品
	数字游戏	由软件程序和信息数据构成，通过互联网和移动通信网等信息网络提供游戏产品和服务给客户，包括客户端游戏、网页游戏以及移动端游戏
	数字出版	利用数字技术对传统出版产业的融合创新，包含互联网期刊、数字报纸、网络文学、在线教育以及移动阅读、数字广告等内容
	数字音乐	用数字格式存储并可以通过网络来传输的音乐，既包含传统的移动音乐、在线音乐，也包含将数字信息和计算机技术直接运用于表演服务流程中，从而全面提升文艺演出的在线演艺
	移动应用	通过移动通信网络为移动终端用户提供信息、数据及服务，涉及内容及应用服务领域

续表

项目	产业类别	细分行业
数字内容产业研究分类体系	网络服务	提供网络内容、网络连线、网络储存、网络传递、在线播放等相关服务，涉及内容服务、应用服务、平台服务及通信/网络增值服务等领域
	内容软件	制作、管理以及组织和传递数字化内容的关联软件、工具或者平台，涉及内容应用软件、平台软件以及数字内容服务等领域

2.2 国内外相关研究综述

数字内容产业从1995年提出到现在仅仅二十余年，而真正受到重视是在全球性金融危机之后，相关研究成果主要集中在发展现状、发展趋势等方面，而对国际竞争力的研究涉及较少。本书为达到科学评价数字内容产业国际竞争力的目标，以产业国际竞争力相关国内外研究成果为基础，以数字内容产业发展现状及产业国际竞争力相关研究为前提，总结现有研究存在的问题和不足。

2.2.1 产业国际竞争力理论综述

（1）国外产业国际竞争力相关研究综述

自20世纪80年代，尤其是90年代以来，经济全球化进入了全方位发展的阶段，众多发达国家和发展中国家享受到了全球化发展的红利，但与此同时，经济全球化也使得全球各国、产业以及企业面临着前所未有的国际竞争格局，在此背景下，对国际竞争力的分析研究率先在发达国家得到重视。此后三十年间，各国政府以及相关学者对产业竞争力的界定以及评价成为研究的热点，涌现出众多杰出的理论和观点。

1978年，美国技术评价局在美国政府支持下开始着手对产业竞争力进行研究，原因在于20世纪70年代末日本以及欧洲等国开始威胁到美国的全球产业霸主地位，尤其是美国的汽车产业世界第一的地位被日本取而代之，同时其他一些传统工业在日本及欧洲等国的竞争下，也逐渐开始丧失竞争优势；1979年，美国总统卡特在签署的贸易协定（草案）中规定，总统应每年向国会汇报有关影响美国企业在全球竞争力的因素和提高国际竞争力的政策；1983年，由30名来自政府、企业以及学界成员组成的"工业竞争能力委员会"在里根总统的支持下对国际竞争力进行研究，在1985年提交了一份全面阐述美国当前竞争力发展现状、竞争力内涵以及竞争力测量方法的报告，即《全球竞争：新的现实》；1990年，美国总统布什成立了专门化的竞争力咨询机构"竞争力政策理事会"，其目的是向美国总统以及议会提供如何提高美国国际竞争力的政策建议。

在美国的影响下，其他发达国家也相继开始对产业国际竞争力进行分析研究。1983年，日本通产省成立专门课题组对美日产业竞争力进行了分析研究；1992年，英国贸易与产业部每年开始向政府提交数量不等的有关竞争力方面的研究报告，如1995年提交的《竞争力：帮助小企业》；1993年和1995年，德国和葡萄牙也分别开始加强对竞争力的研究，以期推动国家未来经济向前向好发展。

在此期间，国际上一些权威组织机构也开始针对国际竞争力开展相关研究，其中以世界经济论坛（WEF）以及瑞士洛桑国际管理发展学院（IMD）最为著名。1986年，WEF发布了《关于国际竞争能力的报告》，该报告在国际竞争力方面初步形成了独立的理论概念以及统计体系；1989年，WEF与IMD合作开展国际竞争力研究，每年定期发布《世界竞争力年鉴》；1995年，WEF和IMD由于理念差异而分道扬镳，但是对于国际竞争力的研究在双方的共同协作下取得了重大进展。

在个人学者方面，迈克尔·波特是较早对产业国际竞争力进行全面系统研究的最著名学者，1980~1990年波特先后发表了"竞争三部曲",分别为《竞争战略》《竞争优势》以及《国家竞争优势》,其提出的竞争优势理论从微观和宏观方面对产业竞争力与经济之间的关系以及竞争力的内涵进行了详细的阐释,同时他基于对美、英等8个发达国家以及韩国、新加坡2个新型工业国家的产业研究,开创了用于分析产业国际竞争力的理论分析框架,即"钻石模型"(又被称为"菱形理论"),波特为加快产业国际竞争力的研究进程做出了重大贡献。然而,波特的"钻石模型"理论忽略了跨国经济对产业国际竞争力的影响,此后诸多学者针对这一问题对"钻石模型"理论进行了改进,如卡特赖特(Cartwright,1993)认为波特忽视了跨国经济在提升新西兰产业竞争力上起着重要作用,他在保留波特"钻石模型"六大要素的基础上,通过添加五个海外变量因素,构建了"多因素钻石模型";邓宁(Dunning;1992,1993)通过对全球经济发展的影响因素进行研究,认为应把跨国经济作为第三个外生变量纳入"钻石模型",并以此为基础构建了"国际化钻石模型";鲁格曼和克鲁兹(Rugman & D'Cruz,1993)通过对加拿大产业竞争力的研究,认为波特的"钻石模型"理论用于解释其产业竞争力非常有限,因此他们在波特基础上构建了"双钻石模型";穆恩(Moon,1998)认为"双钻石模型"对于分析大国产业竞争力较为显著,而对小国经济解释不足,因此他在其基础上构建了适合所有小国经济的"一般化钻石模型"。此后,国内外众多学者陆续对"钻石模型"及其相关理论进行了补充和修订,推动了产业竞争力的快速发展。

(2)国内产业国际竞争力相关研究综述

国内对竞争力的研究起步较晚,狄昂照等(1992)是国内最早将国际竞争力引入的学者,他重点对国际竞争力的概念以及计量方法进行了研究,同时分析了影响国际竞争力的八项主要因素;金碚(1996)对产业国际竞争力的研究主要集中于研究对象、经济分析范式、产业国际竞争阶段以及所蕴含的福利经济学内涵等基本理论;张金昌(2001)认为出口决定国际竞争力,并以进出口数据为基础设计竞争力评价指标体系；裴长洪等（2002）研究了竞争力的主体及分析范式，对国际竞争力的概念进行了界定，并从显示性指标和分析性指标两个方面构建了测度指标体系；孙寿山（2004）、蔡继辉（2004）、孙宇等（2007）基于波特"钻石模型"，贺剑锋（2004）、赵立涛等（2006）基于波特"五力模型"，分别构建评价指标体系对出版产业进行了分析研究；陈芳等（2007）通过构建评价指标体系对中国汽车制造企业群开展了国际竞争力研究；蓝庆新等（2012、2013）基于"钻石模型"以及 IMD-WEF 竞争力评价理论，构建评价指标体系，对中国文化产业国际竞争力进行了评价研究；谢锐（2017）等构建了基于出口增加值的显示性比较优势指数（NRCA），利用世界投入产出数据库（WIOD）测算和比较分析了中国与 G7 国家以及金砖国家之间的产业竞争力水平；贺正楚（2018）等依据现代化经济体系理论和产业国际竞争理论，从国内供给和国际需求的角度对制造业发展质量与国际竞争力的内涵进行分析。

2.2.2 数字内容产业发展现状综述

（1）国外数字内容产业发展现状研究综述

发达国家相对于中国而言在数字内容产业的发展上起步较早，目前在发展现状、发展战略上已经形成了一系列成果。在发展现状方面，日本数字内容协会（Digital Content Association of Japan，2003）在"内容产业白皮书"中认为数字内容产业将成为 21 世纪日本经济发展的重要动力，战略上合理运用数字内容产业较之于其他产业能够对经济产业起到更大波及效果；日本经济部（Japanese Economy Division，2005）对日本数字内容市场中的动漫行业进行了分析研究，认为日本动漫得以在全球流行的原因是其以日本文化为支撑的内容原创性；凯瑟琳·艾伦（Allen Katherine，2003）、利·沃森·希利和辛哈·里塔（Healy Leigh Watson & Sinha Reeta，2004）认为发展数字内容产业具有重要的现实意义，将给社会带来重大变化；凯特·李·赫尔（Kate Lee Hull，2009）

对中国数字内容领域中的数字出版产业进行了分析，认为数字出版产业正在蚕食传统出版市场份额；西蒙（Simon，2012）通过总结欧盟各国数字内容产业发展现状，认为数字内容产业对欧盟经济贡献较大，已经成为支柱性产业；美国国际贸易委员会（USITC，2017）在《全球数字贸易》中指出全球数字内容市场收入规模增长迅速，电子游戏占据整个市场的主导地位。

在发展战略方面，比尔·米奇（Bill Mickey，2001）认为数字内容产业的发展受到网络化及全球化的影响，指明了应重点研究和发展的领域，并认为应从技术和法律等方面入手才能最大化地发挥数字内容产业的经济效益；辛西娅·安·彼得森（Cynthia Ann Peterson，2008）认为核心内容是决定产业发展的关键，数字内容产品要想拥有强大的竞争力，就必须在内容产品和服务上不断创新；奥斯卡·冈萨雷斯－罗哈斯（Oscar González-Rojas，2016）认为数字内容产业需要整合专门的信息通信技术来支持其业务流程中的规划和执行工作，同时提出了用于测度数字内容产业整个制作过程协作能力的 DigiCoMM 模型，并利用该模型评估了哥伦比亚动画和视频公司的协作能力。

（2）国内数字内容产业发展现状研究综述

国内目前对于数字内容产业现状的研究，也是主要集中于发展趋势和发展策略两个方面。在发展趋势方面，张林琳（2012）对北京市数字内容产业发展效应进行了研究，认为发展数字内容产业能为北京带来明显的政治、经济以及文化效应，并指出北京市数字内容产业正呈现垄断和竞争并存、产业融合化、应用个性化以及区域特色化的发展趋势；常征（2012）利用龚伯兹曲线模型对数字内容产业生命周期进行了判定，认为当前整个产业正处于成长阶段，2017年左右将会步入成长后期；熊澄宇等（2015）认为全球数字内容产业在数字技术、政府政策、金融资本的支持下蓬勃发展，在产业规模不断增长的背景下逐渐呈现数字技术竞争加剧、移动内容成为新兴增长点、金融资本以及国家推动力成为促进产业发展的重要动力；张立（2019）认为数字内容正呈现五大发展趋势，分别是市场规模持续增长，竞争格局向头部企业集中，互相联动和跨界融合成为龙头数字内容企业的重要发展手段，数字内容产业市场进入调整期，热点投资方向将会聚焦于社交化、垂直化以及IP化。

在发展策略方面，胡再华（2006）对数字内容产业的特征、发展现状及发展策略进行了研究，他认为数字内容产业具备技术关联性、服务竞争性、生产交互性和产业衍生性的特征，国外国内数字内容产业都处于高速增长态势，并从国家宏观和企业微观层面提出了产业发展策略；韩洁平（2010）认为数字内容产业的成长经历了形成、成长以及成型三个阶段，并基于产业集群的角度探讨了数字内容产业的形成机理，同时在总结国内数字内容产业发展现状的基础上提出政策建议；林环（2018）认为中国目前在数字内容产业政策支持上力度不足，通过总结欧美发达国家数字内容产业的发展模式，提出要加强市场环境建设、加大政策扶持力度以及培育高端数字内容跨国公司；金佳琳等（2018）认为数字内容产业已经成为欧美、日韩等发达国家的支柱产业之一，并通过梳理日本数字内容产业战略，找出中国在数字内容产业发展中存在的问题并制定可行性发展策略。

2.2.3 数字内容产业国际竞争力综述

当前学术界对于数字内容产业国际竞争力的研究无论是从理论上还是从实践上内容均比较少，现有的文献主要集中在对某一具体相关细分产业竞争力影响因素以及某一区域竞争力评价层面展开研究。

（1）国外数字内容产业国际竞争力研究综述

国外现阶段对数字内容产业国际竞争力研究较少，目前的研究主要集中于产业竞争力的影响因素以及某一细分领域评价层面。在产业竞争力影响因素层面，安德鲁·弗利伯特（Andrew Flibbert，2007）认为关税和补贴能够提高电影产业的国际竞争力；沃尔夫·里希特（Wolf Richter，2008）从政府干预角度分析如何提高数字音乐产业竞争力，他认为未来数字音乐发展会呈现两种可能，一种是市场创建私有化的数字音乐空间，另一种是政府性干预促进全面授权制度；高贤堂（Ko Hsien－Tang，2011）认为渠道供应商与数字内容供应商之间的合作竞争关系是决定竞争力的关键因素；申成浩等（Sung－Ho Shin et al.，2011）认为决定数字内容产业竞争力的主要是用户参与、系统质量、内容质量以及服务质量；申东熙（Dong－Hee Shin，2012）认为决定数字内容产业竞争力的关键因素是数字技术以及政府政策。

在数字内容产业国际竞争力评价层面，现有研究成果较少。如（美）国家技术情报服务处（NTIS，1982）对美国信息服务业国际竞争力进行了评估；佛罗里达（Richard Florida，2002）针对数字内容产业提出了"3Ts"评价指标体系，用于评价一个国家或地区数字内容产业的发展程度；达雅辛杜（N. Dayasindhu，2002）构建了动态全球竞争力模型，对印度内容软件产业国际竞争力进行了评价；萨沙·富尔斯特（Sascha Fuerst，2010）基于"钻石模型"对三维动画产业的国际竞争力进行了研究分析。

（2）国内数字内容产业国际竞争力研究综述

国内现阶段对数字内容产业国际竞争力的研究也主要集中在影响因素分析以及评价层面。在影响因素层面，谢小勇（2006）利用钻石模型对数字内容产业的影响因素进行了理论分析，研究结果表明我国数字内容产业在需求要素以及相关支持产业上具备一定的竞争优势，在生产要素、企业与竞争、政府与机会等方面不具备竞争优势；黄德俊（2011）基于"钻石模型"理论视角对数字音乐产业竞争策略进行研究，认为我国数字音乐产业受到人力资源、市场秩序、产权保护等因素的影响，并从政府产业政策、人才培养、产权保护等角度提出措施和建议；刘智颖（2015）基于"钻石模型"构建了中国软件产业出口竞争力影响因素分析模型，研究表明国内市场需求、人力资源对竞争力的影响最为显著。

在竞争力评估方面，目前主要侧重于区域性和国际性数字内容产业国际竞争力评估研究。在区域性竞争力研究方面，马海宁（2013）对安徽省数字内容产业竞争优势进行了分析，研究表明安徽在全国处于中下等水平；熊励等（2014）从定量角度对上海数字内容产业竞争力进行了研究，基于钻石模型构建了数字内容产业评价指标体系，并采用综合评价方法对上海市数字内容产业竞争力进行了评价，验证表明上海市数字内容产业竞争力在逐步提高，并且技术创新是影响竞争力的核心因素；曾涛（2016）构建了文化创意产业地区竞争力评价综合体系，并基于 SEM 模型对全国 31 个省市地区文化创意产业竞争力进行了评价研究；何向莲（2018）从理论角度对上海数字内容产业贸易竞争力进行了分析与思考，通过分析数字出版物、数字游戏、互联网络电视以及影视节目贸易状况，认为上海数字内容产业国际竞争力在逐步提高。在国际竞争力研究方面，高嘉阳（2011）基于"钻石模型"对中韩网络游戏产业国际竞争力进行了对比分析，结果表明中国与韩国相比在政府行为、生产要素、关联支持产业以及市场竞争程度等方面存在劣势；何波（2012）构建指标体系对中国动漫产业国际竞争力进行了评估，结果表明中国国际竞争力远低于美日韩英法五国；张雷（2018）构建了用于评价中美英德日韩信息技术与信息服务业的综合指标体系，研究表明中国相对于其他五国仍有较大的提升空间。

2.3 产业竞争力来源及基本理论梳理

为详细系统地分析数字内容产业国际竞争力，在把握其概念内涵、产业分类及竞争力研究成果的基础上，还必须对产业国际竞争力的理论来源进行分析和探讨，进而在结合数字内容产业特性的基础上确定本书研究的理论基础，从而为构建数字内容产业国际竞争力分析框架提供参考。

2.3.1 产业国际竞争力理论来源探讨

（1）传统国际贸易理论及其对数字内容产业适用性分析

对国际竞争力的研究进入快速发展期是从1978年美国技术评价局对美国国家竞争力着手研究开始，其后日本、欧盟等发达国家和地区陆续成立专门课题组对国家竞争力进行研究，产业竞争力研究进入了蓬勃发展期并取得一系列重大成果。然而，实际上对产业国际竞争力的研究可以追溯到18世纪，当时国外诸多学者从古典经济学入手，基于传统国际贸易理论，从多元化的视角对国际分工及自由贸易形成原因进行了解释，同时分析了一国与他国进行贸易时产业上的绝对和相对优势，由此诞生了古典贸易理论和新古典贸易理论，这些思想为此后产业国际竞争力理论的提出提供了源泉，具体如表2.6所示。

表2.6　产业国际竞争力来源的传统国际贸易理论

主要理论		代表人物	竞争力来源	主要观点	传统贸易理论对数字内容产业国际竞争力适用性分析
传统国际贸易理论	绝对优势理论	亚当·斯密（Adam Smith，1776）	技术差异或劳动生产率差异	亚当·斯密在《国民财富的性质和原因的研究》中创建了自由放任的自由主义经济理论，即绝对优势理论，该理论主要观点包括以下四点：首先，认为国际分工能够提高一国劳动生产率，而劳动生产率的提高将会增加国家的财富；其次，国际分工的前提原则是生产成本拥有绝对优势；再次，在国际分工基础上开展的国际贸易，能够使两国社会福利共同提升；最后，有利的自然禀赋后天条件是国际分工能够开展的基础	绝对优势理论中提出的国际分工以及专业化可以提高一国劳动生产率，对于分析数字内容产业国际竞争力具有指导作用。数字内容产业作为专业化程度很高的技术密集型产业，一国数字内容产业从业人员的专业化水平越高，则国际竞争力越强，因此绝对优势理论对分析数字内容产业国际竞争力具有借鉴意义

续表

主要理论	代表人物	竞争力来源	主要观点	传统贸易理论对数字内容产业国际竞争力适用性分析
传统国际贸易理论 / 比较优势理论	大卫·李嘉图（David Ricardo, 1817）	技术差异或劳动生产率差异	大卫·李嘉图在亚当·斯密"绝对成本论"的基础上提出了"相对成本论"，他的观点与斯密截然相反，他认为即使本国所有产品与他国相比均无优势，但只要本国一种产品存在比较优势，即在生产成本上存在比较差异，两国之间就可以参与国际贸易分工，就能在国际贸易分工中找到自身的定位并从中获得收益	虽然比较优势理论对于促进国际贸易发展以及理论研究做出重大贡献，但是其严格的前提假设条件使其脱离了现实经济基础，适用性遭到质疑。将比较优势理论应用于数字内容产业国际竞争力研究存在局限性，如比较优势理论强调天然优势，而数字内容产业强调人力资本和专业技能；比较优势理论假设不存在规模经济，而数字内容产品由于其可复制性使其产业规模经济较强
传统国际贸易理论 / 要素禀赋理论	艾勒·赫克歇尔和伯蒂尔·俄林（Eli Heckscher & Bertil Ohlin, 1933）	土地、劳动、资本等生产要素资源的相对差异	赫克歇尔和俄林扩展了李嘉图的比较优势理论，他们从生产要素禀赋的角度对比较优势的成因进行了分析，认为各国拥有的要素禀赋资源相对量的不同会导致比较优势的形成，因此一国应生产并出口要素资源相对来说较为丰富的产品，进口要素资源相对来说较为短缺的产品，进而在国际贸易以及国际分工中获取比较利益	数字内容产业既是技术密集型产业，又是资本密集型产业，强有力的资本支持是数字内容产业获取国际竞争优势的关键因素，如网络游戏、数字影音等产业的发展与资本息息相关，然而中国数字内容产业与发达国家相比资金投入严重不足，如何扩大资本投入是提升中国数字内容产业国际竞争力的关键和难点，因此，要素禀赋理论对研究数字内容产业国际竞争力具备借鉴意义

资料来源：冯德连等著. 国际经济学（第五版）[M]. 北京：中国人民大学出版社，2021.

亚当·斯密、大卫·李嘉图以及赫克歇尔和俄林等所提出的传统国际贸易理论又被称为成本优势理论，是后期其他相关学派竞争力理论的基石，他们均认为成本优势是决定竞争力的核心因素，劳动生产率、科技进步、生产要素禀赋决定了竞争力的强弱，但是成本优势理论片面地把国家竞争力完全视同于对外贸易竞争力，再加上其严格的前提假设条件限制，导致其在应用上存在着较大的局限与不足。尤其是进入20世纪 60 年代，国际贸易常发生在生产要素禀赋相同或相近的国家之间，同时出现了一个国家既进口又出口同一种产品的状况，这与要素禀赋理论所阐述的国际贸易发生在生产要素禀赋不同的国家之间的理论相悖，在此背景下对此类现象进行解释的新国际贸易理论由此诞生。

（2）新国际贸易理论及其对数字内容产业适用性分析

从 20 世纪 50 年代"里昂惕夫之谜"出现开始，60 年代林德（S. B. Linder，1961）和费农（Raymond Vernon，1966）陆续从动态的角度提出了不同于比较优势的新的贸易理论基础，70 年代末到 80 年代初，国际贸易理论出现重大突破，以克鲁格曼为代表的经济学家提出了"新国际贸易理论"。新国际贸易理论是动态性的贸易理论，其试图从技术创新、人力资本、规模经济以及市场需求等角度解释国际贸易的领域呈现的新发展，具体如表 2.7 所示。

表 2.7　产业国际竞争力来源的新国际贸易理论及其适用性分析

	主要理论		代表人物	竞争力来源	主要观点	新国际贸易理论对数字内容产业国际竞争力适用性分析
新国际贸易理论	新生产要素理论	自然资源理论	凡涅克	自然资源的稀缺性	在要素禀赋理论的基础上，新生产要素理论给予生产要素更多的内涵，提出除传统要素外还应包含人力资本、研究与开发、信息及管理等新生产要素，从新的视角论述了国际贸易基础和格局的变化	其一，新国际贸易理论强调的技术创新是提升数字内容产业国际竞争力的保障，如网络游戏产业，随着中国 2003 年把网络游戏研发技术纳入"国家 863 计划"，中国开始逐步拥有一批自主研发的网络游戏，与日韩成为亚太地区位居前三的网络游戏大国。其二，新张伯伦模型中强调的规模经济能够对中国数字内容产业进行解释。数字内容产业的国际竞争力来源于数
		人力资本理论	基辛、舒尔茨	人力资本		
		研究与开发学说	格鲁伯、维农	研究开发能力		
	偏好相似理论		林德	国内需求能力	林德的观点主要集中在三个方面：一是国内需求可能决定产品出口；二是两国之间的贸易流向和流量取决于在需求偏好上的相似程度，需求结构的相似度与贸易流量成正比；三是决定需求结构的最关键因素是平均收入水平	

续表

主要理论		代表人物	竞争力来源	主要观点	新国际贸易理论对数字内容产业国际竞争力适用性分析
新国际贸易理论	动态贸易理论	技术差距理论	波斯纳、胡弗鲍尔	技术差距	动态贸易理论强调从动态角度探讨国际贸易产生和发展的根源，其观点主要表现在四个方面：一是技术差距会影响各国要素禀赋的比率，进而对贸易格局的变动产生影响；二是贸易国的比较利益会随着产品生命周期阶段的变动而发生动态转移；三是技术变动会对国际贸易产生动态影响；四是资源结构升级是决定产业升级的基础	字内容企业的竞争力，中国的数字内容企业通过整合资源，合并与收购一批中小型企业，在规模经济效应下企业规模和实力不断发展壮大，如2017年腾讯在网络游戏收入板块成为全球收入排名最高的企业，继而带动了中国在网络游戏领域国际竞争力不断提升
		产品生命周期理论	弗农	产品生命周期		
		"技术外溢"与"干中学"学说	罗默、克鲁格曼	技术外溢		
		动态比较优势理论	林毅夫	资源结构升级		
	产业内贸易理论	新张伯伦模型	克鲁格曼	产品差异、规模经济	产业内贸易理论试图从动态角度对市场需求进行考虑，主要观点表现在以下三个方面：一是产品水平差异性以及规模经济能够推动国际贸易，增加两国的福利；二是经济体之间如果存在相同的特点且没有贸易壁垒以及运输成本，在规模收益最大化以及消费偏好差异的作用下，产业内分工和贸易仍然能够进行；三是垂直分工是导致产业内贸易出现的根源	
		兰卡斯特模型	兰卡斯特	水平差异产品		
		新H-O模型	弗尔维	垂直产品差异		
		布兰德-克鲁格曼模型	布兰德、克鲁格曼	寡头垄断		

资料来源：冯德连等著. 国际经济学（第五版）[M]. 北京：中国人民大学出版社，2021.

综上所述，与传统国际贸易理论相比，新国际贸易理论进一步丰富和完善了研究视角以及研究内容，并对其局限性进行了修订。传统国际贸易理论与新国际贸易理论的分歧主要是对国际竞争力的来源解释存在较大差异性，传统国际贸易理论重点从静态角度解释国际贸易竞争力的成因，认为竞争力主要来源于劳动生产率以及自身的生产要素禀赋；而新国际贸易理论重点从动态的角度解释国际贸易竞争力的成因，重点强调技术创新以及规模经济等动态因素对国际竞争力的影响。与传统国际贸易理论相比，新国际贸易理论从新的视角分析了国际竞争力的影响因素，进而进一步推动了国际贸易理论的发展。

(3) 国家竞争优势理论及其对数字内容产业适用性分析

自传统国际贸易理论和新国际贸易理论中国际分工以及贸易领域关于国际竞争力的研究发端以来，西方诸多学者在此基础上对国际竞争力的研究不断深化，国际竞争力的概念于20世纪80年代被正式提出，自此学术界逐渐开始从竞争优势来源的角度对国际竞争力进行分析和研究，其中，最有影响力的是美国哈佛大学商学院教授、拥有"竞争战略之父"之称的迈克尔·波特（1990）于90年代提出的"国家竞争优势理论"。在《国家竞争优势》一书中，波特提出决定竞争优势是否见效的竞技场是产业，因此，一国要实施竞争战略，就必须认清产业结构及其演变过程，他认为无论是国内市场还是国际市场，均存在着决定产业竞争的五种类型的力量，五种力量相互作用下组成了"五力模型"（见图2.1），这五种竞争力量的大小虽然会由于产业的不同而有所差异，但均决定着产业的长期获利能力。同时，波特为了研究某些国家为什么能在特定产业上出现竞争优势，并探索竞争优势对企业战略以及国家经济的发展启示，通过对美国等10个国家的100多种产业或产业体系进行详细研究，提出了著名的决定国家优势的"钻石体系"。

迈克尔·波特的国家竞争优势理论，通过构建的"五力模型"和"钻石模型"为后期分析地区和国家竞争力提供了新的分析方法，尤其是"钻石模型"已经成为全球各国分析研究产业国际竞争力的重要理论框架。但是，波特的国家竞争优势理论并不是否定传统国际贸易理论，它是在李嘉图的比较优势理论的基础上建立起来的，尤其是波特在"钻石模型"中所提出的生产要素条件更多的是对比较优势理论的改进

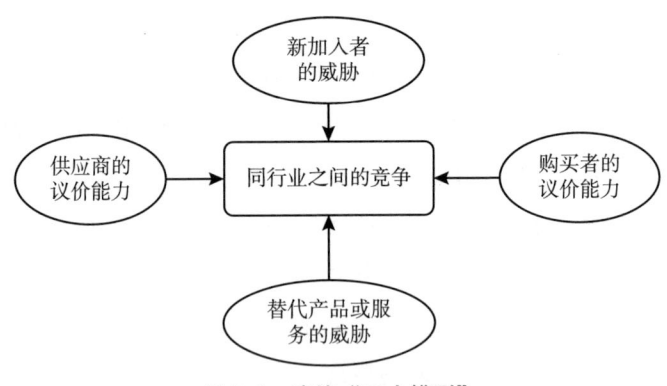

图 2.1　波特"五力模型"

资料来源：迈克尔·波特. 国家竞争优势［M］. 北京：华夏出版社，2002.

与深化。虽然国家竞争优势理论存在着一定的局限性，如邓宁（Dunning，1993）认为钻石体系各因素与比较优势理论相比并无创新，但是从中国数字内容产业的发展现状及特点来看，国家竞争优势理论能够对中国数字内容产业国际竞争力做出较为合理的解释。国家竞争优势理论认为高级生产要素是提升国际竞争力的重要条件，中国目前拥有全球领先的移动支付、移动网络、人脸识别等数字技术，逐渐成为全球数字技术输出国，为数字内容产业的发展提供了发展保障；国家竞争优势理论强调国内需求是赢得国际竞争优势的重要因素，2018年中国网民数量达到8.29亿人，规模庞大的市场消费群体呈现年轻化以及高端化的消费特征，由此刺激了数字内容企业为适应消费需求而不断革新数字技术、改进产品质量，进而提升了企业的国际竞争力；国家竞争优势理论认为政府政策能为企业获取竞争优势创造环境，中国政府以建设文化强国为目标，陆续出台了22项宏观政策、21项行业政策以及33项区域政策，初步形成了一套比较完善的数字内容产业发展政策体系，对数字出版、内容软件、在线教育、游戏动漫等行业做出了明确的规划指导，为繁荣数字内容产业奠定了基础。

2.3.2 数字内容产业国际竞争力评价理论前提

通过对竞争力的来源进行分析，可以发现传统国际贸易理论、新国际贸易理论以及国家竞争优势理论与国际竞争力存在着密切的联系，但是传统国际贸易理论以及新国际贸易理论均是从国际贸易的角度进行研究，真正探讨产业竞争力的来源并适用于分析产业国际竞争力，乃至分析数字内容产业国际竞争力的理论是迈克尔·波特的国家竞争优势理论。在此基础上，国际国内学者都提出了相关的理论和评价模型对产业竞争力的来源及影响因素进行分析研究，但是数字内容产业作为数字经济时代全球性的战略性新兴产业，与传统产业存在着明显的差异，涉及传统文化产业、创意产业、信息产业等各个层面，因此必须构建合适的模型对其进行评价。就当前而言，国内对产业国际竞争力的研究多是借鉴国外产业竞争力研究理论，本书综合考虑数字内容产业的特征，力图以波特"钻石模型"、乔东逊"九因素模型"、IMD－WEF国际竞争力评价理论、赵彦云"中国产业竞争力钻石模型"、金碚"因果关系模型"为基础，构建数字内容产业国际竞争力评价模型与框架。

（1）波特"钻石模型"

"竞争战略之父"迈克尔·波特于1980～1990年在其"竞争三部曲"中对竞争力问题进行了详细的论述，并在《国家竞争优势》中提出了一套用于分析产业获取竞争优势的"国家竞争优势理论"，该理论的核心思想是"钻石模型"的提出。波特的"钻石模型"认为决定产业竞争优势的是生产要素条件、需求条件、相关与支持性产业以及企业组织、战略与竞争四大基本要素，同时政府与机遇两大辅助要素也发挥着重要作用，六大要素相辅相成，共同构成一个"钻石模型"（见图2.2）。

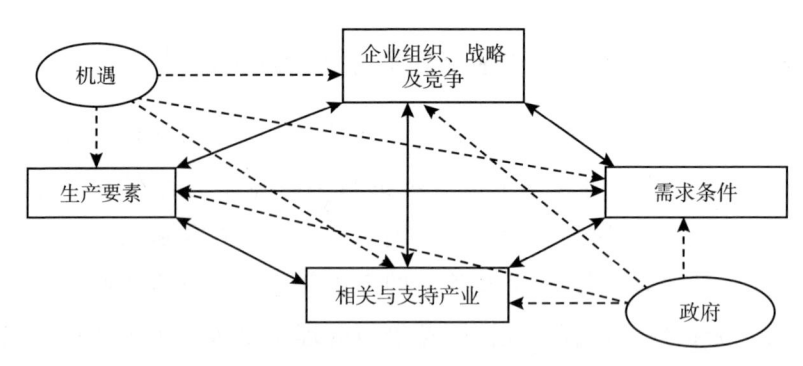

图 2.2 波特"钻石模型"框架体系

资料来源：迈克尔·波特. 国家竞争优势 [M]. 北京：华夏出版社，2002.

第一，生产要素条件。波特认为一国生产要素所处的国际地位是产业必备的竞争要素，他把生产要素划分为初级和高级，初级生产要素包括劳动人口、天然资源等基本生产要素，但是这些要素对于知识密集型产业而言并不能构成竞争优势；高级生产要素包括现代化基础设施以及高度专业化的技术人才，这些因素稀少并难以模仿，是产业获取竞争优势的关键因素。

第二，需求条件。波特认为当某一特定产业区间或者国内市场的规模比较高时，国内市场需求能够助力企业建立竞争优势，同时他认为国内市场对产品和服务的需求本质更为重要，能够刺激企业不断改善和创新，从而实现自身能力的提升以进入更为高级的市场区间。

第三，相关与支持性产业。波特认为一国在相关与支持性产业上的国际竞争力是产业取得国家优势的关键因素，优势产业不是单独存在的，而是与其他产业休戚与共，因此要关注发展中的"产业集群"现象。

第四，企业组织、战略和竞争。波特认为企业的管理与组织模式是企业实现竞争优势的重要因素，同时国内存在强有力的竞争者也是企业能够持续创造竞争优势的主要源泉。

第五，政府。波特认为政府在竞争优势的获取中扮演着催化剂以及挑战者的角色，虽然无法直接创造拥有强大国际竞争力的企业，但是政府通过政策能够创造有利于企业获取竞争优势的宏观环境。

第六，机会。波特认为机会是可遇而不可求的，它能直接影响四大基本要素，科技创新、技术断层、外部战争都会创造机遇，但是机遇对于企业的影响是双向的，它既可能使企业抓住关键机会获取新的竞争优势，也可能使企业丧失原有的优势。

虽然"钻石模型"为研究产业国际竞争力提供了分析框架，但是其在应用过程中存在着一定的局限与不足。一方面，对研究对象缺乏直接定量分析。对数字内容产业国际竞争力而言，不仅要从定性的角度进行分析，更要从定量的角度把握数字内容产业在国际格局所处的地位，但"钻石模型"尚无法做到这一点。另一方面，分析视角缺乏全面性。"钻石模型"过于强调国内市场需求的作用，然而对数字内容产业而言，在全球化以及数字技术的影响下，国际需求对其竞争力的影响不可忽视。因此，在利用"钻石模型"对数字内容产业国际竞争力进行评价研究时，不能简单地直接套用其分析框架，必须结合数字内容产业自身的特点对模型进行修订。

（2）乔东逊"九要素模型"

韩国学者乔东逊（Cho，D. Sung，1994）通过对韩国的经济发展状况进行分析，研究发现决定韩国经济增长的关键是通过"人力"要素去创造"物质"要素。乔东逊研究发现韩国在资本、技术以及规模庞大的国内市场等"物质"要素方面较为匮乏，其经济增长主要依靠具备良好教育并充满活力且富有献身精神的"人力"要素，实现路径是通过发挥政府以及企业作用，从国外引进先进的技术以及资本，积极开拓国外市场，进而创造影响经济增长的其他资源要素。在此基础上，乔东逊构建了"九要素模型"（见图2.3），用于分析发展中国家产业国际竞争力。该模型实际上是对"钻石模型"的修订与改进，他认为波特的"钻石模型"是在对美国等10个发达国家的研究基础上提出的，但是不同经济发展水平的国家在影响产业国际竞争力因素上面存在着较大的差异，尤其是对欠发达以及发展中国家而言，他们尚不具备"钻石模型"所要求的国内经济发展环境，必须通过自身努力去创造发展条件，进而提升本国产业国际竞争力。

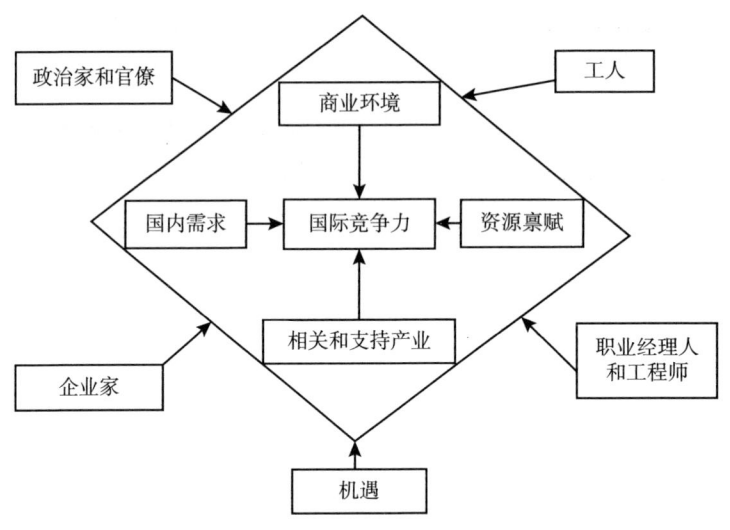

图 2.3　乔东逊"九要素模型"

资料来源：Cho. Dong Sung. A Dynamic Approach to International Competitiveness：The Case of Korea [J]. Journal of Far Eastern，1994.

"九要素模型"包含三个层次。第一层次是物质要素，共包含四大要素：其一是资源禀赋，各国由于拥有不同的地理位置、气候条件以及自然资源，导致其在国家分工中占据不同的生产格局；其二是商业环境，政治、经济、社会以及技术环境将会对商业运行带来一定的外部影响；其三是相关和支持产业，具有国际竞争力的相关和上下游产业为产业获取竞争优势提供资本、原材料等支持性服务；其四是国内需求，国内市场对产业提供的产品和服务的需求特质会激发企业不断创造和提升竞争力。第二层次是人力要素，共包含四大要素：其一是工人，他们是产业生产和计划的具体实施者；其二是政治家和官僚，他们是经济发展计划的制定者；其三是企业家，他们是投资决策的执行者；其四是职业经理人和工程师，他们是生产运作以及新技术开发的直接负责者。第三层次是机遇，是振兴产业国际竞争力的重要影响因素。

乔东逊"九要素模型"虽然为评价发展中国家产业国际竞争力提供了理论框架，但是其在应用过程中仍然存在着一定的局限。其一，"九要素模型"虽然是对"钻石模型"的修订，但是其仍然是从定性的角度对产业竞争力进行分析，缺乏定量分析；其二，"九要素模型"更多的是从发展中国家的角度考虑产业国际竞争力问题，但是在分析中国数字内容产业国际竞争力时，既涉及发展中国家又包含发达国家，影响因素缺乏全面性。因此，在利用"九要素模型"的过程中，必须结合国家经济水平以及产业特点，对模型进行适度的修正。

（3）IMD – WEF 国际竞争力评价理论

瑞士洛桑国际管理发展学院（International Institute for Management Development，IMD）以及世界经济论坛（World Economic Forum，WEF）是全球最著名的从事竞争力研究的国际机构，IMD 和 WEF 自 1989 年在全球竞争力评价上展开合作，最终因理念不合，双方于 1996 年开始独立研究。双方近三十年来根据全球化以及竞争力理论的发展，各自对原有的评价体系不断地进行修订，形成了各具特点的竞争力评价理论。

IMD 国际竞争力评价指标体系主要根据各个国家和地区的经济表现、政府效能、商业效率以及设施建设四大类指标进行评价，同时各大类指标下面又包含 5 个子类，每个子类下面又根据具体状况包含不同的指标层，共计 338 个指标（见图 2.4）。其中，2/3 的指标数据来自各国和地区的官方统计数据（硬指标），1/3 的指标数据来自企业高管的调查问卷（软指标）。

WEF 提出了全球竞争力指数的概念，认为决定一个国家或地区竞争力的是一整套政策、制度以及影响因素的集合，全球竞争力指数以三大基本要素、十二大支柱为基本评价标准，全面反映世界各国和地区竞争力状况。三大基本要素是指基础条件、效能提升以及创新成熟度，十

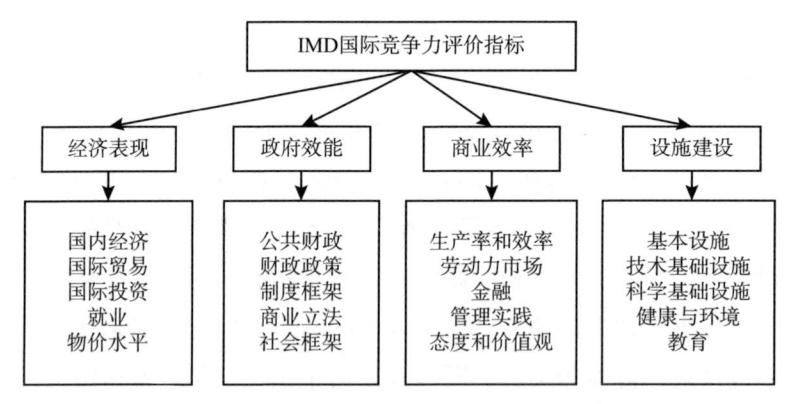

```
        ┌─────────────────────┐
        │ IMD国际竞争力评价指标 │
        └─────────────────────┘
         ↙        ↓       ↓       ↘
   ┌────────┐ ┌────────┐ ┌────────┐ ┌────────┐
   │ 经济表现 │ │ 政府效能 │ │ 商业效率 │ │ 设施建设 │
   └────────┘ └────────┘ └────────┘ └────────┘
       ↓          ↓          ↓          ↓
   ┌────────┐ ┌────────┐ ┌──────────┐ ┌──────────┐
   │ 国内经济 │ │ 公共财政 │ │生产率和效率│ │ 基本设施  │
   │ 国际贸易 │ │ 财政政策 │ │劳动力市场 │ │技术基础设施│
   │ 国际投资 │ │ 制度框架 │ │ 金融     │ │科学基础设施│
   │ 就业    │ │ 商业立法 │ │ 管理实践  │ │健康与环境 │
   │ 物价水平 │ │ 社会框架 │ │态度和价值观│ │ 教育     │
   └────────┘ └────────┘ └──────────┘ └──────────┘
```

图 2.4　IMD 国际竞争力评价指标体系构成

资料来源：IMD. The World Competitiveness Yearbook 2003［M］. Lausanne, Switzerland, 2003.

二大支柱包括法律和行政架构（institutions）、基础设施（infrastructure）、宏观经济环境（macroeconomic environment）、卫生和基础教育（health and primary education）、高等教育和培训（higher education and training）、商品市场效率（goods market efficiency）、劳动力市场效率（labor market efficiency）、金融市场发展（financial market development）、技术准备度（technological readiness）、市场规模（market size）、商业环境完备性（business sophistication）和创新（innovation）。这十二个支柱与国家经济的三个发展阶段相对应，其中指标一到指标四对应的是要素驱动经济的发展阶段、指标五到指标十对应的是效率驱动经济的发展阶段，指标十一到指标十二对应的是创新驱动经济的发展阶段，如图 2.5 所示。

IMD 和 WEF 国际竞争力评价理论体系从定量方面为评价全球竞争力做出了重要贡献，但是两大指标体系在应用中也存在着一定的局限，如两大评价体系均是对全球各国整体竞争力的评价，指标涉及各个领域，而不是单一地针对产业竞争力的评价体系，但是本书是对数字内容产业的国际竞争力进行评价，原有的指标体系必须排除与产业无关的因素，并根据产业发展特征进行修订。

第 2 章 文献综述及基础理论梳理

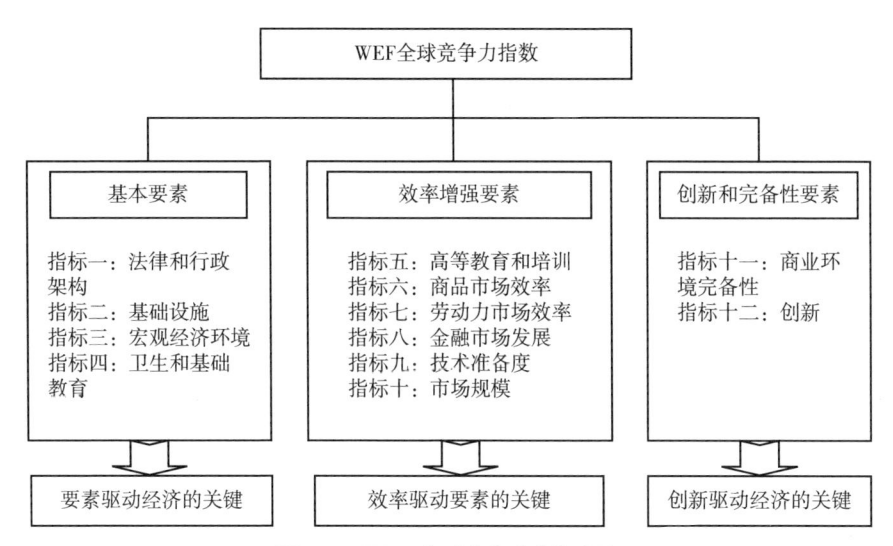

```
                    WEF全球竞争力指数
        ┌───────────────┼───────────────┐
   基本要素          效率增强要素      创新和完备性要素
  
  指标一：法律和行政   指标五：高等教育和培训   指标十一：商业环
  架构                指标六：商品市场效率     境完备性
  指标二：基础设施     指标七：劳动力市场效率   指标十二：创新
  指标三：宏观经济环境 指标八：金融市场发展
  指标四：卫生和基础   指标九：技术准备度
  教育                指标十：市场规模
        ↓                   ↓                   ↓
  要素驱动经济的关键   效率驱动要素的关键    创新驱动经济的关键
```

图 2.5　WEF 全球竞争力指标框架

资料来源：WEF. The Global Competitiveness Report 1998 [M]. New York：Oxford University Press，1998.

（4）赵彦云"中国产业竞争力钻石模型"

赵彦云教授领导的中国人民大学竞争力与评价研究中心在对承担的教育部重大攻关课题"中国产业竞争力研究"中取得了一系列成果，赵彦云等认为就一国而言，由于受到市场经济制度和机制的完善程度以及经济发展水平、政府管理、区域文化等因素的影响，可能会存在不一定完全相同的产业竞争力"钻石模型"，与发达的市场经济国家和地区相比，中国在许多方面存在着特殊性，如不完善的市场经济制度、较为松散的竞争力关系。因此，研究中心全面跟踪世界学术前沿，重点考察WEF、IMD、欧洲联盟贸易竞争司、中国驻世界贸易组织使团、英国贸工部以及中国驻欧盟使团，结合中国产业竞争力的实证分析研究，立足产业聚集、企业聚集、创新支撑、资源配置等方面，提出了适合国情的"中国产业竞争力钻石模型"（见图 2.6），为建立中国产业竞争力的立体应用体系提供了理论框架。

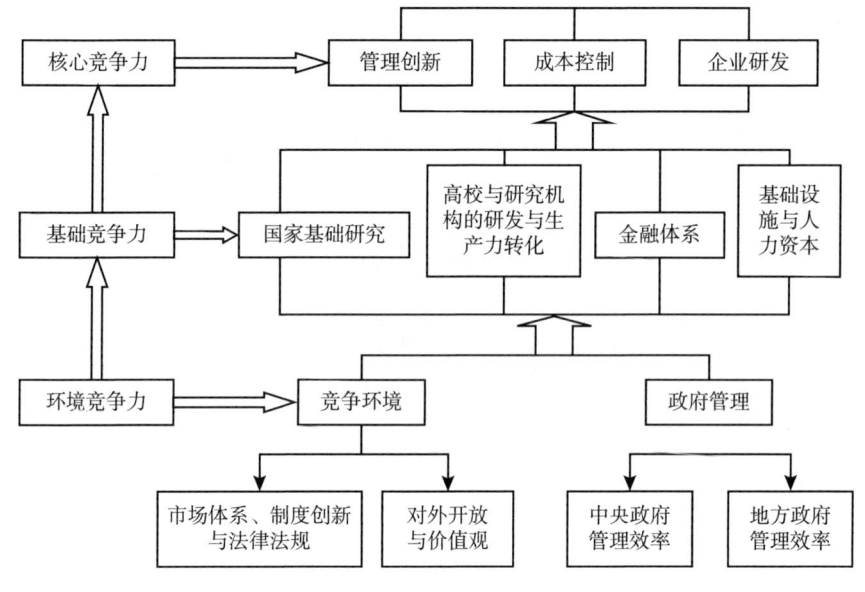

图 2.6　中国产业竞争力钻石模型

资料来源：赵彦云等．中国产业竞争力研究［M］．北京：经济科学出版社，2009．

中国产业竞争力钻石模型分为三个层次，分别为核心竞争力、基础竞争力以及环境竞争力。在核心竞争力层面，从中国产业国际竞争力的实际发展来看，核心竞争力的竞争主要是成本竞争和企业研发之间的竞争，同时由于中国正处在由计划经济的潜在制度向完善的市场经济制度过渡的阶段，企业制度改革和完善也对产业竞争力有着严重的影响，因此企业管理创新也是产业核心竞争力的一个重要因素。在基础竞争力层面，基础竞争力是支撑核心竞争力的重要保障，其发展主线是技术创新，在市场经济竞争体制下国家基础研究和高校与研究机构的研发及生产力转化共同构成一个有机整体，是提升软竞争力的关键；金融体系为通过实现技术创新来提升竞争力提供支撑，其路径主要是通过合理配置金融资源以激发产业竞争力；基础设施和人力资本为产业竞争力的中长期提升提供基本平台。在环境竞争力层面，其包含竞争环境和政府管理两个支点以支撑基础竞争力以及核心竞争力，它所包含的市场体系、制度创新与法律法规要素以及对外开放与价值观要素是阐释中国产业竞争力外部环境影响的核心因素，政府管理中重点通过中央和地方政府管理效率来对产业竞争力施加影响。

中国产业竞争力钻石模型进一步推动了中国产业竞争力领域的理论研究，创造性地针对中国国情及经济发展状况进行理论模型的构建，通过对竞争力层次的划分，为构建产业竞争力评价指标体系奠定了基础。但是该模型在应用上也存在着一定的局限，如对外贸易竞争力是衡量产业竞争力的重要指标，而模型中缺乏对该类指标的分析；同时该模型现阶段更多的是被用于分析制造业以及传统服务业，但是数字内容产业具备其特殊性，必须根据数字内容产业的特征对模型进行适度的修正。

（5）金碚"因果关系模型"

中国社科院研究员金碚于1997年在对中国工业竞争力进行研究的过程中，基于因果关系框架建立了对产业竞争力进行统计分析的理论模型，即"因果关系模型"（见图2.7）。金碚指出评判一国产业国际竞争力的强弱，必须要从原因以及结果这两个维度来进行探索。从结果角度来看，一国或地区某一产品在全球市场上占有的市场份额越高，则其获利能力就会越强，从而反映该国这种产业（产品）越具备很强的竞争力；从原因角度来看，凡是有助于开拓及占据国际国内市场、同时能够帮助企业获取利润的因素，均是竞争力分析和研究的对象。"因果分析模型"的逻辑结构是把市场上能够有效反映竞争力实现程度的指标作为竞争结果，把反映竞争力强弱原因的指标作为直接以及间接因素指标，分别反映竞争的实力和潜力。

金碚"因果分析模型"的创新性贡献是从原因和结果层面剖析产业竞争力的影响因素，并通过量化比较各影响因素的优劣，为后期从定量方面研究产业竞争力指明了方向。但是该模型在应用中也存在着一定的局限和不足，如反映竞争结果的量化指标过于单一，市场占有率不能全面反映产业竞争力的强弱，还应包括总利润占全球比重、出口销售率

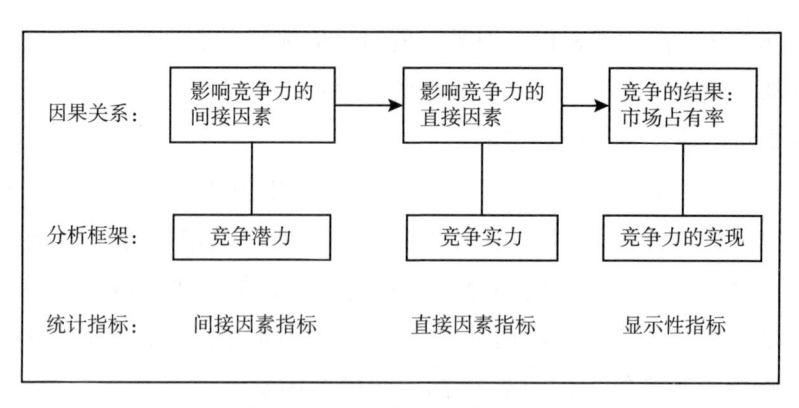

```
因果关系:    影响竞争力的     影响竞争力的      竞争的结果:
              间接因素    →    直接因素      →   市场占有率

分析框架:     竞争潜力          竞争实力          竞争力的实现

统计指标:    间接因素指标      直接因素指标       显示性指标
```

图2.7 金碚"因果分析模型"

资料来源:金碚.产业国际竞争力研究[J].经济研究,1996(11).

等产业竞争力指标,产业技术水平、年开发新技术数等技术竞争力指标,劳动生产率、产业总产值等生产竞争力指标;同时,模型是在工业品国际竞争的基础上提出的,而对服务业是否适用并未提及。

本书主要基于以上五大理论模型进行研究,上述五大模型各有优劣,因此在下面构建数字内容产业国际竞争力理论分析框架时,力争避免各模型的局限与不足,结合数字内容产业自身的特点以及产业竞争力影响因素,对数字内容产业国际竞争力理论框架进行探讨,进而制定适合数字内容产业自身特点的国际竞争力评价理论框架和体系。

2.4 文献述评

综上所述,通过梳理现有文献可以发现,国内外围绕数字内容产业的研究主要集中在界定数字内容产业概念以及数字内容产业发展战略等领域,相关成果为开展本书研究提供了分析素材和研究基础,但是对数字内容产业国际竞争力的研究仍然较为匮乏,现存的研究具有较大的局限性。

第一，对现有数字内容产业竞争力的研究内容过于狭窄。当前对数字内容产业竞争力的研究主要集中在对单一数字化产品（如数字音乐、数字动漫等）的研究，并且多是集中于国内研究（如上海），而从国际层面上对数字内容产业竞争力的研究尚未涉及，导致现阶段在发展过程中难以明确中国数字内容产业所处的国际地位，尤其是是否与中国现阶段在全球数字经济中的地位相匹配，进而难以制定有效的数字内容产业发展战略。

第二，对数字内容产业竞争力的研究方法缺乏创新。一方面，当前在产业现状分析上仍然集中在从定性上面分析，缺乏定量分析；另一方面，在国际竞争力评价上过于依靠进出口数据，而由于缺乏统一的分类标准，导致评价结果不够精确。未来随着数字经济的快速发展，对数字内容产业的竞争将是全球集中的焦点，研究如何提高我国数字内容产业参与国际竞争的能力，解决其未来发展瓶颈十分重要，而如何通过制定科学合理的方法对国际竞争力进行评价，明确制约中国数字内容产业发展的主要因素，对于推动中国数字内容产业发展至关重要。

第三，对数字内容产业竞争力提升路径的研究过于片面。当前，对于如何提升数字内容产业国际竞争能力，现有学者多是单一从宏观国家角度或者微观企业的角度进行考虑，而对中观行业协会的作用并未提及，尤其是把政府、行业协会、企业三者结合起来进行考虑的现阶段尚未涉及，而这三者的相互结合对于提升当前数字内容产业国际竞争力十分关键，必须在产业竞争力政策的制定上综合考虑政府、行业协会以及企业三者之间的相互作用，才能够从真正意义上实现竞争力的有效提升。

鉴于以上研究状况，本书将着力弥补现有研究中存在的不足，立足于国内外数字内容产业发展现状，通过构建科学合理的国际竞争力评价指标体系，对中国数字内容产业国际竞争力状况进行综合测评，探究当前制约中国数字内容产业国际竞争力提升的主要因素，进而为促进产业发展制定完善的针对性策略。

第3章

中国数字内容产业发展现状

明确全球及中国数字内容产业整体发展历程和现状,掌握中国数字内容产业重点领域发展概况,把握中国数字内容产业在全球中的地位,探究和识别中国数字内容产业所处的生命周期发展阶段,是评价中国数字内容产业国际竞争力的前提基础以及现实需求。本章基于以上观点,重点分析国际国内数字内容产业发展现状,分析中国数字内容产业在全球国际分工和国际贸易格局中的地位,并利用 Logistic 曲线模型,对中国数字内容产业生命周期发展阶段进行判断和识别,为下面构建评价指标体系以及对策建议提供指导。

3.1 全球数字内容产业发展历程及现状分析

3.1.1 全球数字内容产业发展历程

(1) 产业孕育阶段(1969~1994 年)

以互联网为代表的数字技术创新发展是数字内容产业诞生的源头,因此,探索数字内容产业的整体发展历程必然要追溯到互联网技术的诞生与发展。1969 年美国国防部委托美国高级研究计划署开发 ARPANET(阿帕网)联网的研究,作为公共信息载体的互联网由此诞生;1970 年加入 ARPANET 的节点数不断增加，1972 年 ARPANET 上的网点数已经达到 40 个；1973 年美国国防部对如何实现各种不同网络之间的互联互通问题进行研究，TCP/IP 协议簇由此被开发和利用；1983 年所有连入 ARPANET 的主机实现了从 NCP（网络核心协议）向 TCP/IP 的转换，Internet 由此开始诞生，同时确定了 TCP/IP 在网络互联方面不可撼动的位置，基于 TCP/IP（网络通信协议）公网的发展推动了互联网的发展；1985 年美国国家科学基金网基于 TCP/IP 连接了所有大学及科研机构的计算中心，进而通过构建区域网络连接全美范围的广域网，其后全球范围内的计算机网络逐渐与国家科学基金网进行连接，互联网逐渐扩展到全世界。换而言之，TCP/IP 的出现是数字内容产业孕育的重要标志，它为数字内容产业的孕育提供了客观可能性条件，使得数字类内容产品能够在互联网上进行流传，但是直到 1995 年"西方七国信息会议"之前一直处于萌芽阶段而未被作为专门化的产业进行运作。

（2）产业形成阶段（1995~2002 年）

1995 年"西方七国信息会议"上"内容产业"的概念首次被提出，标志着数字内容产业正式进入形成阶段。在这一期间，虽然数字内容产业、数字内容产品以及数字内容服务等相关概念陆续被提出，但是在内涵的界定上尚未形成统一的体系，同时产业规模也不够明显。在此期间，欧盟和国际经合组织分别于 1996 年和 1998 年发布了《Info2000 计划》以及《作为新的增长产业的内容》，提出了"内容产业"的概念及发展战略；英国创意产业特别工作组（CITF）和澳大利亚传播、信息科技及艺术部与信息经济国家办公室分别于 1998 年和 2001 年提出了"创意产业"的概念及发展战略；韩国文化产业振兴院于 2001 年提出了"文化内容产业"的概念及发展战略，这些国家提出的产业与数字内容产业存在着明显的交叉与重合，由此促进了全球数字内容产业的形成。但是在这一阶段，数字技术发展尚不成熟，互联网覆盖率较低，导致数字内容产品和服务在制作、传播、贸易等领域受到了严重的限制，尤其是 2000 年的"互联网泡沫"使得互联网科技遭到重创，也严重影响到了数字内容产业的发展，数字内容产业整体上处于蹒跚起步阶段。

（3）产业成长阶段（2003年至今）

随着2003年美国等发达国家从"互联网泡沫"的创伤中逐渐恢复，以互联网为代表的数字科技行业再度扬帆起航，全球200多个国家和地区实现了网络覆盖，数字制作技术逐渐成熟和完善，数字内容产业开始步入快速发展阶段。在此阶段，对于数字内容产业内涵的理解是广义层面的，一般被认为是依托信息网络技术，融合传统文化产业、创意产业以及信息产业并与其同生共存的新兴产业领域，并且在这一阶段对于数字内容产品和服务的界定逐渐清晰，认为它是数字产品和服务与内容产品和服务的集合。

在数字内容产业成长阶段，美、欧、日、韩依托完善的网络基础设施、领先的数字技术、充裕的资金实力以及需求旺盛的全球市场，已经成为整个行业的领头羊。与此同时，中国依靠政府强有力的产业政策、规模庞大的国内市场以及先进的互联网技术，也在数字内容领域迅速崛起，同时在这一阶段，数字内容产业逐渐成形，初步形成以网络游戏、数字动漫、数字出版、数字视频、数字音乐、在线教育、内容软件为主导的产业格局。

3.1.2 全球数字内容产业发展现状

目前，虽然自国际金融危机爆发以后，经济全球化进入了低速发展阶段，甚至在某些国家和区域出现了"逆全球化"的现象，但是经济全球化是时代发展的大潮，深入发展的趋势不可逆转，再加上云计算、大数据、移动互联网、人工智能以及区块链等高端数字技术的出现，国际数字内容产业竞争格局日趋激烈，数字内容产业结构也发生了显著的变化。

（1）发达国家仍主导数字内容产业格局，但发展中国家成为全球

市场增长点

从全球数字内容产业竞争格局来看,发达国家凭借其在数字技术以及创意内容方面所具备的领先优势,依然引领着全球数字内容产业的发展。美国依然全面领跑,数字内容产业占GDP的比重达到11%左右,占据全球影视票房的1/3;北欧则在数字技术发达程度以及内容创新方面遥遥领先,IMD 2018年发布的全球数字竞争力排名中,瑞典、丹麦分居全球第三和第四,在创新能力方面,瑞典、芬兰、丹麦分居全球第三、第七以及第八;英国则在创意产业方面具备领先全球的发展优势,创意产业产值2017年超过1300亿英镑,占GDP的比重达到7.3%;日本得益于经济产业省的政策支持,数字内容产业特色突出,动漫制作主导全球市场格局[①]。

从发展趋势上分析来看,发达国家的数字内容市场越来越呈现饱和的态势,而发展中国家将成为全球数字内容市场的增长点。一方面,数字内容市场开始由西方发达国家(北美、西欧)向东方新兴市场(中欧、东欧、亚太)国家和区域转移。普华永道《2016~2020年全球媒体及娱乐行业展望》统计数据显示,2015~2020年全球媒体娱乐行业市场平均年复合增长率为4.4%,而东方新兴市场国家和区域年复增长率达到8%,西方国家年复合增长率仅为2.5%。随着发达国家数字内容市场逐渐饱和,再加上市场增长率不断趋缓,全球数字内容市场正逐渐由发达国家向新兴市场国家和区域转移。另一方面,南方不发达国家数字内容产业收入增长率较高。普华永道统计数据显示,2015~2020年南方国家(拉丁美洲、非洲及中东)营收增长率平均为10%,而北方国家(北美、欧洲)仅为4.5%,北方国家在这种趋势下正谋求通过南北合作进入不发达国家市场,而不发达国家和地区也正通过南南合作的方式,以期在未来数字内容产业竞争格局中占据更加主动的地位。

---

① 资料来源:根据联合国贸易与发展(UN Comtrade)数据库整理所得。

（2）数字内容移动化趋势明显，全球产业格局发生重大改变

根据思科视觉网络指数（Mobile Visual Networking Index，VNI）报告预测，移动数据流量占 IP 总流量的比重将由 2016 年的 8% 增加到 2021 年的 20%；人均拥有的移动设备将会由 2016 年的 1.1 台增加到 2021 年的 1.5 台，移动联网设备总量将由 2016 年的 80 亿台增加到 2021 年的 120 亿台；移动网络联结速度将由 2016 年的 6.8Mbps 增加到 2021 年的 20.4Mbps；机器对机器（M2M）联结占移动联结总量的比重将由 2016 年 5%（7.8 亿）增加到 2021 年的 29%（33 亿）；4G 支持移动联结总量的比重将由 2016 年的 26% 增加到 2021 年的 58%，4G 将占移动总量的 79%；智能手机（平板手机）总数量占全球设备和联结总量的比重将达到 50% 以上，总量由 2016 年的 36 亿增加到 2021 年的 62 亿。伴随着移动技术的快速发展，移动互联网正在重塑消费者行为，并逐渐改变全球数字内容产业格局。

据第三方网络监测数据（App Annie）发布的《2022 年移动市场报告》显示，全球已经进入了移动主导时代，全球 App 下载量 2021 年突破了 2300 亿次，而这主要归因于新兴市场下载量的持续增长，新兴市场占据了 App 下载量全球前 5 名中的 4 个席位，分别是中国、印度、巴西以及印度尼西亚。其中，中国是下载量最大的新兴市场国家，占据总下载量将近 50% 的份额（见图 3.1），同时下载量的 65% 来自非游戏 App，市场规模达到 404 亿美元。

移动技术已经成为推动数字内容产业发展的主要动力，逐渐渗入数字内容产业各领域。2021 年全球 App 用户应用商店消费支出达到 1700 亿美元，较 2016 年增长了 188%；移动游戏开始走向全球，2021 年手机游戏超过游戏机、PC/Mac 和手持游戏，是整个游戏市场中增长最为迅速的部分，移动游戏占消费者支出在 2021 年将达到 52% 的市场份额；移动广告潜力巨大，2021 年移动广告支出占数字广告支出的比重达到 87%，达到 2950 亿美元（见图 3.2）。

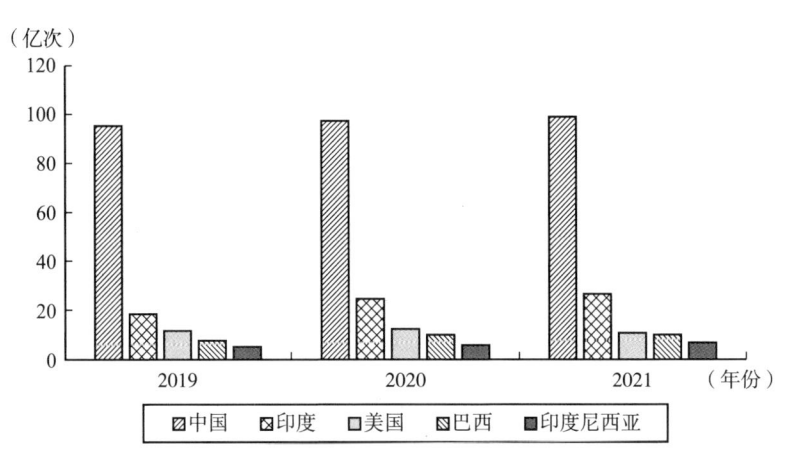

图 3.1　2019～2021 年 TOP5 热门市场移动应用下载量

资料来源：App Annie——《2022 年移动市场报告》。

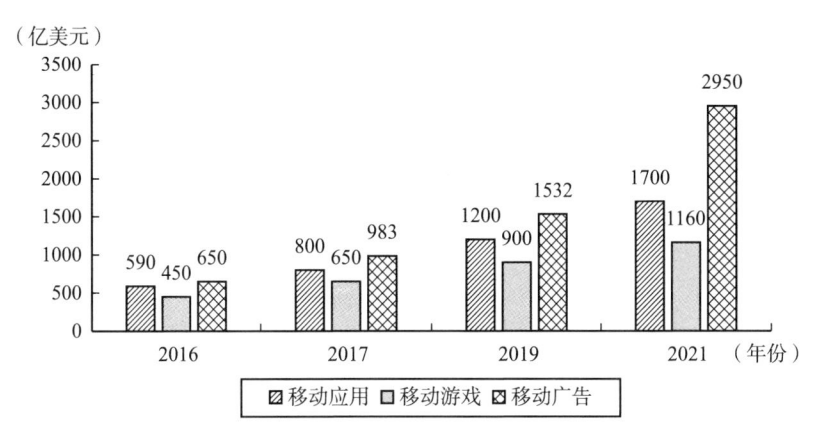

图 3.2　2016～2021 年移动领域部分行业消费支出

资料来源：App Annie——《2016～2022 年移动市场报告》。

（3）数字内容产呈现本土化发展趋势，市场竞争趋势加剧

随着全球各国逐渐认识到数字内容产业的发展潜力，均纷纷加大对数字内容产业的扶持力度，导致数字内容市场竞争日趋加剧。各国为提

升本国数字内容产业国际竞争力，纷纷把本国以及东道国特色元素融入数字内容产业之中，本土化入侵以及民族化反入侵战略成为数字内容产业市场竞争的两大主题。

一方面，发达国家纷纷利用本土化战略抢占全球数字内容产业市场。以美国为代表的发达国家是数字内容产业的领导者，它们在本国市场成熟饱和以后，开始进军国际市场。美国等发达国家为抢占国际市场，纷纷通过本土化战略对数字内容产业进行改造，在数字内容产品的创作、传播过程中，将目光瞄准全球市场，对当地语言、风俗习惯、宗教信仰等进行分析，通过对世界优秀文化的兼收并蓄，实现数字技术与当地优秀文化的跨界融合，创造迎合当地消费者心理的数字内容产品，进而占据国际市场、获取丰厚利润。

另一方面，发展中国家利用本土化优势抵御发达国家的数字内容产业入侵。在以美国为主导的西方国家利用本土化战略抢占国际市场的同时，发展中国家为规避在数字技术和发展模式上的劣势，也在利用本土化以及民族化优势抵御西方国家的数字内容产业入侵。随着数字内容产业国际竞争的加剧，发展中国家逐渐认识到本土化及民族化对形成本国特色数字内容产业的重要性，开始通过挖掘本国特色来保持国际国内竞争力。如中国以内容创意为基础，以数字技术为手段，对中华传统优秀文化资源进行转化开发，形成一批独具特色的中国特有的数字内容产品，最具代表性的是中国立足于传统文化所形成的以玄幻、仙侠、科幻为类型的网络原创文学，已经成为数字出版行业的重要领域，且输出到日、韩等东亚国家，向全球展现了中国数字内容产品的独特魅力；以宝莱坞为代表的印度影视产业，重视发展弘扬本国民族正气的影片以及高雅艺术片，并在其中大量融入印度特色的歌舞文化，进而在全球数字内容市场中占据一席之地。

3.2 中国数字内容产业发展历程及现状分析

3.2.1 中国数字内容产业发展历程

(1) 产业起步模仿阶段 (2003~2005 年)

虽然 1995 年"内容产业"的概念已经在欧美等发达国家逐渐兴起，但是中国受制于网络基础设施以及数字技术的影响，2003 年之前内容产业一直处在萌芽阶段。随着网络基础设施不断升级以及数字经济的快速发展，上海市 2003 年在《政府工作报告》中首次在国内提出了"数字内容产业"的概念，并提出了一系列发展数字内容产业的措施和目标，这标志着中国"数字内容产业"的诞生；2004 年上海市在《政府工作报告》中继续提出要培育以内容产业为重点的信息服务业；2005 年上海市发布了《上海加速发展现代服务业实施纲要》，明确对数字内容产业发展的鼓励性政策。在这一阶段，数字技术提供商开始进军数字内容产业，蓬勃发展的互联网技术为传统内容产业实现数字化提供了可能，对内容产品从"收集—创作—加工—存储—传输"都带来了革命性的影响，为数字内容产业提供了关键原动力。在此期间，中国数字内容产业取得了一定的成绩，整体产业规模保持 58% 的年增长率，2005 年实现产业规模 849 亿元，但是与发达国家相比，无论是质量还是数量都存在较大的不足，尚未形成具有自身发展特色的产业体系，整体处于跟踪模仿发达国家阶段。

(2) 产业初步成长阶段 (2006~2015 年)

随着垂直细分网站的大规模建设、数字内容资源的大范围集约、智能终端的迅速普及、数字内容运营商的广泛介入以及政府的高度重视，中国数字内容产业开始逐步由跟踪模仿进入产品与业态创新阶段，数字内容产业在产品、产业以及服务模式上开始实现创新发展。2006 年中国出台了《中华人民共和国国民经济和社会发展第十一个五年规划纲要》，提出要鼓励数字内容产业发展，为社会提供丰富多样的数字内容资源，"数字内容产业"首次在国家层面被提出；2011年出台了《中华人民共和国国民经济和社会发展第十二个五年规划纲要》，明确提出要发展数字内容服务。在国家制定的一系列数字内容产业政策扶持下，中国数字内容产业开始迈入初步成长阶段，各细分领域发展迅速，截至2015年，产业总体收入规模达到4.7万亿元，呈现强势增长态势。

(3) 产业快速发展阶段（2016年至今）

2016年国家发布了《"十三五"战略性新兴产业发展规划》，提出要加快出版发行、影视制作、演艺娱乐等行业数字化进程，提高动漫游戏、数字音乐、网络文学、网络视频等文化产业品位和价值，首次从国家层面把数字内容产业纳入与新一代信息技术、生物、制造以及绿色低碳产业并列的五大支柱性战略性新兴产业；同年12月文化部发布了《关于数字文化产业创新发展的指导意见》，从政策上开始重点布局和引导动漫、游戏、网络文学、数字文化装备、数字艺术展示等数字内容产业。以上两份文件的相继出台标志着中国数字内容产业进入了新时代。由此开始，中国数字内容产业开始进入快速发展阶段，这一阶段传统内容产业的边界被打破，"内容+服务"乃至"内容+服务+硬件"等新型模式不断涌现，内容成为激活整个产业链的核心引擎，媒介融合甚至跨界融合的格局开始形成。

3.2.2 中国数字内容产业发展现状

(1) 数字内容产业总体规模不断壮大

中国数字内容产业虽然相较于欧美等发达国家起步较晚，但是发展迅速并已初具一定规模，大致形成了数字动漫、网络游戏、数字音乐、网络视频、内容软件、移动内容以及数字出版等市场并行且快速发展的产业格局。根据相关统计数据整理所得，2009~2021年中国数字内容产业规模高速增长，整体市场规模由12400亿元增加到83500亿元（见

图3.3），年均增速保持在24%左右。在产业结构中，内容软件虽然仍占据主导地位，但是增速却呈现下滑态势；数字影视、数字动漫、数字出版占比在快速增加，同时电竞、直播、VR等行业迎来快速发展。数字内容已经成为中国社会经济发展中的重要组成部分，并与其他相关领域形成密切联系的产业链。

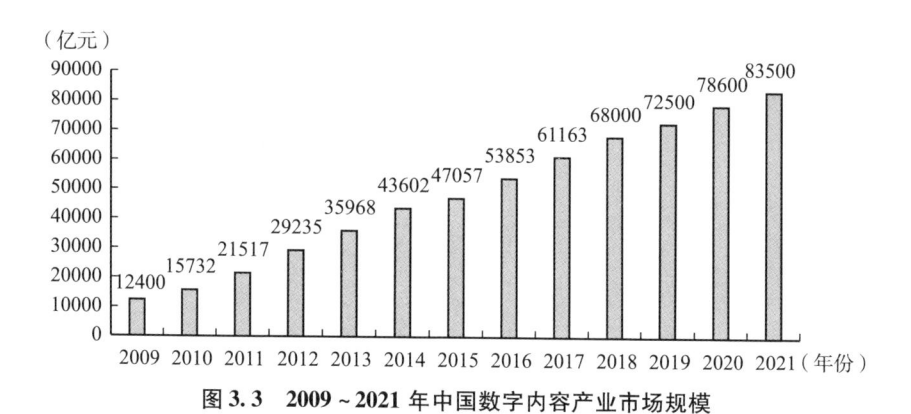

图3.3　2009~2021年中国数字内容产业市场规模

资料来源：根据公开资料整理所得。

（2）数字内容产业整体发展基础日趋雄厚

中国数字内容产业整体发展条件日趋成熟，在政策、经济、技术、用户规模等发展条件方面都取得了较大的进步，有力地推动了数字内容产业的发展。

在政策方面，数字内容产业作为刚刚发展起来的新兴产业，政府积极采取一系列宏观政策，引导和扶持数字内容产业健康发展，将其提升到国家战略性新兴产业的高度。2006年出台的《中华人民共和国国民经济和社会发展的第十一个五年规划》、2009年出台的《关于印发文化产业振兴规划的通知》、2010年出台的《关于加快培育和发展战略性新兴产业的决定》、2011年出台的《中华人民共和国国民经济和社会发展的第十二个五年规划》以及2012~2018年国务院、文化部、工信部以及新闻出版广电总局连续出台的相关政策，都明确提出要扶持数字内容产业发展，为产业发展奠定了良好的外部宏观政治环境。

在经济方面，中国整体经济环境保持稳步增长的态势，2021年名义GDP达到17.7万亿美元，是仅次于美国的全球第二大经济体，为数字内容产业的发展奠定了坚实的基础。持续增长的整体经济发展趋势，推动了数字内容产业不断发展，尤其是移动内容和互联网内容经过十年左右的探索，已经形成较为成熟并具备中国特色的发展模式，为其他领域的数字内容产业发展提供了可复制、可推广的成功经验。

在技术方面，中国随着数字化进程的持续推进，已经成为全球数字技术领域的领头羊，3G（第三代移动通信）、4G（第四代移动通信）、IPTV（交互式网络电视）以及VoIP（互联网电话）等基本实现了广泛使用，虚拟现实、大数据、人工智能、3D（三维）打印、云计算、区块链、5G（第五代移动通信）等领域也发展迅速，蓬勃发展的数字技术正与传统行业加速融合，促进了数字内容产业的快速发展，并在不断改写中国现有产业格局，重构行业价值链。

在用户规模方面，随着互联网基础设施的不断完善以及数字化战略的深入实施，中国互联网普及率快速增加，已经由2013年的44.1%增加到2021年的73%，网民规模也由2013年的5.91亿人增加到2021年的10.32亿人。同时，随着智能手机的普及，中国手机网民规模也从2013年的4.64亿人增加到2021年的10.29亿人。[①] 网民规模及手机网民规模的快速增加，为数字影音、网络游戏、网络文学以及移动内容等产业的发展创造了良好的条件。

（3）数字内容产业初步形成东、中、西三部齐放的产业集群发展格局

从当前数字内容产业发展状况来看，产业集群效应已经初步显现。2005年国家为促进数字内容产业发展，批准北京、上海、成都以及长沙四个地方组建"国家数字媒体产业化基地"（见图3.4），在此基础

---

① 资料来源：根据历年《中国互联网发展状况统计报告》整理所得。

上，经过十五年的发展历程，中国已初步形成了东、中、西三部齐放的数字内容产业集群发展格局。东部地区由于经济发达、资金充足，同时拥有数量众多的高校及科研院所，具备充足的数字技术人才，内容产业集群最为明显，形成了以北京为核心的环渤海数字内容产业集群、以上海为核心的长三角数字内容产业集群以及以广州和深圳为核心的珠三角产业集群；中部地区和西部地区数字内容产业基地主要集中在经济较为发达的地级以上城市，中部地区形成了以武汉、长沙为核心的数字内容产业基地，西部地区形成了以重庆、成都、西安为核心的数字内容产业集群；东南沿海地区形成了以福州、厦门为核心的数字内容产业基地，东北地区形成了以长春、大连和沈阳为核心的数字内容产业基地。

北京基地
地点：北京市海淀区及石景山区
时间：2005年运营
宗旨：产学研技术资本结合、数媒产业化

成都基地
地点：成都高新区
时间：2005年
宗旨：以数字游戏为重点的数字媒体

上海基地
地点：上海市虹口区
时间：2006年揭牌
宗旨：数字媒体技术从支撑到引领的跨越

长沙基地
地点：长沙高新区
时间：2005年
宗旨：依托宏梦卡通、实现卡通动画为主要特色

图 3.4　四大国家级"数字媒体产业化基地"区域分布

资料来源：根据科技部相关资料整理所得。

3.2.3　中国数字内容产业重点领域发展现状

虽然本书把数字内容产业划分为数字影视、数字动漫、数字游戏、数字出版、数字音乐、移动应用、网络服务、内容软件八类，但是综合国内发展现状和趋势，当前数字音乐、网络动漫、网络游戏、数字出版

以及内容软件是当前发展的主流，占据整个行业的主导地位，本节重点探讨这几大领域的发展现状。

（1）数字音乐行业

数字音乐行业是指利用数字格式储存，并通过网络进行传输的音乐行业。目前，中国数字音乐行业已经进入高速增长期，尤其是2015年《关于大力推进我国音乐产业发展的若干意见》的出台，对网络音乐版权问题进行专项整治以后，数字音乐行业便逐渐确立了其在中国数字内容产业中的重要地位，已经成为中国音乐市场的绝对主流形式。

在行业规模方面，中国数字音乐行业自2012年以来便呈现高速增长态势，市场规模由2012年的18亿元增加到2021年的512亿元，年复合增长率达到40%；同时市场用户规模不断增长，2012~2021年数字音乐用户规模复合增长率达到17%，2021年数字音乐用户规模已达到6.02亿人，互联网用户渗透率达到70%（见图3.5）。在市场份额方面，数字音乐产业已经占据中国音乐市场66%的市场份额，传统音乐产业（音乐演出、音乐图书出版、唱片产品）占据34%的市场份额（见图3.6）。在营收结构方面，中国数字音乐主要来源于用户付费收入、广告收入以及版权运营收入三个方面，其中，用户付费收入已经成为数字音乐收入的主要来源，所占比例从2013年的31%增加到2018年的59%，预计2023年所占比例将会达到77%。在竞争格局方面，中国数字音乐用户端目前已经形成"一超一强"的竞争格局，其中，腾讯音乐（包括酷狗音乐、QQ音乐以及酷我音乐）市场渗透率达到76%，月活跃用户数量（MAU）达到777亿次，已经成为数字音乐市场的主导者；网易云音乐市场渗透率达到16%，月活跃用户数量（MAU）达到116亿次，成为国内第二大数字音乐用户端。①

---

① 资料来源：根据中商产业研究院相关资料整理所得。

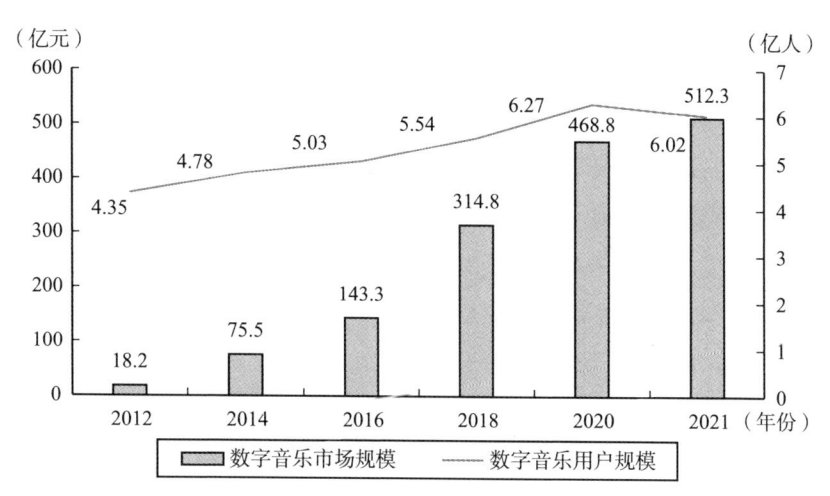

图 3.5　2012~2021 年数字音乐产业市场及用户规模

资料来源：历年《中国数字音乐洞察报告》。

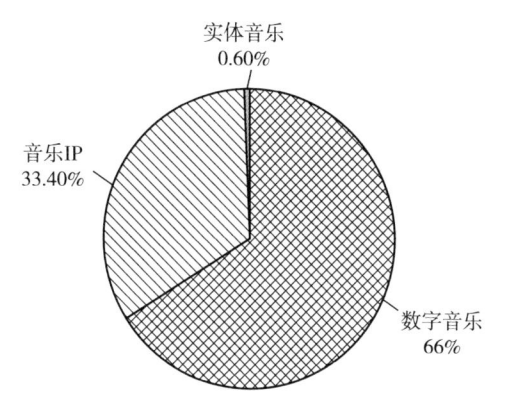

图 3.6　2021 年中国音乐市场构成情况

资料来源：中商产业研究院。

与此同时，中国数字音乐与国际主要发达国家相比也存在着较大的差距，主要是盈利方面存在着较大的困难。虽然付费收入应成为数字音乐的主要收入来源，但是由于市场版权保护力度薄弱，中国人均音乐付费与发达国家相比存在着较大的差距，中国人均音乐消费仅为美国的 0.9%、日本的 0.7%，这也直接导致中国数字音乐与发达国家在竞争力上存在着较大的差距（见图3.7）。

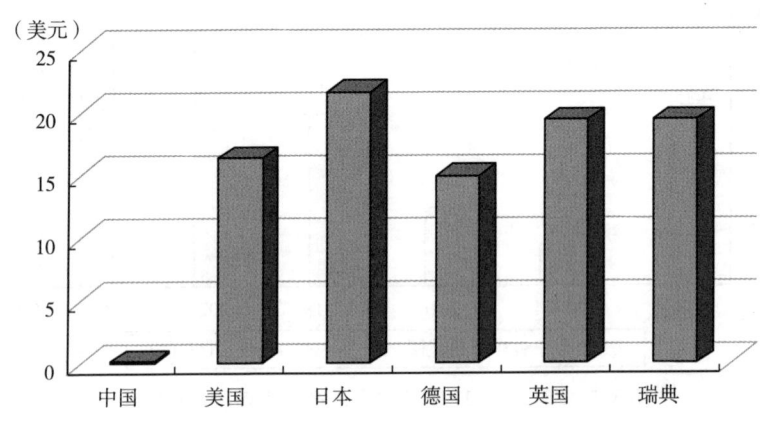

图3.7　中国与主要发达国家人均音乐消费对比

资料来源：公共资料整理所得。

（2）网络视频行业

网络视频行业是指利用互联网以免费或者有偿的方式提供视频播放以及下载服务的行业，其内容主要来源于三种渠道，包含用户上传的原创内容、网络视频企业自制内容以及向专业影像生产和代理结构购买版权内容。中国网络视频行业与全球网络视频行业同时起步、平行发展，依靠政府"先发展、后管理"政策支持，尤其是2010年"三网融合"战略的推进，使得中国网络视频行业进入了快速发展期。

在用户规模方面，基于互联网技术的快速发展和智能手机的快速普及，得益于网民规模由2012年的5.64亿人增加到2021年的10.32亿人，中国网络视频用户规模均也在快速增加，网络视频用户数量由2012年的3.72亿人增加到2021年的9.75亿人，网络视频用户渗透率已经达到95%（见图3.8），广阔的内需市场为产业发展提供了可能。

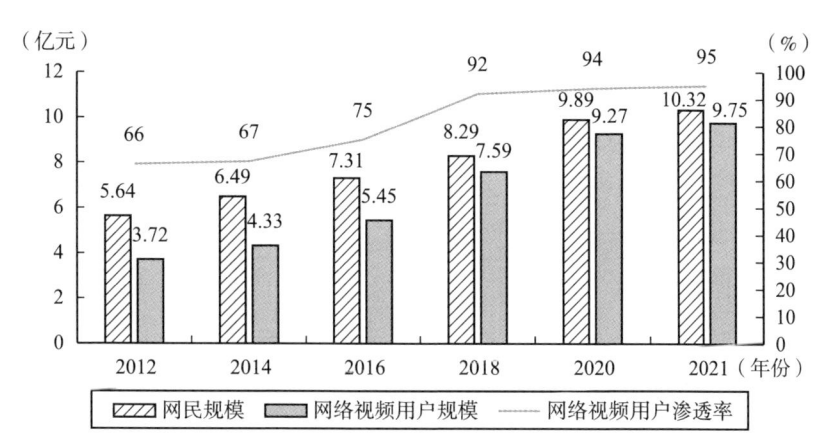

图 3.8 2012～2021 年中国网络视频用户规模情况

资料来源：CNNIC、中商产业研究院。

在产业规模方面，得益于规模庞大的网络视频用户以及网络视频企业的迅速发展，中国网络视频行业收入规模增长迅速，由 2012 年的 90.78 亿元增加到 2021 年的 1392.2 亿元，年复合增长率达到 60% 左右；网络视频行业的营业收入构成中，广告收入、用户付费以及版权分销是其主要收入来源，其中，广告收入是网络视频行业的主要收入来源，其规模由 2012 年的 66.63 亿元增加到 2021 年的 560 亿元，但是其所占比例却在逐渐下降，由 2012 年的 72.4% 下降到 2021 年的 40%；与此同时，用户付费作为新型商业模式增长迅速，所占比例由 2012 年的 4.4% 增加到 2021 年的 38%，成为仅次于广告收入的第二大收入来源（见图 3.9）。

虽然中国网络视频行业用户规模和产业规模增长迅速，但是企业盈利困难却成为当前发展的痛点。根据上市公司最新统计显示，2021 年网络视频平台爱奇艺亏损高达 62 亿元；阿里巴巴集团公布的 2021 财年第三季度分析显示，其所包含的优酷、大麦、UC 以及音乐和文学等娱乐业务，第一季度亏损达到 21.39 亿元，而这主要是由网络视频平台优酷所导致的；相关数据显示，腾讯视频、搜狐视频以及 PP 视频等普遍处于亏损状态，究其原因，主要是由于各网络视频企业为抢占竞争优势，

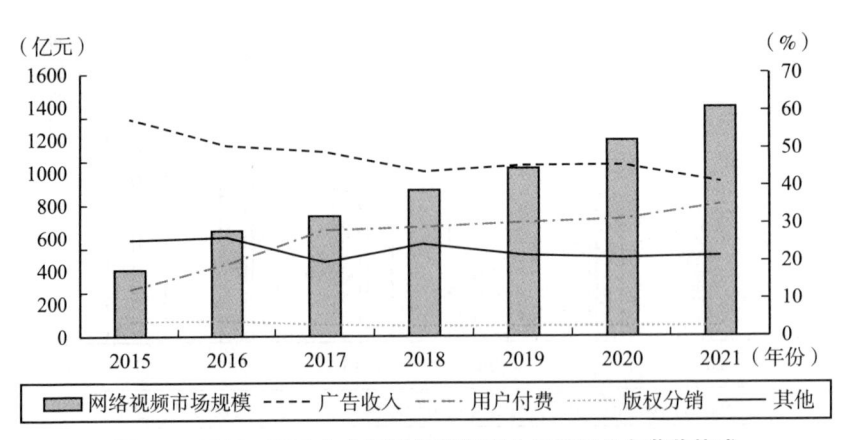

图 3.9 2015~2021 年中国网络视频产业规模及业务营收构成

资料来源：《2022 年中国在线视频行业研究报告》。

盲目投入大量资金采购版权以及制作内容所导致的。① 从商业角度考虑，目前中国网络视频行业尚未成熟，这直接对中国数字内容产业国际竞争力带来了较大的影响。

(3) 网络游戏行业

网络游戏行业是指利用互联网、移动通信网等信息网络，向客户提供游戏产品和服务的行业。中国网络游戏行业始于 20 世纪 90 年代，1998 年首家专门经营网络游戏的门户网站"联众游戏世界"的诞生，标志着中国网络游戏行业正式兴起。2005 年《传奇》《梦幻西游》《魔兽世界》以及《征途》等一批游戏优质网络游戏的诞生，给整个行业带来了空前的活力，中国网络游戏行业由此进入了快速发展阶段。

在用户规模方面，随着互联网的迅速普及以及网络游戏行业的快速发展，网络游戏用户规模持续增长，由 2012 年的 3.36 亿人增加到 2021 年的 6.66 亿人，占整体网民比例达到 64.5%；随着智能手机的普及，移动游戏成为发展的主流，手机网络游戏的用户规模也在快速增长，由 2012 年的 1.39 亿人增加到 2021 年的 6.56 亿人，占整个手机网络用户

---

① 资料来源：2021 年爱奇艺季度财报、2022 年阿里巴巴季度财报。

的63.8%（见图3.10）。

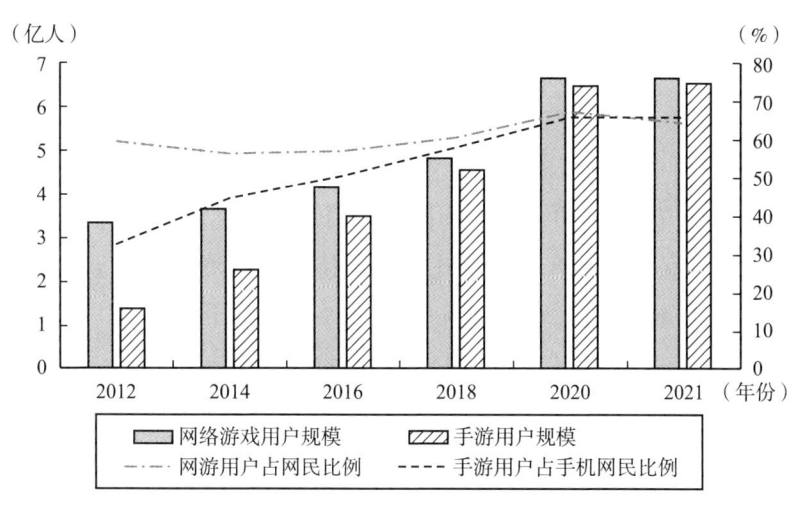

图 3.10　2012~2021年中国网络游戏行业用户规模状况

资料来源：CNNIC、中商产业研究院。

在产业规模方面，得益于网络游戏用户规模的持续增加，网络游戏行业呈现迅速发展的态势，市场规模高速扩张。2008~2021年，中国网络市场规模从186亿元增加至3000亿元，年复合增长率保持在30%左右（见图3.11）。未来随着中国网络游戏行业进入成熟期，其增长率将会有所放缓，但是随着数字技术的不断创新，仍将保持稳定增长态势。

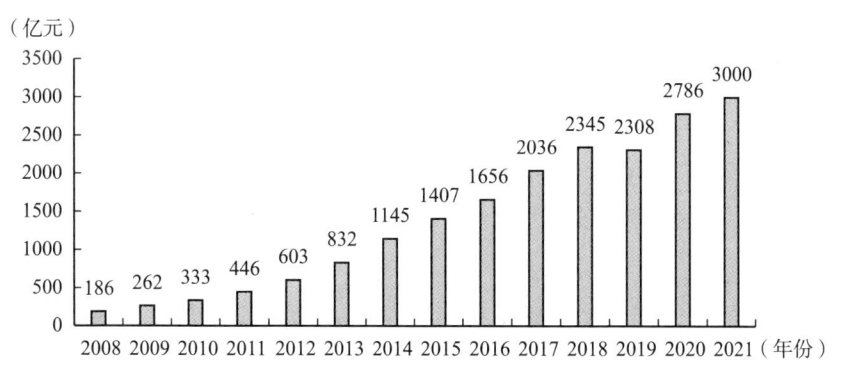

图 3.11　2008~2021年中国网络游戏行业市场规模

资料来源：伽马数据、前瞻产业研究院。

在市场结构方面，网络游戏根据用户使用端的不同分成 PC 游戏和移动游戏，同时 PC 游戏根据形式的差异又分成客户端游戏和网页游戏。目前，随着数字技术的发展以及消费群体的偏好，网络游戏市场结构已逐渐清晰，移动游戏得益于移动技术的发展以及用户对碎片化时间和移动化场所的娱乐需求，已经占据网络游戏市场份额第一的位置，截至 2021 年已占据 76.10% 的市场份额，用户规模达到 6.55 亿人，市场规模达到 2255 亿元；客户端游戏总体保持稳定发展态势，但在增长上呈现一定的下滑趋势，2021 年占据 19.80% 的市场份额，用户规模达到 1.18 亿人，市场规模达到 588 亿元，占据网络游戏第二大市场份额；网页游戏由于商业模式复制成本低、研发和运营投入成本少、产品研发周期较短等特点，近年来一直保持高速增长态势，已经成为第三大游戏市场，2021 年占据 4.1% 的市场份额，用户规模达到 1.56 亿人，市场份额达到 6.3 亿元[①]（见图 3.12）。

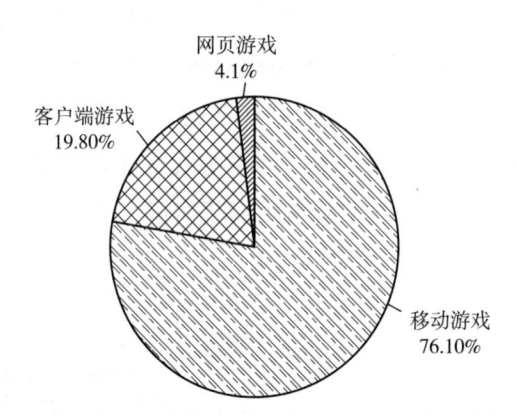

图 3.12　2021 年中国网络游戏行业细分市场份额

资料来源：《2021 年中国游戏产业报告》、中商产业研究院。

中国虽然已经成为全球第一大网络游戏市场，但与发达国家相比，

---

① 资料来源：中国音数协游戏工委、智研咨询。

中国网络游戏玩家群体的人均付费（ARPU）以及人均付费占人均GDP的比重均处于较低水平。相关数据统计显示，中国的网络游戏玩家群体人均付费为30美元，是德国的1/6、英国和美国的1/7、日本的1/10，人均付费占人均GDP的比重仅为0.37%，低于德国的0.46%、英国的0.52%、日本的0.76%，这一因素是导致中国网络游戏行业弱于发达国家的重要内在因素。

（4）数字出版行业

数字出版行业是指利用互联网向公众提供具有编辑、制作、加工等出版特征的数字化产品服务的行业。自2008年以来，中国陆续批准成立了上海张江、重庆北部等13家国家级数字出版基地，并为数字出版企业的发展提供了一系列税收优惠政策以及国家出版基金项目补助，再加上数字技术本身的不断进步，中国数字出版产业保持持续快速增长态势。

在产业规模方面，依托数字技术的持续创新以及国家政策的大力扶持，数字出版产业整体收入规模快速增长，2012~2021年中国数字出版产业收入规模由1297亿元增加到8562亿元。在产业结构方面，互联网广告、移动出版以及在线教育处于收入榜前三位，其中，互联网广告由2013年的753亿元增加到2021年的5435亿元，移动出版由2013年的486亿元下降到2021年的415亿元，在线教育由2015年的180亿元增加到2021年的2610亿元（见表3.1）。

表3.1　　　2012~2021年中国数字出版各细分领域发展状况　　　单位：亿元

项目	2012年	2013年	2014年	2015年	2017年	2019年	2021年
数字报纸	16	11	11	10	9	8	7
互联网期刊	11	12	14	16	20	23	28
电子书	31	38	45	49	54	58	66
在线教育	—	—	—	180	1010	2010	2610
移动出版	486	580	784	1056	1796	2314	415

续表

项目	2012 年	2013 年	2014 年	2015 年	2017 年	2019 年	2021 年
互联网广告	753	1100	1540	2094	2957	4341	5435
总计：数字出版	1297	1741	2394	3405	5846	8754	8562

资料来源：根据历年数字出版产业发展报告整理所得。

从表3.1可以看出，数字出版整体呈现两大趋势：一是传统书刊、报刊数字化收入较低且占比持续下降，主要原因是由于传统图书、期刊以及报纸等行业数字化转型幅度小、融合不到位；二是移动出版以及在线教育等新兴板块持续发力，两者占数字出版收入的比例2021年达到35%，成为数字出版行业中最为活跃的部分。中国数字出版行业在政策引导下，重点深耕原创内容，依靠数据和技术继续推动产业转型升级，同时依靠资本充分释放IP价值，未来将会保持更加繁荣的发展趋势。

（5）内容软件行业

内容软件行业是指制作、管理以及组织和传递数字化内容的关联软件、工具或者平台的行业，涉及内容应用软件、平台软件以及数字内容服务等领域。虽然目前中国经济整体步入新常态，经济增速呈现小幅放缓的态势，但是内容软件行业得益于国家强有力的政策支持，尤其是《软件和信息技术服务业"十二五"发展规划》为中国内容软件产业的发展指明了方向，内容软件行业正经历着一个新的发展机遇期及快速增长期。

在产业规模方面，中国内容软件产业虽然增幅呈现一定的下滑态势，但仍然保持10%以上的年增长率，年收入额由2011年的18849亿元增加到2021年的94994亿元，占数字内容产业的比例高达88%左右，占据整个数字内容产业核心支柱地位（见图3.13）。在盈利能力方面，中国内容软件行业2021年实现盈利11875亿元，同比增长7.60%左右，同时实现人均创造业务收入117万元，这表明中国内容软件行业高质量发展初见成效。在产业结构方面，软件产品、信息技术服务以及嵌入式系统软件三足鼎立，其中，软件产品2021年实现收入24433亿元，占整个行业的比重为25.70%；信息技术服务2021年实现收入60312亿元，占整个行业的比重为63.50%，这主要归因于在线软件运营服务、平台运营服务、基础设施运营服务以及电子商务平台技术服务的快速发展；嵌入式系统软件2021年实现收入8425亿元，占整个行业的比重为8.90%（见图3.14）。[①]

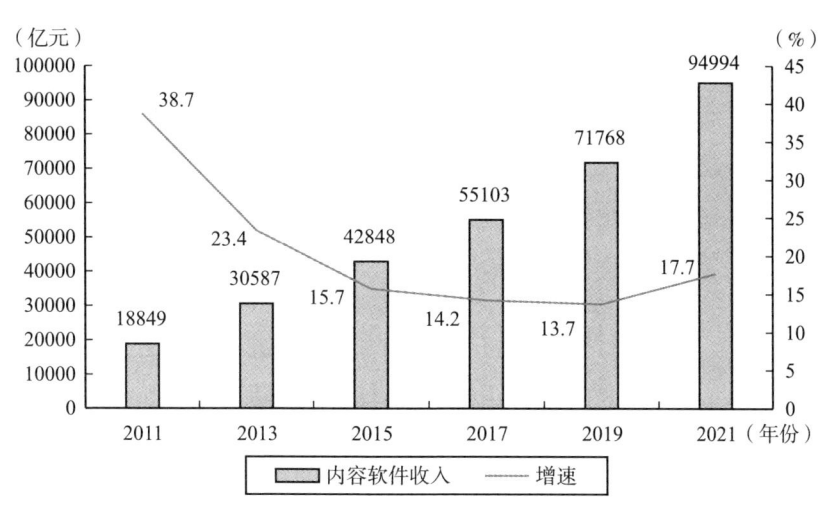

图3.13 2011~2021年内容软件业收入状况

资料来源：根据工业和信息化部数据整理所得。

    由图3.13也可以看出，中国内容软件行业收入规模年增长率在持续下降，由2011年的38.7%下降到2021年的17.7%，而这主要是由于中国内容软件行业出口持续低迷所造成的。中国内容软件行业虽然出口额从2011年的346亿美元增加到2021年的521亿美元，但是年增长率却由2011年的29.4%下降到2021年的8.8%，整体的低迷状态也在一定程度上反映了中国内容软件行业由于缺乏自主创新，而导致国际竞争力在逐渐下降的严峻局面。[②]

[①][②] 资料来源：根据工业和信息化部数据整理所得。

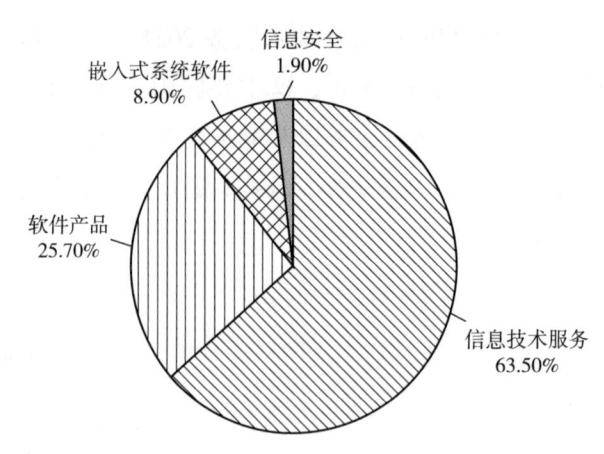

图 3.14 2021 年内容软件业产业结构

资料来源：根据工业和信息化部数据整理所得。

3.3 中国数字内容产业在全球数字内容产业格局中的地位

3.3.1 中国数字内容产业在国际分工格局中的地位

自大卫·李嘉图提出比较优势理论以来，该理论逐渐成为指导国际分工的核心理论，在随后的近 200 年的时间内，国际分工始终是以资源禀赋差异状况的国际比较优势为基础，其分工模式的不同主要源于各国所拥有的自然资源条件的差异。但是随着科学技术的迅猛发展，尤其是数字化浪潮席卷全球，传统资源禀赋的比较优势被大幅度削弱，而以科技创新为代表的国际竞争优势对国际分工格局产生越来越大的影响，在此背景下技术型分工开始逐渐取代资源型分工，成为数字经济时代国际分工的必然趋势。

在图 3.15 所示的"垂直水平型"国际分工体系中，中国目前依靠数字经济强大的推动力，数字内容产业已经成为国民经济体系中的重要产业，在产业分工中已经占据核心地位，并且已经成为全球数字内容产业大国，但是中国并非数字内容产业强国，仅仅占据国际数字内容产业分工体系的中间地位。美国依靠其领先全球的数字科技水平和完善的数字知识版权保护制度所形成的技术型比较优势，已经成为全球数字内容产业发展最为先进的区域，数字视频、数字出版、数字音乐、数字动漫、内容软件等领域已经成为美国重要的数字内容产业，其出口已逐渐超越农业、汽车等传统产业，得益于其强大的国际竞争力，美国占据着数字内容产业的顶端。与此同时，英国依靠其强大的创意技术，日本依靠其发达的移动技术和游戏产业，韩国依靠其影视、音乐、卡通以及游戏所形成的"韩流"，数字内容产业也在国家产业体系中占据核心地位，并在全球数字内容产业分工体系中占据仅次于美国的重要地位。

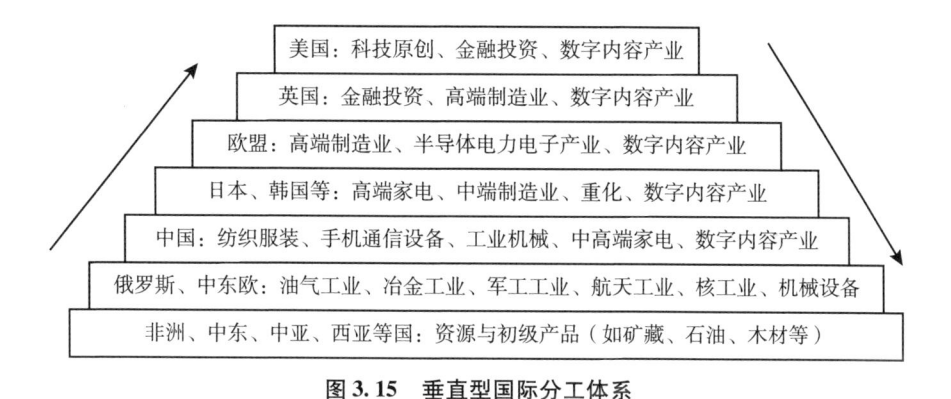

```
美国：科技原创、金融投资、数字内容产业
英国：金融投资、高端制造业、数字内容产业
欧盟：高端制造业、半导体电力电子产业、数字内容产业
日本、韩国等：高端家电、中端制造业、重化、数字内容产业
中国：纺织服装、手机通信设备、工业机械、中高端家电、数字内容产业
俄罗斯、中东欧：油气工业、冶金工业、军工工业、航天工业、核工业、机械设备
非洲、中东、中亚、西亚等国：资源与初级产品（如矿藏、石油、木材等）
```

图 3.15 垂直型国际分工体系

资料来源：吕方．国际产业分工与中国文化产业［M］．北京：人民日报出版社，2009.

从数字内容产业链的垂直分工体系的角度来看，美国等发达国家依托其领先的数字研发技术、先进的创意发展理念、雄厚的资本要素、完善的数字版权保护制度，在全球数字内容产业链条上占据着其中的关键部分，大部分产业链条中的利润被这些国家所攫取；中国作为数字经济规模全球第二的国家，虽然目前数字内容产业在整体水平上尚弱于发达国家，但是与其他新兴发展中国家相比存在着较强的比较优势，同时大数据、云计算以及人工智能等数字技术与传统产业的融合度不断加深，中国在全球数字内容产业链条上呈现快速上升的趋势。

3.3.2 中国数字内容产业在国际贸易格局中的地位

2003年以来，以网络游戏、数字影音、数字出版、内容软件为代表的中国数字内容产业发展迅速，已经成为推动中国供给侧改革、实现产业结构升级以及促进经济平稳快速发展的重要动力。尤其是自2008年全球性金融危机以后，数字内容产业在中国爆发出更强大的生命力，形成一批在国际上具有重要影响力的数字内容企业，成为推动中国文化产业振兴以及文化强国战略的重要支柱性产业。近年来，中国的网络游戏、数字影音、数字出版、移动应用等数字内容产业发展迅速，数字内容产品出口额逐年增加。

数字内容产业经营和生产的产品被称为数字内容产品，一国数字内容产品的进出口贸易是衡量一国数字内容产业国际竞争力水平的最直接指标。然而与传统文化产品及服务相比，数字内容产品由于其高度的数字化特性以及跨领域的融合性，国际贸易更为复杂和多变。中国目前是仅次于美国的全球第二大经济体，是经济、政治以及军事大国，同时也是数字内容产业大国，在国际贸易格局中其数字内容产业占据重要的位置。中国是全球数字内容产品进出口大国，在某些领域具备较为显著的国际贸易竞争优势。中国目前是仅次于美国的全球第二大网络游戏出口国，2021年中国自主研发的网络游戏实现海外销售180.13亿美元，已超越游戏大国日本、韩国及英国；2018中国ICT商品出口达到6000亿美元左右，是美国的4倍，远超世界其他国家，位居世界首位；2018年中国的ICT服务出口达到824亿美元，仅次于美国、英国、德国、印度及法国等国，位居全球第6位。① 中国目前已经在数字内容产业多个领域占据制高点，展现出强大的国际竞争优势，不仅促进了中国经济向

---

① 资料来源：中国游戏产业研究院、工业和信息化部。

高质量发展,更对中国的全球战略有着至关重要的意义。

3.4 中国数字内容产业生命周期阶段判断识别

数字内容产业作为战略性新兴产业,科学判断其所处的产业生命周期阶段,对于评价中国数字内容产业国际竞争力以及有针对性地制定国际竞争力提升策略具有重要的指导意义。

3.4.1 产业生命周期理论概述

产业生命周期理论起源于产品生命周期理论,波兹(Booz)于1957 年在《新产品管理》中首次提出了产品生命周期的概念,并将产品生命周期划分为四个阶段,分别是投入期、成长期、成熟期以及衰退期;1966 年哈佛大学教授雷蒙德·弗农(Vernon)提出了产品生命周期理论,并从国际化的角度将其划分为创新期、成熟期以及标准化期三个阶段;随后,阿伯纳西(William J. Abernathy)以及阿特伯克(James M. Utterback)于 20 世纪 70 年代创建了 A – U 产品生命周期理论,在产品生命周期中引入了产品创新,重点探索创新性产品的客观发展规律,并把其划分为流动、过度以及确立三个阶段;在此基础上,戈特和克莱伯 1982 年(Gort and Klepper)首次从经济学意义上提出了产业生命周期模型,即 G – K 生命周期理论,并把其划分为引入期、大量进入期、稳定期、大量退出期以及产业成熟期五个阶段;90 年代克莱伯和格兰迪(Klepper and Graddy)提出了 K – G 产业生命周期理论,该理论是对 G – K 生命周期理论的继承和发展,并重新将其划分为成长期、淘汰期以及稳定期三个阶段,首次解释了产业在淘汰期仍会出现产出增长的现象。与此同时,国内的陈佳贵(1995)、刘戒娇(2003)、张会恒(2004)、向吉英(2007)、郭毅夫(2012)、郑飞(2019)等学者在国外研究的基础上对产业生命周期理论也进行了深入分析，使得产品生命周期理论不断完善，该理论已经成为现代经济学的重要领域。

3.4.2 数字内容产业生命周期形态与特征

（1）数字内容产业生命周期的形态描述

数字内容产业生命周期依据国内外研究理论，一般可以划分成萌芽期、成长期、成熟期以及衰退期四个发展阶段（见图3.16），但如果在衰退期产业能够利用新技术进行重大变革，则产业可能会在衰退期发生转变而进入蜕变期，从而焕发出新的生机和活力。产业的形成从传统上来讲一般有产业分化、衍生以及新生长三种形式，而数字内容产业的萌芽具备明显的特殊性，既不是产业的分化和衍生，也不是新生长，而是信息产业与传统文化产业、文化创意产业以及相关内容产业的跨界融合，其萌芽期具备显著的产业融合特征；互联网及移动技术的快速发展为数字内容产业快速发展提供了动力，使其成长期的发展速度呈现明显的上扬态势；鉴于数字内容产业的高数字化、高融合性特点，其发展历程将会紧随数字经济时代的脚步，因此其成熟期将会比其他产业经历更长的时间；数字内容产业的数字化特性使其衰退期也将会区别于一般的产业，新数字技术的诞生将会使其由衰退期转变成蜕变期，从而再次进入新一轮产业生命周期。

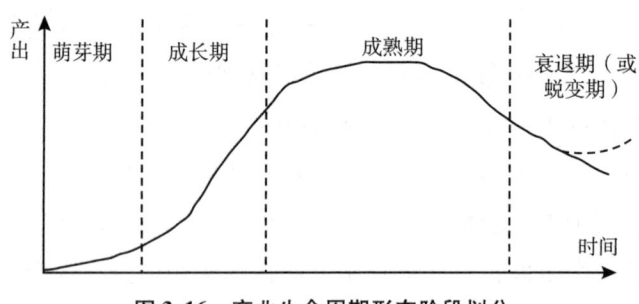

图 3.16　产业生命周期形态阶段划分

资料来源：冯德连等. 国际经济学（第五版）[M]. 北京：中国人民大学出版社，2021.

(2) 数字内容产业生命周期各阶段特征

数字内容产业生命周期各阶段主要受产业规模、产业结构、产业技术以及政府角色等因素的影响，因此基于这4个维度分14个指标对数字内容产业生命周期各阶段的特征进行归纳总结，具体特征如表3.2所示。从萌芽期到成熟期，各指标的特征并未脱离一般产业的发展历程，但是在衰退期数字内容产业将会展现出特殊性，在新科技革命或新数字技术的推动下，将会直接由衰退期转变成蜕变期，从而进入新生命周期的萌芽期。

表 3.2　　数字内容产业生命周期四阶段特征

目标	维度	主要指标	产业生命周期阶段			
			萌芽期	成长期	成熟期	衰退期→蜕变期
数字内容产业生命周期判断	产业规模	市场需求	增长缓慢	迅速增加	趋于稳定	持续减少→增长缓慢
		生产能力	较低	不断提升	最高水平	持续减少→较低
		产品增长率	较高	不断提高	稳定发展	持续下降→较高
		投入规模	缓慢增长	增长迅速	增长缓慢	持续减少→缓慢增长
		利润率	较低	不断增加	最高	快速下降→较低
	产业结构	市场集中度	较低	不断提升	最高	持续降低→较低
		竞争程度	竞争较弱	竞争增强	竞争激烈	竞争减弱→竞争较弱
		生产结构	中小企业众多	企业大型化发展	规模趋于稳定	企业规模收缩→中小企业众多
		管理水平	内部管理松散	重视内部管理	管理水平较高	管理水平下滑→内部管理松散
		垄断程度	较低	不断提升	最高	持续降低→较低
	产业技术	技术水平	不稳定	稳定	成熟	落后→不稳定
		劳动效率	较低	不断提升	最高	持续下滑→较低
		产品差异化	较为单一	逐渐多样化	多样化	逐渐减少→较为单一
	政府角色	政策作用	政策扶持和环境优化	扶持和监督	鼓励自由竞争	引导转型发展→政策扶持与环境优化

3.4.3 基于 Logistic 生长曲线模型的数字内容产业生命周期识别

3.4.3.1 数字内容产业生命周期识别方法

对于产业生命周期的判断现阶段尚未有统一的方式方法，最具代表性的方法主要有经验对比法、计算判断法以及拟合曲线分析法三种形式。经验对比法是将本国与发达国家或地区同类产业的发展规律进行对比，进而判断本国同类产业在生命周期中所处的阶段；计算判断法是通过计算能够反映产业生命周期特征的指标（如销售增长率），进而判断和识别产业在生命周期中所处的发展阶段；拟合曲线分析法主要是指利用合适的曲线模型［最典型的是皮尔曲线（Logistic 曲线）、龚伯兹曲线］，基于时间序列数据运用数学方程对产业进行拟合，进而对产业的产出及峰值点时间进行预测。

相关学者也曾对数字内容产业的生命周期进行了判别，如常征（2012）基于龚伯兹曲线模型对数字内容产业的生命周期进行了识别，认为当时处于成长阶段，但是该识别存在着一定的缺陷，一方面是其并未把内容软件产业包含进去，而内容软件在数字内容产业中占据主导地位；另一方面该识别方法缺乏对各阶段时间点的预测。因此，本章在相关研究的基础上，以经验对比法、计算判断法为基础，重点利用皮尔曲线（Logistic 曲线）模型对数字内容产业生命周期进行判断和识别。

3.4.3.2 数字内容产业生命周期阶段的定性判断

在利用 Logistic 曲线对数字内容产业生命周期进行判断之前，首先利用计算判断法以及经验对比法对其发展阶段进行初步判断，然后通过计量模型进行验证。从表3.3可以看出，2003~2021年中国数字内容产业呈现高速增长态势，市场规模年平均增长率达到25.84%，虽然自2012年起增长态势逐渐放缓，但截至2021年增长率仍然达到17.88%，说明中国数字内容产业经过十几年的快速发展，积累了庞大的产业规模，已经进入稳步增长阶段。根据国内外产业发展经验，当产业销售增长率大于20%时，表明该产业处于成长期，同时与欧美发达数字内容产业相比，可以定性地得出中国数字内容产业目前处于成长期，正逐渐迈入成熟期。

表3.3　　2003～2021年中国数字内容产业市场规模及年增长率

年份	产业规模/亿元	增长率/%	年份	产业规模/亿元	增长率/%
2003	2300	—	2013	35968	23.03
2004	2942	27.91	2014	43602	21.22
2005	4750	61.45	2015	47057	7.92
2006	6076	27.91	2016	53853	14.44
2007	7519	23.75	2017	61163	13.58
2008	9747	28.61	2018	68000	11.18
2009	12400	27.22	2019	78768	15.83
2010	15732	26.87	2020	91616	12.04
2011	21517	36.77	2021	108000	17.88
2012	29235	35.87	—	—	—

资料来源：根据相关公开资料整理所得。

3.4.3.3　基于Logistic生长曲线模型的数字内容产业生命周期识别

Logistic曲线方程又被称为皮尔曲线方程，目前在经济社会现象的研究中已经被广泛应用，该曲线呈现水平拉长的S型，其特征是萌芽期增长缓慢、成长期迅速增长、成熟期增速放缓直至饱和。利用Logistic曲线方程模型能够直观明显地再现产业发展的演变规律，消除因某个或某些指标的短期变动而干扰生命周期发生剧烈变动的状况。本节利用EViews 8.0软件对中国数字内容产业生长曲线进行拟合，进而判断和识别数字内容产业所处的发展阶段及未来趋势。

（1）Logistic生长曲线模型构建

Logistic生长曲线（皮尔曲线）的形式用方程可以表示为：

$$Y = \frac{L}{1+ae^{-bt}} \tag{3.1}$$

式（3.1）中：Y 为产出规模，L 为变量 Y 的极限值，a、b 为常数，t 为时间。

假定 L 已知，对式（3.1）取倒数并在公式两侧同时乘上 L，得：

$$\frac{L}{Y} = 1 + ae^{-bt} \tag{3.2}$$

然后把 1 移到左边，得：

$$\frac{L}{Y} - 1 = ae^{-bt} \tag{3.3}$$

对式（3.3）两边分别取对数，得：

$$\ln\left(\frac{L}{Y} - 1\right) = \ln a - bt \tag{3.4}$$

为保证结果的准确性及数据的易得性，本节拟将 L 定义为数字内容产业规模占 GDP 的最大比重，则相应的 Y 则为数字内容产业占 GDP 的实际比值（见表 3.4）。

表 3.4　2003~2021 年中国数字内容产业规模占国内生产总值的比重

年份	产业规模（亿元）	GDP（亿元）	数字内容产业规模占 GDP 的比值	年份	产业规模（亿元）	GDP（亿元）	数字内容产业规模占 GDP 的比值
2003	2300	137422	0.0167	2013	35968	595244	0.0604
2004	2942	161840	0.0182	2014	43602	643974	0.0677
2005	4750	187319	0.0254	2015	47057	689052	0.0683
2006	6076	219439	0.0277	2016	53853	743586	0.0724
2007	7519	270232	0.0278	2017	61163	827121	0.0739
2008	9747	319516	0.0305	2018	68000	900309	0.0755
2009	12400	349081	0.0355	2019	78768	990865	0.0795
2010	15732	413030	0.0381	2020	91616	1015986	0.0902
2011	21517	489300	0.0440	2021	108000	1143670	0.0944
2012	29235	540367	0.0541	—	—	—	—

资料来源：根据相关数据整理所得。

(2) 中国数字内容产业拟合分析

根据式（3.4），利用 EViews 8.0 对数字内容产业的 Logistic 生长曲线进行拟合。L 作为 Y 的极大值，本书取其峰值 $L=0.3$，原因在于依据目前发达国家产业发展的演进历程，欧美日等主要发达国家数字内容产业已进入成熟期，但其数字内容产业占国内生产总值的比重均未达到30%，所以本节 Logistic 生长曲线模型中最理想的状况是取 L 为0.3进行测算；Y 为 2003~2021 年数字内容产业规模占国内生产总值的比重。利用 EViews 8.0 对方程模型进行回归，拟合结果如表 3.5 所示。

表 3.5　　　　　　　Logistic 生长曲线模型拟合结果

因变量：LOG（0.3/Y-1）
方法：最小二乘法
日期：08/21/2019　时间：10：24
样本：2003　2021
观察值个数：19

变量	回归系数	标准误	T-统计量	概率
系数向量	2.982923	0.060265	49.49665	0.0000
时间趋势项	-0.122582	0.005707	-21.47827	0.0000
R^2 统计量	0.970546	因变量均值		1.818390
调整 R^2 统计量	0.968442	因变量标准差		0.592399
回归标准差	0.105237	AIC 准则		-1.548736
残差平方和	0.1555047	Schwarz 准则		-1.452162
对数似然函数值	14.38989	HQC 准则		-1.543790
F 统计量	461.3162	Durbin-Watson 统计量		0.817977
边际显著性水平	0.000000			

从表 3.5 可以看出，拟合优度为 0.97，T 检验和 F 检验均符合要求，其中 C 即为 $\ln a$，则可求出 $a=19.75$，$b=0.12$。据此，可得出数字内容产业的生命周期 Logistic 生长曲线方程为：

$$y = \frac{0.3}{1 + 19.75e^{-0.12t}} \quad (3.5)$$

该模型结果较好地拟合了 2003~2018 年数字内容产业的生长曲线：曲线以时间为纵轴，以数字内容产业规模占 GDP 比重为横轴，以 2003 年数字内容产业占 GDP 的比重为起始点，按照方程（3.5）做出了一条向右上方倾斜的曲线，显示了 2003~2021 年随着时间的推移中国数字内容产业占 GDP 的比重不断增加的情况（见图 3.17）。

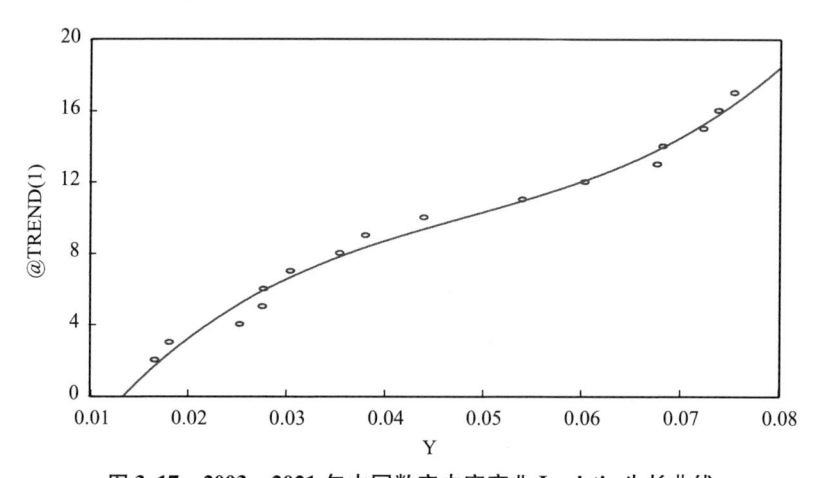

图 3.17　2003~2021 年中国数字内容产业 Logistic 生长曲线

（3）数字内容产业生命周期走势判断

Logistic 曲线方程实质上是一个累积增长或者生长的曲线，总体呈现拉长的"S"型。通过对 Logistic 曲线方程进行一阶求导，可以得出累计增长或者增长的速度。

$$v(t) = \frac{dy}{dt} = \frac{Labe^{-bt}}{(1 + ae^{-bt})^2} \quad (3.6)$$

式（3.6）可以用来描述产业成长与发展的速度，其图像形态大致为单峰曲线，其生长过程呈现由慢到快再到慢的过程（见图 3.18）。

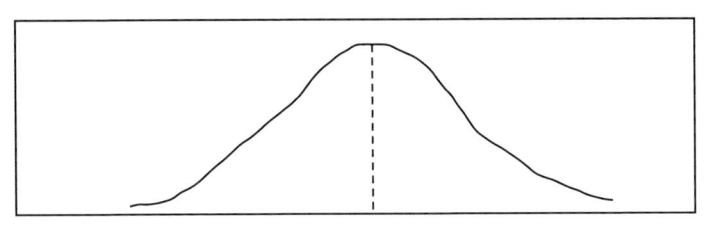

图 3.18 Logistic 曲线增长或生长过程的速度曲线

对 Logistic 曲线生长速度函数（3.6）进行一阶求导，同时令其为 0，可以得到：

$$\frac{dy}{dt} = \frac{Labe^{-bt}(abe^{-bt}-b)}{(1+ae^{-bt})^3} = 0 \quad (3.7)$$

解方程（3.7）可以得到产业增长最快的峰点：

$$t = \frac{\ln a}{b} \quad (3.8)$$

同时，对 Logistic 曲线生长速度函数进行二阶求导，并令其为 0，可以得到：

$$\frac{d^2y}{dt^2} = \frac{Lab^3e^{-bt}(1-4abe^{-bt}+a^2e^{-2bt})}{(1+ae^{-bt})^4} = 0 \quad (3.9)$$

即：

$$1 - 4abe^{-bt} + a^2e^{-2bt} = 0 \quad (3.10)$$

解公式可得：$t_1 = \frac{\ln a - 1.317}{b}$，$t_2 = \frac{\ln a + 1.317}{b}$

t_1、t_2 分别为生长速度函数的两个拐点，再加上峰值点，推断出 Logistic 生长曲线共有三个关键点，其对应的横坐标分别为：

$$t_1 = \frac{\ln a - 1.317}{b}, \quad t = \frac{\ln a}{b}, \quad t_2 = \frac{\ln a + 1.317}{b} \quad (3.11)$$

式（3.11）中，t_1 对应的是始盛期的拐点，该点位置表示产业增长速度由缓慢增长转向快速增长，即由萌芽期过渡到成长期；t 对应的是高峰期的拐点，该点位置表示产业增长速度由快速增长转向缓慢增长，即由成长期过渡到成熟期；t_2 对应的是盛末期的拐点，也即饱和点，该点位置表示产业发展到鼎盛后开始逐渐进入增长下滑期。

综上所述，结合式（3.5）、式（3.11）以及回归结果，可分别计算出数字内容产业成长曲线的三大拐点：

$$t_1 = 14, \quad t = 24, \quad t_2 = 35$$

由于中国数字内容产业是以 2003 年为起点，所以 2003～2017 年为萌芽期，2017～2027 年为成长期，2027～2038 年为成熟期，2038 年以后逐渐进入衰退期（在新技术的引领下进入新一轮生命周期），如图 3.19 所示。

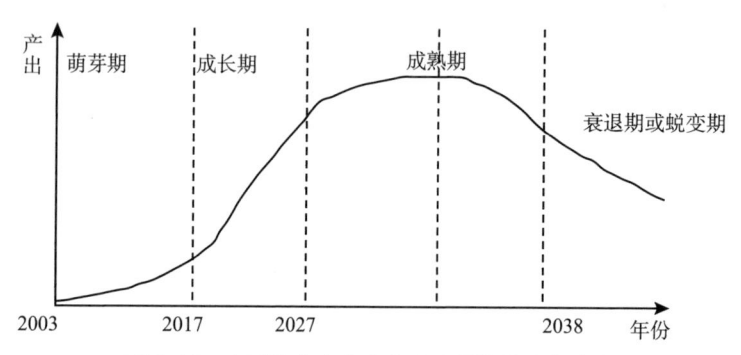

图 3.19 中国数字内容产业生命周期的阶段分布

由图 3.19 可知，目前中国数字内容产业刚刚进入成长期，也验证了上文中通过计算判断法以及经验对比法所作出的目前处于成长期的判断。从未来发展趋势来看，中国数字内容产业将经历将近十年的快速成长期，还要经历将近二十年的时间才会进入鼎盛期，因此中国数字内容产业未来二十年间将会继续呈现持续增长的态势，发展前景广阔。政府和企业要准确把握数字内容产业的发展阶段，适时调整产业政策和发展战略，促进数字内容产业快速发展。

3.5　本 章 小 结

本章首先对全球数字内容产业发展历程及现状进行了梳理，明确了当前全球数字内容产业所处的发展阶段以及发展特点；其次，对中国数字内容产业历程及现状进行了回顾和梳理，并对重点产业领域的发展现状进行了分析；再次，对中国数字内容产业在全球数字内容产业格局中的地位进行分析，明确了中国数字内容产业在国际分工及国际贸易中的地位；最后，利用 Logistic 生长曲线模型对中国数字内容产业的发展现状进行了定量判断，明确其当前处于成长期，并将在 2027 年进入成熟期，为产业发展提供了借鉴和指导。

第4章

中国数字内容产业国际竞争力评价指标体系与模型构建

评价指标体系的构建是对数字内容产业国际竞争力开展评价的核心及重点所在。本章从理论分析框架构建入手,在明确指标体系的构建路径的基础上,结合前面数字内容产业的发展现状,构建一个符合中国发展实际、适用性广、国际可比性高、科学性强的数字内容产业国际竞争力评价指标体系。同时,为确保所构建的指标体系能够对数字内容产业国际竞争力开展科学准确的实证评估,必须再设计一个适合评价需要的度量模型。

4.1 数字内容产业国际竞争力理论分析框架

数字内容产业作为抽象性的新兴产业,现阶段全球尚未对其内涵形成统一的共识,因此,为保证对其国际竞争力的评价做到科学合理,本章基于第2章数字内容产业国内外研究综述以及竞争力相关理论基础,从多个角度深入探讨分析数字内容产业国际竞争力的影响因素,把握数字内容产业国际竞争力的生成路径,在此基础上构建数字内容产业国际竞争力理论分析框架。

4.1.1 数字内容产业国际竞争力组成要素

数字内容产业是传统文化产业、创意产业与信息技术产业高度跨界融合的产物，涉及领域广、产业多，对其竞争力影响因素的研究在复杂度、困难度方面远高于其他产业，因此本章根据国内外数字内容产业相关研究基础，结合竞争力来源的探讨及相关理论基础，把数字内容产业国际竞争力划分成三个维度，即核心竞争力、基础竞争力以及环境竞争力。核心竞争力构成要素是指数字内容产业具备的竞争优势，基础竞争力构成要素是指数字内容产业发展的依托，环境竞争力构成要素是指国家宏观经济水平对数字内容产业的影响状况，其中，核心竞争力和基础竞争力构成要素是形成国际竞争力的内部系统，环境竞争力构成要素是影响数字内容产业国际竞争力形成与提升的外部环境系统。

4.1.1.1 核心竞争力构成要素

如上所述，核心竞争力构成要素是指企业目前所具备的竞争优势，该优势不仅体现在数字内容产业的规模、结构以及成长性方面，更是决定于产业中数字内容企业个体的战略能力。综合理论探讨，本章认为核心竞争力构成要素中与数字内容产业密切相关的要素主要包括产品竞争实力、企业战略、企业规模、创新能力等方面。

（1）产品竞争实力

产品竞争实力主要是指数字内容产业创造增加值的能力，是反映数字内容产品满足社会需要的某种特性，它直接决定了数字内容产业在全球竞争格局中的地位，是核心竞争力构成要素中的重要组成部分。数字内容产品是数字内容产业的载体，是其实现国际竞争力的前提，同时也是世界各国在数字内容产业上竞争比较的着眼点。对数字内容企业而言，具备较强实力的数字内容产品是企业和产业参与国际竞争最直接的表现，但是从波特"钻石模型"、乔东逊"九因素模型"、IMD – WEF评价体系等理论来看，并未将产品竞争实力纳入竞争力构成要素之中。

本章认为探讨数字内容产业国际竞争力,产品竞争实力是至关重要的因素,是数字内容产业国际竞争力的核心源泉。具体而言,结合产业的具体特征,数字内容产品竞争实力可以从产品内容原创性、产品内容互动性以及品牌知名化程度等方面进行衡量和考察。

(2) 企业战略

根据波特的"钻石模型"理论,数字内容企业的组织和管理模式以及国内市场竞争程度与数字内容产业的竞争力密切相关,数字内容企业的组织管理模式、竞争战略在很大程度上影响甚至决定着数字内容企业乃至数字内容产业的竞争力。数字内容产业作为数字经济时代的新兴产业,在原创性、复杂性以及困难性方面都远高于传统产业,拥有高效、科学、合理的管理模式是实现规模效益和提升竞争力的关键因素。数字内容企业为提升竞争优势,必须通过计划、组织、指挥、协调以及控制等管理活动对企业的资源进行合理配置,对制作、传播、贸易等环节进行管理。一般而言,越是知识密集型产业,企业的战略能力越重要。具体而言,企业的战略能力可以从产业集中度、经营管理水平、运作与策略整合能力等方面进行衡量与考察。

(3) 企业规模

一般而言,推动产业发展的最直接主体是企业,企业的规模大小将对一个产业国际竞争力的提升带来最直接影响。对于数字内容产业而言,数字内容企业规模的大小指的是数字内容资源的集中程度,在市场经济体中,数字内容企业的规模越大,则说明企业越能够在业务流程过程中高效配置资本、技术以及人才等资源,进而使得整个数字内容产业的生产效率及效益实现最大化,从而助推数字内容产业国际竞争力的形成和提升。但是,并不是企业的规模越大,相应的产业国际竞争力就会越强,而是企业的规模有一定的边界限制,只有在这个边界限制之内,才存在着规模经济效应。因此,企业必须遵循客观经济发展规律,合理确定企业的规模,以实现资源的最大化利用,进而实现经济利益的最大化。对于数字内容企业来说,其规模既受到数字技术水平、高技术人才

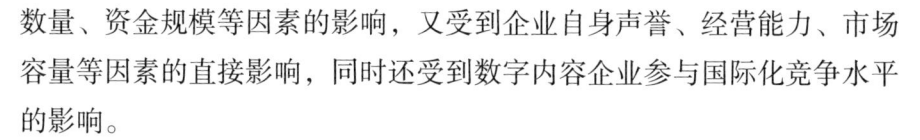

数量、资金规模等因素的影响，又受到企业自身声誉、经营能力、市场容量等因素的直接影响，同时还受到数字内容企业参与国际化竞争水平的影响。

(4) 创新能力

现代创新理论的开创者熊彼特提出创新是指对生产要素以及生产条件的重新组合，它是推动经济增长的关键，其包含新的生产技术、新的产品、新的市场、新的材料、新的组织制度等多种形式；随后在熊彼特创新经济学理论基础上，索洛和弗里曼、诺斯分别提出技术创新和制度创新是提升竞争力的重要一环。在当前以核心竞争力为主导的时代，企业一方面要强化内部创新，通过专利、商业秘密、知识产权等形式，在产业领域占据基于技术垄断的竞争优势地位；另一方面，随着研发成本的持续增加、产品生命周期的大幅缩短以及竞争的全球化，企业趋向于通过合作开发、战略联盟、并购以及外包等形式获取外部的人才、技术等创新资源，进而把握市场发展动态、获取巨额利润。对于数字内容产业来说，创新能力的提升将为企业提供技术支持，并加速主导其创新与升级，从而建立和巩固主导产业的竞争优势。一般而言，对科技创新、研究开发的投入为数字内容产业的发展提供智力支持和长足的发展动力，预示着数字内容产业的发展潜力，是衡量创新能力的重要指标。

4.1.1.2 基础竞争力构成要素

根据前面的理论分析，基础竞争力主要是指产业发展的依托，是核心竞争力的主要支撑。对于数字内容产业来说，全面系统提升产业基础竞争力是至关重要的，它在一定程度上决定了发达国家与新兴发展中国家竞争力的强弱，甚至成为制约国际竞争力提升的瓶颈，因此，要提升数字内容产业国际竞争力，就必须在产业基础竞争力上做足文章，才能使数字内容产业国际竞争力迈上新台阶。综合数字内容产业发展特性以及国际竞争理论，本章认为基础竞争力的决定因素主要包括产业基础设施、生产要素、产业结构以及关联产业。

(1) 产业基础设施

产业基础设施落脚到数字内容产业而言，即为信息基础设施，它是"网络强国"的基石，这已经成为新时代中国乃至全球发展的关键命题。传统的数字内容产业基础设施主要是指信息网络，但是随着人工智能、大数据、云计算等新一代信息技术的迅速发展，数字内容产业基础设施的内涵在发生转变，已经演变成培育经济新动能、加快产业转型升级、提升公共服务供给能力以及创新社会治理模式的关键因素。对于数字内容产业来说，产业基础设施尤其起着至关重要的作用，互联网/移动互联网、大数据、信息消费等诸多数字内容产业都依赖最底层的信息网络来承载传输，海量的数字化内容需要依靠IDC数据中心来存储。因此，要提升数字内容产业国家竞争力，缩短发展中国家与发达国家之间的差距，必须按照"网络强国"的战略要求，以新一代信息网络和IDC数据中心为主，打造高速化、移动化、安全化以及泛在化的新一代信息基础设施是关键所在。具体而言，产业基础设施可以从互联网普及率、互联网服务商数量、宽带用户数量等方面进行综合考量。

(2) 生产要素

根据迈克尔·波特的竞争优势理论，生产要素禀赋条件是一国产业必备的竞争要素，同时古典经济学理论也提到，出口国出口的产品必须在生产要素条件上具备相对竞争优势，由此可见，生产要素禀赋对产业国际竞争力的提升起着至关重要的作用。数字内容产业生产要素禀赋是指一国所拥有的能够提供数字内容产品和服务并在数字内容市场上自由流动的各种资源，主要包括文化资源、资金、非技术工人等初级生产要素以及为数字内容产业发展提供长效动力支持的高级人力资源、研究机构等高级生产要素。作为高技术密集型产业，高级生产要素对于数字内容产业获取竞争优势至关重要，是产业获取稳定竞争优势、形成国际竞争力的主要源泉。还应注意的是，生产要素禀赋不仅包括生产要素的数量，更重要的是生产要素的提质升级，这关系到是否能够实现现有资源要素的高效利用，是否能推动数字内容产品创新升级，以及是否能拓展

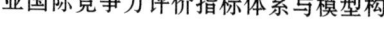

数字内容产业国际发展空间。

(3) 产业结构

数字内容产业的发展不仅表现在产品实力、企业规模等方面，而且表现在产业结构的高级化及合理化方面，直接表现为数字内容产业内部各细分行业之间的布局与关系，以及数字内容产业与传统产业之间的关系。按照前面分析，数字内容产业涵盖八大细分行业，涉及领域广、行业多，实现产业之间的结构协调是数字内容产业发展的内在要求，也是提升国际竞争力的必然选择。产业结构协调实际上是对要素资源的合理配置，产业之间由于资源和技术限制存在着相关的比例关系，所以数字内容产业各细分行业之间、数字内容产业与传统产业之间必须协调发展，只有保持合理的产业结构，才能保证数字内容产业各行业按比例协调发展。在分析数字内容产业结构时，除了应把握产业之间的比例关系，还应根据产业发展阶段，分析不同行业对经济增长的贡献。

(4) 关联产业

波特认为优势产业不是单独存在的，而是与其他关联产业休戚与共，即要注意产业发展过程中的"产业集群"现象。由此可见，企业要想实现长远发展并获得国际竞争优势，就离不开关联支持产业为其提供人力、资本、技术等互补性要素，并且与关联产业的联合也能够通过"产业集群"实现规模经济效应，进而提升产业国际竞争力。具体到数字内容产业而言，基于其媒介融合以及跨界融合的特性，它与其上下游产业存在着很高的产业关联度，其关联产业主要包括传统文化产业、出版产业、信息产业、教育产业、创意产业、传媒产业等，这些产业相互作用，共同构成规模庞大且相互补充的数字内容产业集群，为数字内容产业发展提供强大的推动力，不仅能够有效刺激并扩大数字内容市场的消费需求，而且能够有效催生数字内容产业周边产品和服务，同时进一步延伸了数字内容产业价值链，最终通过"产业集群"效应提升了产业国际竞争力。

4.1.1.3 环境竞争力构成要素

根据前面的理论分析，环境竞争力是基础竞争力以及核心竞争力的支撑点，是从国家宏观层面为产业发展创造环境，反映了一个国家宏观经济水平对产业的影响状况。对于数字内容产业来说，国家宏观经济环境是产业正常发展的基础，宏观经济链条上的每一个环节都会直接或间接地对产业的发展水平带来影响，尤其是数字内容产业这种跨区域、跨行业、融合度强、覆盖面广的产业，更离不开国家宏观层面的产业环境。具体而言，经济实力、市场开放度、政府管理是影响数字内容产业国际竞争力最重要的宏观环境因素。

（1）经济实力

一般来说，一国产业能否赢得并保持适当的国际地位，在一定程度上取决于该国整体的经济实力。库兹涅茨（S. Kuznets）通过研究发现，经济发展水平的高低，会直接影响到一个国家或地区服务业的发展程度，经济发展水平越高，其服务业也会越发达。对于数字内容产业来说，一国或地区拥有较强的经济实力，则居民会拥有较高的物质生活水平，而根据马斯洛需求层次理论的内涵，当一个国家或地区居民物质生活水平达到富裕程度后，将会大幅度增加对中高端精神生活的需求，由此将会导致对数字文化产品和服务的需求增加，进而推动数字内容产业的发展。具体而言，国内生产总值是衡量一国经济实力的主要指标，也是决定数字内容产品需求的最主要因素，除此之外，人均个人最终消费支出、人均政府最终消费支出、数字经济发展程度也是反映一国经济实力的重要指标。

（2）市场开放度

市场开放度反映了一个国家或地区国际化和对外交流的程度和能力。在经济全球化和市场一体化日趋深入的今天，一个国家或地区参与对外开放的程度，标志着该国或地区产业参与国际竞争的核心能力的高低。从中国加入WTO以来的成功发展经验来看，对外开放程度较为彻

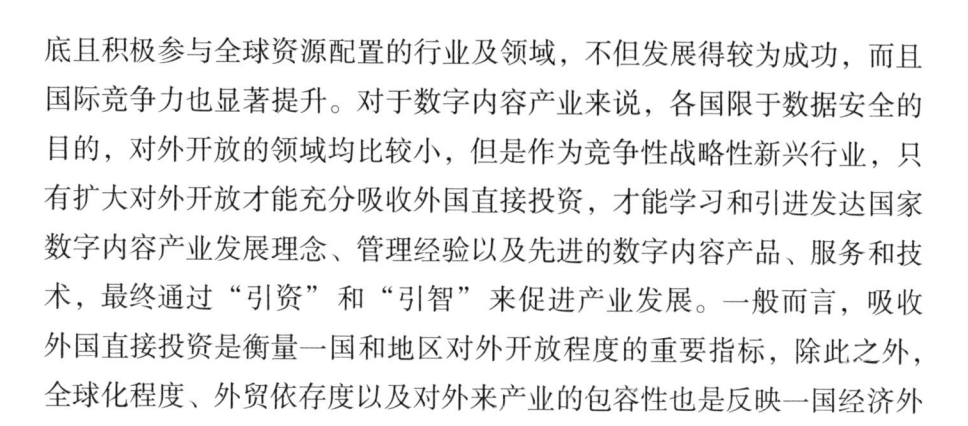

底且积极参与全球资源配置的行业及领域，不但发展得较为成功，而且国际竞争力也显著提升。对于数字内容产业来说，各国限于数据安全的目的，对外开放的领域均比较小，但是作为竞争性战略性新兴行业，只有扩大对外开放才能充分吸收外国直接投资，才能学习和引进发达国家数字内容产业发展理念、管理经验以及先进的数字内容产品、服务和技术，最终通过"引资"和"引智"来促进产业发展。一般而言，吸收外国直接投资是衡量一国和地区对外开放程度的重要指标，除此之外，全球化程度、外贸依存度以及对外来产业的包容性也是反映一国经济外向程度的重要指标。

（3）政府管理

政府作为宏观产业政策的制定者和指导者，虽然无法直接创造拥有国际竞争力的企业，但可以通过经济和法律等方式为企业获取竞争优势创造良好的宏观环境。然而政府要想有效发挥其催化剂和挑战者的角色，必须依赖于自身高效、科学及合理的行为，否则政府行为不但不能促进产业发展，很可能反而成为产业发展的障碍。尤其对于数字内容产业来说，其很强的跨区域性导致其在市场行为方面比传统产业更容易失灵，因此就需要通过政府的干预来进行间接的引导。总体而言，政府在数字内容产业上所扮演的角色，主要是通过制定合理的产业政策、健全的规章制度以及完善的法律法规来优化配置产业资源、规范市场竞争秩序，同时借助政府的良好信誉以及中央及地方政府的管理效率，推动产业要素的创新及升级，进而促进数字内容产业国际竞争力的提升。

4.1.2 数字内容产业国际竞争力衍生路径

综上所述，数字内容产业国际竞争力由内到外主要由核心竞争力、基础竞争力以及环境竞争力三大系统构成，每个系统分别包含若干个子要素。

核心竞争力由产品竞争实力、企业战略能力、企业规模以及创新能力四个要素构成,该四大要素主要来源于企业的微观层面,由于企业是决定产业核心竞争力的最直接因素,所以这四大要素是数字内容产业国际竞争力形成的决定性因素。

基础竞争力由生产要素禀赋、关联产业、产业结构以及信息基础设施四个要素构成,该四大要素为产业发展提供必需的资源、技术、支持产业以及基础设施等方面的保障,是影响整个数字内容产业发展的先决条件,所以这四大要素是数字内容产业国际竞争力形成的基础性因素。

环境竞争力由经济实力、政府政策以及市场开放度三个要素构成,该三大要素主要来源于国家的宏观层面,这些要素间接通过外部经济环境、政策环境以及制度环境对数字内容产业发展施加作用,是通过外部力量影响产业国际竞争力的重要因素。

根据以上分析,本章构建了如图 4.1 所示的数字内容产业国际竞争力分析路径,对数字内容产业国际竞争力的来源进行详细的阐述,为分析数字内容产业国际竞争力提供了基本路径。该分析路径从内到外共包含三大系统,这三大系统相辅相成,合力推动数字内容产业向前向好发展,促进国际竞争力不断提升。

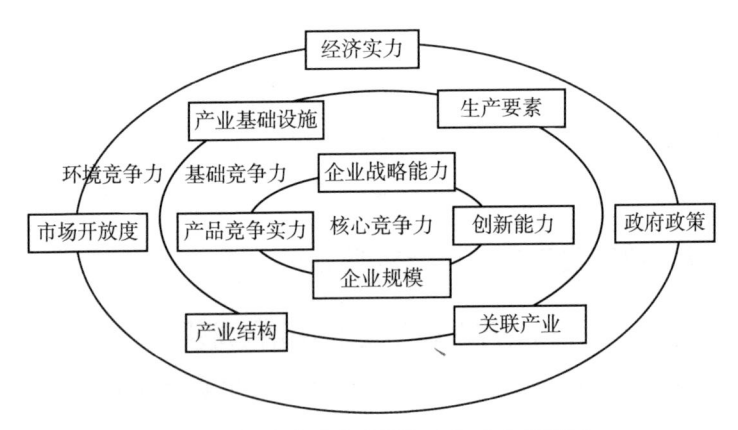

图 4.1 数字内容产业国际竞争力分析路径

第 4 章 中国数字内容产业国际竞争力评价指标体系与模型构建

4.2 数字内容产业国际竞争力评价技术路径

根据上述理论分析框架可知，数字内容产业国际竞争力来源于众多因素，由核心竞争力、基础竞争力以及环境竞争力三大部分组成，包含产品竞争实力、企业战略能力、创新能力、企业规模、产业基础设施、产业资源、产业结构、关联支持产业、经济实力、市场开放度以及政府政策等 11 个子要素，共同构成一个影响其国际竞争力的复杂系统。因此，对数字内容产业国际竞争力的评价是一项极其复杂和烦琐的任务，为保障评价结果的科学性、准确性以及客观性，必须在构建评价模型之前，确定评价对象与原则，确立评价思路和流程，明确评价方法和技术，从而在评价指标的可获得性及可观测性一定的前提下，以客观因素为主导来筛选评价指标变量，最终构建起具备科学性、代表性、全面性的评价模型，从而保障评价结果客观准确。

4.2.1 确立评价目标

确定评价目标是开展国际竞争力评价的首要前提，更是确定评价方法以及评价指标体系的研究基础。上述部分已经对数字内容产业的理论研究基础以及国内外发展现状进行了详细阐述，对数字内容产业国际竞争力这一评价对象从内涵、分类、竞争力来源、发展历程、生命周期以及竞争力构成要素等方面进行了明确。为准确评判中国数字内容产业国际竞争力的强弱以及变动趋势，精准把握中国数字内容产业与发达国家之间的差距和历时性变化，探求差距背后所蕴含的深层次问题，本节秉持从宏观到微观的原则，确定三大评价目标。

（1）宏观目标：国际数字内容产业竞争力横向综合评价

根据构建的数字内容产业国际竞争力综合评价指标体系，搜集 2010~2017 年 G20 各国的相关数据，对其数字内容产业国际竞争力进行横向定量评价，量化这些国家的竞争力水平，判断中国与其他 G20 国家之间在数字内容产业竞争力方面存在的差距。该目标是开展数字内容产业国际竞争力评价的出发点，为后续中观目标及微观目标的实现提供数据支撑，而实现该宏观目标关键在于借助所构建的数字内容产业国际竞争力综合评价指标体系及评价模型，通过对 G20 国家国际竞争力进行测算以确定其竞争力的强弱，进而对中国数字内容产业竞争力现状进行准确把握。

（2）中观目标：中国数字内容产业国际竞争力历时性变化

在实证研究的基础上，结合宏观目标中 G20 国家的竞争力排名，比较中国与其他国家尤其是美英等发达国家之间在数字内容产业上的差距，重点探寻近年来的发展变化状况以及中国数字内容产业存在的竞争优势及劣势。该中观目标是本书开展研究的基本落脚点，原因在于研究目的并不是简单地对 G20 各国的数字内容产业进行排名选优，而是探寻中国与其他数字内容产业强国之间的差距以及历年变化趋势，并找出影响这种差距和变化的主要因素。总而言之，研究的落脚点最终应放在中国，重点通过所构建的修正指标体系对比中国与数字内容强国之间的差距以及变化趋势。

（3）微观目标：探索中国数字内容产业国际竞争力提升路径

通过对 G20 国家数字内容产业国际竞争力强弱的评价以及中国数字内容产业国际竞争优势的判定，从更深层次探索中国与美国等数字内容产业强国存在差距的主要原因，深刻把握中国数字内容产业未来发展趋势，进而从国家、行业以及企业等方面为提升中国数字内容产业国际竞争力提出有效建议。该微观目标正是本书研究的最终目的，也是本书研究的意义所在。因此，在完成宏观目标和中观目标以后，结合中国数字内容产业发展现状以及相关测评结果，站在更高战略维度，谋划数字内容产业发展路径，实现数字内容产业跨越发展，最终促进中国数字内容产业国际竞争力的提升。

第4章 中国数字内容产业国际竞争力评价指标体系与模型构建

4.2.2 明确评价原则

要实现数字内容产业国际竞争力评价的宏观、中观及微观目标,就必须坚持科学的评价原则和指导思想。具体而言,数字内容产业作为高度复杂的跨领域产业,在对其竞争力进行评价时必须秉持以下原则。

(1) 整体性原则

数字内容产业不但涉及数字影视、数字动漫、数字游戏、数字出版、数字音乐、移动应用、网络服务以及内容软件八大类别,而且其竞争力影响因素又包含三大系统、11个要素,同时在后面的评价中还要包含三大竞争系统的组合效果(现实竞争力),内部呈现很强的多样性及复杂性。因此,在对数字内容产业进行评价时,就必须兼顾数字内容产业的特点以及各因素之间的关联性,防止以偏概全、以局部代替整体,力求多角度、多维度、多层次以及动静结合地评价中国数字内容产业国际竞争力整体状况以及中外差距,从而确保最终评价结果的准确性以及全面性。

(2) 客观性原则

客观性是对数字内容产业国际竞争力进行评价的基本要求,原因在于评价的最终目标是对中国数字内容产业的国际竞争力水平加以客观的判定,进而根据评价结果为产业发展建言献策。如果评价的最终结果缺乏客观性,就会导致研究失去意义,还可能由于提供了失真的虚假信息,导致制定偏离发展轨道的战略决策。因此,在对数字内容产业进行评价时,要彻底贯彻客观性原则,力争做到评价标准、评价方法以及评价态度客观公正,这样才能反映中国数字内容产业的真实发展状况,并作为指导产业发展的依据。

(3) 目标性原则

以目标为导向来指导整体评价活动是保证研究内容不偏离主题的重要原则,本书在对数字内容产业国际竞争力评价时拥有明确的目标导向,即宏观层面要对G20国家数字内容产业国际竞争力水平进行横向比较，中观层面要对中国数字内容产业国际竞争力历时性变化进行衡量并分析产业竞争优势和劣势，微观层面要探索中国数字内容产业国际竞争力提升路径。整个研究必须始终围绕这三大目标，并以目标为导向科学制定国际竞争力评价指标体系，从而确保能够依据评价结果为提升数字内容产业发展制定科学路径。

4.2.3 厘清评价思路

数字内容产业国际竞争力既受到来自内部企业发展状况的影响，又受到外部国家宏观经济的影响。尤其是作为跨界融合型的高技术、高知识密集型产业，数字内容产业在参与国际竞争时不仅依赖于数字技术的发展，更依赖于技术与产业的跨界融合度，其国际竞争力呈现很强的渗透性、隐蔽性，因此在评价过程中必须厘清评价思路。

具体而言，在对数字内容产业国际竞争力评价之前，第一，要把握中国数字内容产业发展动态，掌控中国数字内容产业在国际竞争格局中所处的地位，为整个产业评价提供参考；第二，要依据其战略性新兴产业的定位，站在国家高度综合考虑数字内容产业所处的宏观及微观环境，同时还要考虑到数字内容产业的特殊性，明确评价的最终目的；第三，评价要紧扣数字内容产业国际竞争力所包含的三大系统、11个要素，理清各系统以及要素之间的复杂关系，从而构建完善的理论分析框架；第四，要以整体性、客观性和目标性原则为指导来选择指标进行评价，并能在评价过程中突出三大评价目标；第五，要以挖掘中国与其他数字内容产业强国之间存在差距的原因为根本目的，并以此为基础提出发展建议，而非简单地对不同国家和地区进行排名选优。

4.2.4 设计评价流程

根据上述评价思路，对数字内容产业国际竞争力的评价设计相应流程，如图4.2所示。

第4章 中国数字内容产业国际竞争力评价指标体系与模型构建

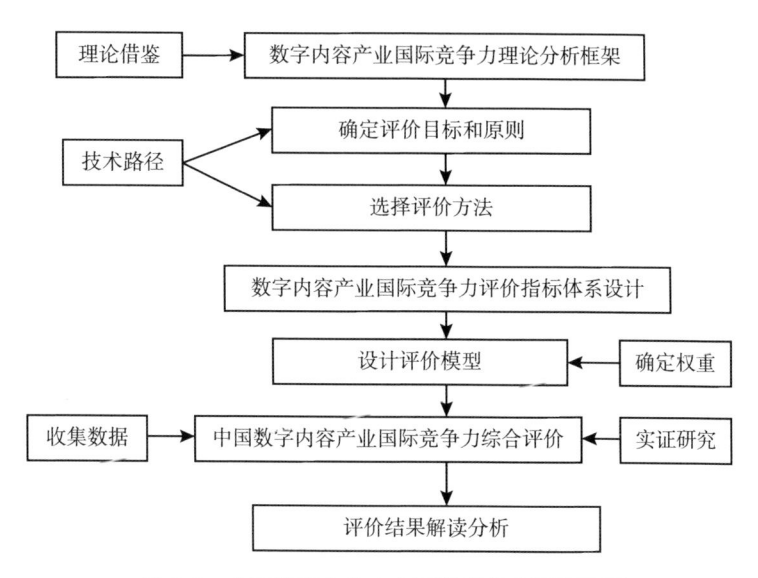

图 4.2 中国数字文化产业国际竞争力评价流程

4.2.5 选择评价方法

自 1978 年美国开始对产业竞争力进行研究以来，国际竞争力评价技术及方法不断成熟，各类评价标准和体系层出不穷。从评价指标的特点来看，一般划分为单指标和多指标两类评价法；从评价方法的特性来看，一般划分为定性、定量以及综合评价法，其中，定性分析法侧重于构建指标体系和定性分析，如 SWOT 分析法、波士顿矩阵法、波特"钻石模型"等；定量分析法主要通过构建数理模型，来对竞争力大小进行量化比较；综合评价法是指构建多因素评价指标体系，综合运用定性分析与定量描述于一体的方法对竞争力进行整体评估，其涵盖层次分析法（AHP）、专家评价法、灰色关联分析法、数理统计法等。

数字内容产业作为以"数字技术 +"为核心的跨界融合型新兴产业，其具备很强的跨领域性、跨行业性，对其评价涉及诸多的影响因素，必须综合考虑政府、行业以及企业层面的因素。所以，为保证其评价结果的客观准确，本节拟通过综合运用专家评价法、数理统计法、层次分

95

析法、灰色综合评价法对中国数字内容产业国际竞争力进行横向比较。

(1) 专家评价法

专家评价法是在定量和定性分析的基础上，利用德尔菲法、头脑风暴法以及专家会议法等专家调查方法，以打分、排序等方式对研究对象进行量化评价，其主要步骤分别是确定评价对象、设计评价体系和标准、选择评价专家、组织专家针对研究对象开展分析和评价以及运用加乘评分法来整理评价结果。专家评价法的优点是能够在缺少充分的统计数据和原始资料的情形下，对研究对象做出定量估计；其缺点是专家的选择在合理性上存在着质疑，同时专家的评判也存在着较强的主观倾向性。本节在对中国数字内容产业国际竞争力评价过程中，限于指标体系中某些指标缺乏统计数据，未对这些指标进行科学合理的定量估计，特运用专家评价法来进行量化估计。

(2) 数理统计法

数理统计法是在概率论的基础上运用统计学的方法对研究对象相关数据进行处理和分析，从而导出局部与整体之间以及各因素之间规律性的一种科学方法。数理统计法主要利用平均数、检验推断、相关分析、回归分析、聚类分析以及因子分析等方法对样本数据进行分析研究以期得到所需结果，其优点是能够在不借助计算机的情形下也能达到快速、准确以及大量计算的目的，缺点是对数据的真实可靠性的要求较高。本节在对世界主要国家数字内容产业国际竞争力水平进行特征分析时，借助数理统计中的聚类分析法对数字内容产业发展水平各异的国家进行分类，并归纳不同类型的发展特征。

(3) 层次分析法

层次分析法（AHP）是定性与定量相结合、呈现系统化和层次化的科学分析方法，由于其在处理复杂决策问题上具备较强的实用性以及有效性，目前被广泛应用于经济计划及管理、分配、人才等各个领域。层次分析法的一般步骤是建立阶梯层次结构（目标层、准则层、指标层）、构造判断矩阵并赋值、计算权向量同时做一致性检验以及计算组合权向量同时做组合一致性检验,其优点是层次分析法所运用的系统分析思想,使得复杂的问题被系统分解,分析过程简洁实用、分析结果清晰明了;其缺点是指标过多时统计量大,并且权重难以确定,同时定性成分较多而导致结果缺乏信服性。本节在对中国数字内容产业国际竞争力评价过程中,主要利用层次分析法的阶梯层次结构模型的思想,按照"目标层—准则层—指标层"从上至下的层次结构来构建评价指标体系,同时利用其确定评价指标体系各指标的权重。

(4)灰色关联分析法

灰色关联分析法是邓聚龙教授(1982)提出的灰色系统理论中的一个重要分支,其主要利用灰色系统理论对研究对象进行分析、预测以及决策。灰色关联分析法的基本原理是依据曲线几何形状的相似度对数列之间的紧密程度进行判断及识别,几何曲线越相似,则表明关联度就越强。灰色关联分析法相比数理统计法而言,不再局限于样本量的大小以及样本是否存在规律,从而避免了测量结果和定性分析结果不相符的情形出现。本节在对中国数字内容产业国际竞争力评价过程中,拟利用灰色关联分析法,在指标评价体系的基础上构建模型,对中国数字内容产业国际竞争力进行横向比较。

4.3 中国数字内容产业国际竞争力综合评价指标体系构建

构建一个科学规范、逻辑严谨、易于操作的评价指标体系,是对数字内容产业国际竞争力开展实证评价的前提和基础,能够帮助中国数字内容产业更加清晰直观地了解自身在国际上所处的地位和竞争态势,进而为提升中国数字内容产业国际竞争力、促进中国由数字内容产业大国向强国转变提供方向性指导。在构建中国数字内容产业国际竞争力评价指标体系过程中,首先必须明确指标体系构建路径,其次要严格遵循科学合理的指标选取原则,最后要对选取的指标进行详细的解释及说明。本节在指标体系的构建过程中,基于产业国际竞争力的相关理论,结合国内外相关学者在评价指标体系构建方面的研究成果,如田常清(2014)、曾涛(2016)、郝挺雷(2017)、陈美华(2018)等的研究成果,力争在对数字内容产业的评价过程中全面体现竞争力的基本内涵。

4.3.1 指标体系评价框架

4.3.1.1 指标体系构建路径

构建科学合理的评价指标体系是开展数字内容产业国际竞争力评价的基本前提。为保障评价工作顺利且有效进行,本节围绕数字内容产业的三大评价目标并利用层次分析法的思想,将指标体系划分为目标层、系统层、要素层以及指标层四大层次。首先依据数字内容产业评价目标,将其目标层细分成核心竞争力、基本竞争力、环境竞争力以及现实竞争力(核心、基本以及环境竞争力的组合效果)四大系统,其次根据四大系统的特性将其细分成不同的组成要素,然后将各要素分解成易于度量和操作的具体指标,最终构建出层次多样、系统分明、类别明确的数字内容产业国际竞争力评价指标体系(见图4.3)。其具体构建路径主要包含以下几个方面。

首先,基于第2章、第3章所分析的相关基本理论以及数字内容产业国内外发展现状,围绕数字内容产业的基本内涵以及国际竞争力构成要素,确定数字内容产业国际竞争力系统层的具体构成,分析各系统层所包含的具体要素,在阐释系统与要素之间关系的基础上构建数字内容产业国际竞争力评价框架逻辑体系。

其次,基于上述数字内容产业国际竞争力评价原则来确定指标体系设计原则,坚持整体性与差异性相结合、前瞻性与科学性相结合、可比性与可度量性相结合、目的性与重点性相结合的原则,对指标体系中涉及的要素层指标以及指标层指标进行初步筛选。

第4章 中国数字内容产业国际竞争力评价指标体系与模型构建

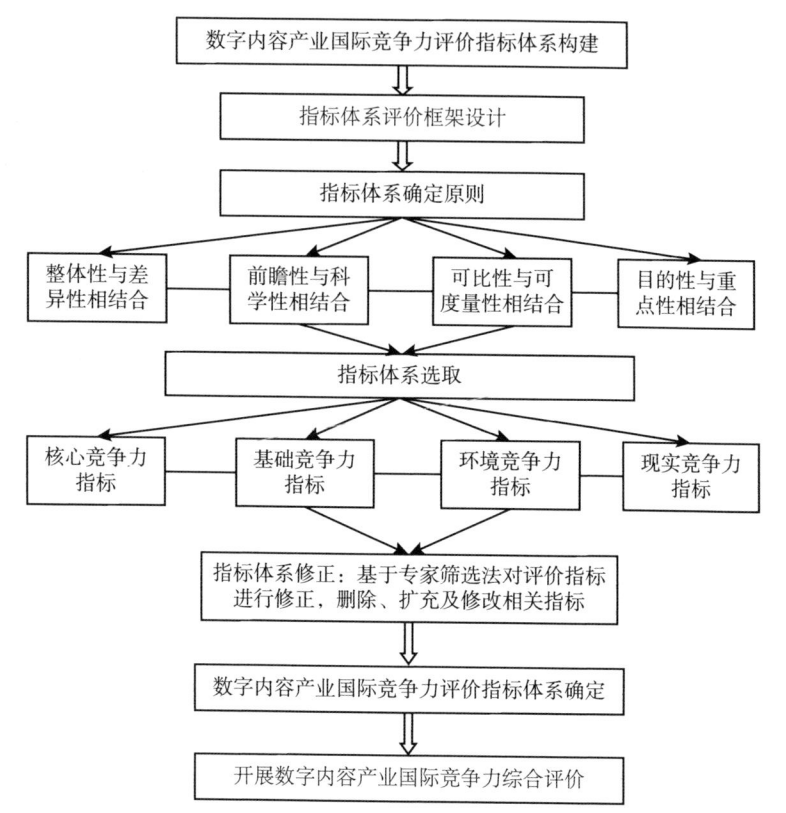

图4.3 数字内容产业国际竞争力评价指标体系构建流程

最后,利用专家评价法以及问卷调查的方式对初步筛选的指标进行修正。一方面邀请数字内容领域的相关学者、专家以及经营管理者,对初选指标的科学性、可行性以及完备性进行总体评价,征询指标体系的完善路径;另一方面通过问卷调查的方式向数字内容领域的专家对指标的重要程度及可操作性进行意见征询,借助相关数理统计法对评价意见进行评估,并根据结果对指标体系进行修正,从而确定最终的评价指标体系。

4.3.1.2 指标体系框架设计

为确保评价结果准确合理、逻辑严密、科学有效,本书严格围绕数字内容产业国际竞争力这一评价主体，根据上述所阐释的产业竞争力理论来源、数字内容产业国际竞争力评价基础、数字内容产业国际竞争力构成要素以及衍生路径，将研究视角从过去的单纯分析影响竞争力的原因拓展至原因和结果的相互结合，从而确保能够全面准确地评价数字内容产业国际竞争力。

本节在构建数字内容产业国际竞争力评价指标体系框架过程中，按照"因果结合"这一逻辑主线，不仅将反映原因系统的核心竞争力、基础竞争力以及环境竞争力三大影响系统包含进去，而且还将引入反映三大原因系统组合效果的现实竞争力系统纳入进去，严格遵循有因必有果、因果相辅相成的原则，其目的是避免在评价过程中出现由于片面重视数字内容产业发展表象、忽视内部根源而导致评价效果失真现象的发生（见图4.4）。

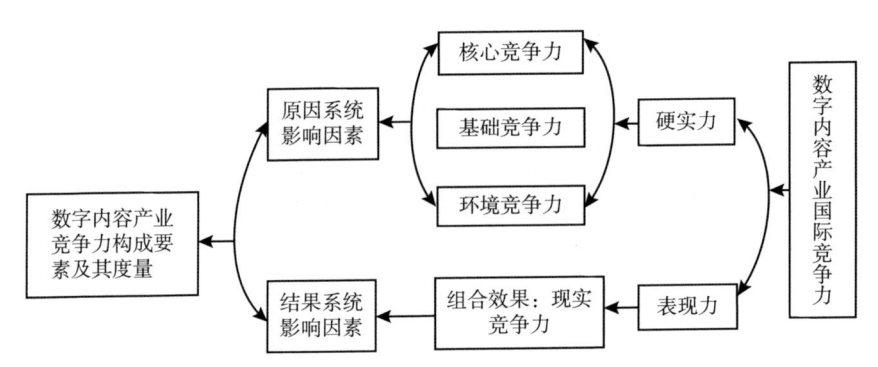

图4.4 数字内容产业国际竞争力构成要素与度量模型

本节所构建的数字内容产业国家竞争力评价框架，其特点在于既吸收了波特的"钻石模型"（如核心竞争力中的企业战略、基础竞争力中的生产要素、环境竞争力中的政府管理）、乔东逊"九因素模型"、IMD-WEF国际竞争力评价理论以及赵彦云"中国产业竞争力钻石模型"的相关观点（如核心竞争力、基础竞争力、环境竞争力的划分），也借鉴了金碚的"因果分析范式"（如现实竞争力的提出），同时考虑

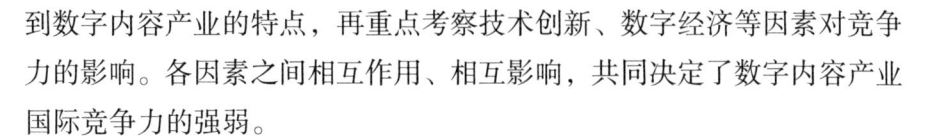

到数字内容产业的特点，再重点考察技术创新、数字经济等因素对竞争力的影响。各因素之间相互作用、相互影响，共同决定了数字内容产业国际竞争力的强弱。

（1）原因系统分析框架

原因系统即为上述所阐述的数字内容产业国际竞争力理论框架，该框架所包含的三大系统是影响产业竞争力的主要因素。三大系统中，核心竞争力和基础竞争力是影响数字内容产业国际竞争力的直接因素，环境竞争力是影响数字内容产业国际竞争力的间接因素，直接因素与间接因素相互作用、相互影响，共同构成了数字内容产业国际竞争力的原因系统框架，如图4.5所示。

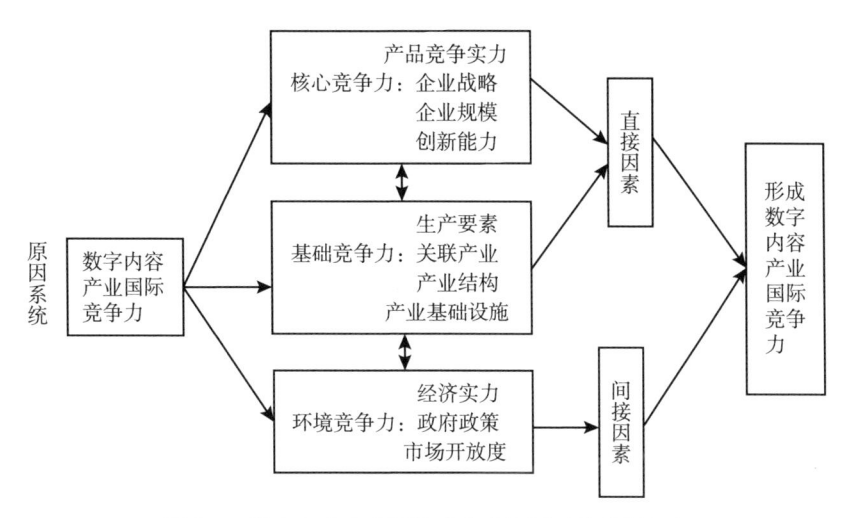

图4.5 数字内容产业国际竞争力原因系统分析框架

（2）结果系统分析框架

有因必有果，结果系统反映的即为原因系统中三大系统要素相互作用后产生的组合效果，即现实竞争力，该系统能够最直观地表现出数字内容产业国际竞争力的强弱。综合国内外相关文献可以发现，如拉伊德·阿贾米（Riad Ajami，1992）、金碚（2003）、林红（2007）、田常清（2014）等，一般把国际贸易绩效和国际贸易规模作为衡量一国某一产业国际竞争力强弱的重要指标。国际贸易绩效指的是综合考虑数字内容产品的进出口状况，定量分析数字内容产品的贸易效果，一般用贸易竞争优势指数（TC）、显示性比较优势指数（RCA）、Michaely波动指数（MI）等指标来衡量；国际贸易规模指的是通过数字内容产品出口额来定量分析其国际市场份额，一般用数字内容产品出口总额、数字内容产品出口占总出口的比重、国际市场占有率指数（MS）等指标来衡量。除此之外，还应把数字内容产业在国内的经营水平考虑进去，因为它能最直接地反映其在国内各产业中所占据的地位，并直接作用于国际竞争力，一般用数字内容产业产值规模、数字内容产业占GDP总量比重、数字内容产业产值增长率等指标来衡量。国际贸易绩效、国际贸易规模以及产业经营水平相互作用，共同构成了数字内容产业国际竞争力的结果系统框架，如图4.6所示。

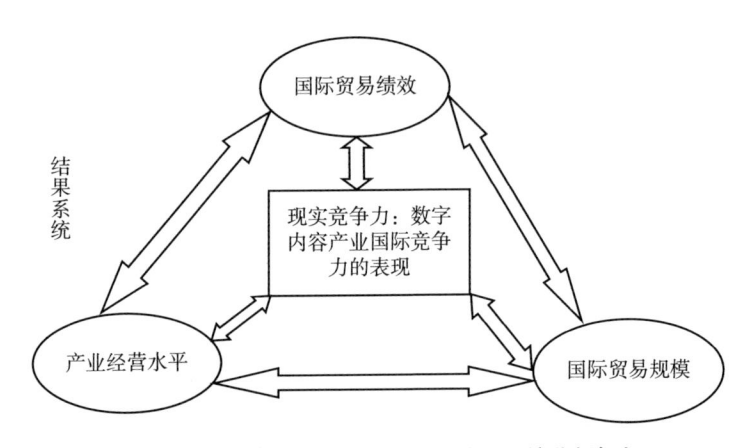

图4.6 数字内容产业国际竞争力结果系统分析框架

4.3.2 指标体系确定原则

为确保构建的中国数字内容产业评价指标体系科学有效且逻辑严密，除了要遵循上述整体性、客观性以及目标性的评价原则，在指标体

第4章 中国数字内容产业国际竞争力评价指标体系与模型构建

系的构建上也要严格遵循以下四大原则。

（1）整体性与差异性相结合原则

一方面，数字内容产业包含数字影视、数字动漫、数字游戏、数字出版、数字音乐、移动应用、网络服务、内容软件八大领域，因此数字内容产业国际竞争力必然是这八大领域组成的有机整体，若在评价过程中仅考虑某一或某些领域的竞争力状况，则会导致评价结果存在严重的失实。同时，数字内容产业国际竞争力的影响因素包含多个方面，各因素之间相互作用并相互影响，所以，为保证评价结果的准确性，必须从整体上选择指标对数字内容产业进行评价。另一方面，数字内容产业所包含的八大领域存在着明显的差异化特点，同时在发展现状上也存在着明显的差异化，因此，在构建评价指标体系时必须考虑到产业各细分领域的差异化发展；同时，在指标的设计过程中为避免指标的交叉重叠以及相互之间的因果关系，也必须在指标的设计上呈现较强的差异性。总体而言，在数字内容产业国际竞争力评价指标体系的设计上，应秉持整体性与差异性相结合的原则，使得指标之间既相互联系又彼此存在差异，从而能够全面、科学地衡量中国数字内容产业国际竞争力发展水平。

（2）前瞻性与科学性相结合原则

根据上述产业生命周期的判断，中国数字内容产业目前处于快速成长期，2027年才会由成长期过渡到成熟期，对其竞争力的评价必须考虑长远，且能呈现连续性，能够对未来的发展水平持续进行衡量和分析。这就要求在指标体系的构建上必须秉持前瞻性原则，谋划长远，选择能够反映未来发展趋势的指标，以期通过评价指标体系能够随着产业的发展持续探究数字内容产业发展水平以及自身的优劣势，从而使得数字内容产业在各发展阶段能够根据发展趋势准确定位，实现自身的可持续发展。除此之外，指标的选取在秉持前瞻性的同时，还必须以科学理论为指导，从而避免指标的选取出现盲目追求前瞻性而失去评价的真实目的，这就要求必须在秉持前瞻性原则的同时还要秉持科学性原则。数字内容产业是数字经济时代产业高度融合的产物，其发展不但与传统产业密切相关,而且高度依赖于数字技术的发展,所以在指标的选取上必须以科学理论为指导,统筹考虑产业融合的特性以及数字经济的特点,从科学的角度选择指标进行分析。总体而言,前瞻性必须与科学性相结合,二者缺一不可,否则就会在评价结果中出现失之偏颇的现象。

(3) 可比性与可度量性相结合原则

指标体系的构建应严格体现可比性与可度量性相结合的原则。一方面,开展中国数字内容产业国际竞争力评价的根本目的是找出中国与其他国家和地区存在的差距,探索产生差距的根源,因此,在指标体系的选择上既要能够跨越时间进行纵向比较,又要能够对不同国家和地区进行横向比较,这就要求在指标的选取上应统一口径,保持各国在统计数据上的一致性。另一方面,限于数字内容产业发展特性,在指标的选择上必然包含软指标(定性指标)和硬指标(定量指标),有些定量和定性指标易于通过相关宏微观统计数据和技术手段获得,而有些指标却难以进行精确估计。因此,在指标的设计过程中,指标的选取应严格秉持可度量性原则,即指标的数据和信息应是可获取的,能够直接通过官方统计数据库或者文献调研、实地调研等方式获取有效数据,且数据的计算和获取应是简单可行且科学有效的。总体而言,指标体系应严格兼顾可比性与可度量性,使其既能进行横向比较,又能易于获取数据信息,从而全面衡量数字内容产业竞争力水平。

(4) 目的性与重点性原则相结合

指标体系应严格体现目的性与重点性。一方面,评价指标体系要体现评价的根本目的,即要围绕宏观目标、中观目标以及微观目标设计评价指标体系,体现其目的性。这就要求指标体系在设计过程中应充分考虑指标的目标导向作用,使政府、行业以及企业能够根据指标的评价结果把握各因素对产业竞争力的影响幅度,从而能够有针对性地制定发展对策,发挥指标体系的产业发展引导作用。另一方面,数字内容产业竞争力涉及多个领域和国家,对其竞争力的评价涉及众多的因素,如果在评价过程中将所有反映竞争力的指标一一罗列,不仅无法突出综合指标的高度概括功能以及在评价中的主导作用,还会夸大某些指标对竞争力的影响程度,从而会导致评价判断出现逻辑不清、主次不明的状况,难以全面准确地衡量数字内容产业国际竞争力水平。因此,在指标的筛选过程中,要秉持重点性原则,要尽可能地选择与评价目标最密切的指标,在指标数量的设置上做到精简和概括。

4.3.3 指标体系初步选取

根据前面对数字内容产业国际竞争力评价框架的设计及论述,本节按照从高到低的结构把评价指标体系划分成目标层、系统层、要素层和指标层四大层次。目标层为评价体系最高层,即本章的评价目标——数字内容产业国际竞争力;第二层次为系统层,围绕目标层并按照因果范式,将系统层划分为核心竞争力、基础竞争力、环境竞争力以及现实竞争力;第三层次为要素层,根据第二层次四大系统的特性,由产品实力、企业战略、企业规模、创新能力、产业资源、关联产业、产业结构、产业基础设施、经济实力、政府政策、市场开放度、国际贸易绩效、国际贸易规模、产业经营水平14个指标构成;第四层次为指标层,是对要素层14个要素的具体分解。

(1) 核心竞争力系统指标设计

根据前面数字内容产业国际竞争力组成要素的分析,核心竞争力一般由企业微观系统的产品竞争实力、企业战略、企业规模、创新能力组成,它们共同构成了决定数字内容产业国际竞争力强弱的核心因素。其中,产品竞争实力主要侧重的是产品特性所决定的国际竞争能力,一般可以从产品的质量、品牌、价格等方面进行考量。本节结合数字内容产品的特征,重点从数字内容产品原创性、数字内容产品互动性、数字内容产品品牌知名度、数字内容产品出口复杂度等方面来考量。对于企业战略而言,数字内容企业的组织管理形式以及竞争战略在较大程度上影响着企业乃至整个数字内容产业的竞争力,本节通过数字内容产业集中度、数字内容企业运作与策略整合指数、数字内容企业经营管理水平等指标来衡量。对于企业规模而言，根据前面所阐述的其既受到数字技术水平、高技术人才数量、资金规模等因素的影响，又受到企业自身声誉、经营能力、市场容量等因素的直接影响，同时还受到数字内容企业参与国际化竞争水平的影响，因此，本节用数字内容企业国际化能力、全球数字经济 100 强企业上榜数量、全球互联网 TOP 50 强上市企业数量等指标来衡量。对于创新能力而言，高科技的创新发展将为数字内容产业提供信息、技术支持，从而建立和巩固产业主导优势，本节通过专利申请数量、创新投入指数、创新产出指数、数字科研指数等指标来衡量。具体如表 4.1 所示。

表 4.1　　　　　　　核心竞争力系统指标框架体系

系统层	要素层	指标层	单位	特性
核心竞争力	产品竞争实力	数字内容产品原创性	指数	定性
		数字内容产品互动性	指数	定性
		数字内容产品品牌知名度	指数	定性
		数字内容产品出口复杂度	指数	定量
	企业战略	数字内容产业集中度	%	定量
		数字内容企业运作与策略整合指数	指数	定性
		数字内容企业经营管理水平	指数	定性
	企业规模	数字内容企业国际化能力	指数	定性
		全球数字经济 100 强企业上榜数量	家	定量
		全球互联网 TOP 50 强上市企业数量	家	定量
	创新能力	专利申请数量	万件	定量
		创新投入指数	%	定量
		创新产出指数	%	定量
		数字科研指数	%	定量

（2）基础竞争力系统指标设计

基础竞争力是形成数字内容产业国际竞争力的基础来源及发展保

第4章 中国数字内容产业国际竞争力评价指标体系与模型构建

障,由生产要素、关联产业、产业结构、产业基础设施四大要素组成。对于数字内容产业生产要素而言,主要由人力、知识、资本、技术等要素资源组成,这些要素是数字内容产业国际竞争力得以形成和提升的基础。本节综合考虑数字内容产业的发展特性,分别利用数字内容产业从业人员数量、每百万人中研究人员数量、非物质文化遗产数量、数字内容产业从业人员素质、信息技术与文化创意产业融合度、风险资本可获得性等指标来衡量。对于关联产业而言,上下游相关产业对数字内容产业国际竞争力的提升有着重要的影响,尤其是随着数字经济的快速发展,关联产业与数字技术的融合更是直接影响到数字内容产业国际竞争力的提升。本书在考虑关联产业对其影响时,重点从公共教育经费支出占GDP比重、研究与开发经费支出占GDP比重、互联网普及率等指标来衡量。产业结构往往指的是数字内容产业结构的高级化及合理化对其竞争力的影响,本节结合相关文献的研究,通过数字内容产业聚集程度、数字内容产业内部结构合理化程度、数字内容产业内部结构高级化程度等方面来考量。对于数字内容产业而言,产业基础设施决定着数字内容产业的服务规模和经营能力,因此,本节用数字基础设施指数、每百万人互联网服务商数量、信息化发展指数、每千人宽带用户量等指标来衡量,具体如表4.2所示。

表4.2 基础竞争力系统指标框架体系

系统层	要素层	指标层	单位	特性
基础竞争力	生产要素	数字内容产业从业人员数量	万人	定量
		每百万人中研究人员数量	万人	定量
		非物质文化遗产数量	项	定量
		数字内容产业从业人员素质	指数	定性
		信息技术与文化创意产业融合度	指数	定性
		风险资本可获得性	指数	定性

续表

系统层	要素层	指标层	单位	特性
基础竞争力	关联产业	公共教育经费支出占GDP比重	%	定量
		研究与开发经费支出占GDP比重	%	定量
		互联网普及率	%	定量
	产业结构	数字内容产业聚集程度	指数	定性
		数字内容产业内部结构合理化程度	指数	定性
		数字内容产业内部结构高级化程度	指数	定性
	产业基础设施	数字基础设施指数	指数	定量
		每百万人互联网服务商数量	个	定量
		信息化发展指数	指数	定量
		每千人宽带用户量	个	定量

(3) 环境竞争力系统指标设计

环境竞争力是影响数字内容产业国际竞争力形成与提升的重要外部因素，由经济实力、政府管理、市场开放度构成。对于经济实力而言，其间接影响到了国内对数字内容产品的消费需求，因此，本节用人均国民收入，国内生产总值，居民教育，休闲与文化支出占总支出比重，数字经济发展指数，全球竞争力指数等指标来衡量。作为数字经济时代的新兴产业，政府管理在推动数字内容产业的发展上起着不可替代的作用，本节通过数字内容产业政策科学完备性、数字内容法律法规完善度、数字贸易规则完备性、政府数字版权保护度、政府行政效率指数等指标来衡量。对于一国数字内容产业来说，市场开放度越高，越有利于企业吸收外商直接投资和先进技术来促进自身发展，本节选择数字内容产业外贸依存度、吸引外商直接投资流量、全球化指数、文化包容性来衡量，具体如表4.3所示。

第4章 中国数字内容产业国际竞争力评价指标体系与模型构建

表 4.3　　　　　　　　环境竞争力系统指标框架体系

系统层	要素层	指标层	单位	特性
环境竞争力	经济实力	人均国民收入	美元	定量
		国内生产总值	亿美元	定量
		居民教育、休闲与文化支出占总支出比重	%	定性
		数字经济发展指数	指数	定量
		全球竞争力指数	指数	定量
	政府政策	数字内容产业政策科学完备性	指标	定性
		数字内容法律法规完善度	指标	定性
		数字贸易规则完备性	指标	定性
		政府数字版权保护度	指标	定性
		政府行政效率指数	指标	定性
	市场开放度	数字内容产业外贸依存度	%	定量
		吸引外商直接投资流量	亿美元	定量
		全球化指数	指数	定量
		文化包容性	指数	定性

(4) 现实竞争力系统指标设计

现实竞争力是原因系统中核心竞争力、基础竞争力以及环境竞争力相互作用的结果表现，由国际贸易绩效、国际贸易规模、产业经营水平组成。根据上述结果分析框架系统的阐述，国际贸易绩效通过贸易竞争优势指数（TC）、显示性比较优势指数（RCA）、Michaely 波动指数（MI）来衡量；国际贸易规模通过数字内容产品出口总额、数字内容产品出口增长率、数字内容产品出口占总出口比重、国际市场占有率指数（MS）来衡量；产业经营水平通过数字内容产业增加值占 GDP 总量比重、数字内容产业产值规模占 GDP 总量比重、数字内容产业产值增长率来衡量，具体如表 4.4 所示。

表 4.4　　　　　　　现实竞争力系统指标框架体系

系统层	要素层	指标层	单位	特性
现实竞争力	国际贸易绩效	贸易竞争优势指数（TC）	指数	定量
		显示性比较优势指数（RCA）	指数	定量
		Michaely 波动指数（MI）	指数	定量
	国际贸易规模	数字内容产品出口总额	亿美元	定量
		数字内容产品出口增长率	%	定量
		数字内容产品出口占总出口比重	%	定量
		国际市场占有率指数（MS）	%	定量
	产业经营水平	数字内容产业增加值占 GDP 总量比重	亿美元	定量
		数字内容产业产值规模占 GDP 总量比重	%	定量
		数字内容产业产值增长率	%	定量

综上所述，结合前面各项研究基础，按照定性与定量相结合的分析方法，在坚持整体性与差异性相结合、前瞻性与科学性相结合、可比性与可度量性相结合、目的性与重点性相结合的原则基础上，构建了一个包含 1 大目标、4 大系统、14 个要素以及 54 项指标的初始数字内容产业国际竞争力评价指标集合体系，具体如表 4.5 所示。

表 4.5　　　　数字内容产业国际竞争初始评价指标体系框架

目标层	系统层	要素层	序号	指标层	单位	特性
数字内容产业国际竞争力	核心竞争力	竞争竞争实力	1	数字内容产品原创性	指数	定性
			2	数字内容产品互动性	指数	定性
			3	数字内容产品品牌知名度	指数	定性
			4	数字内容产品出口复杂度	指数	定量
		企业战略	5	数字内容产业集中度	%	定量
			6	数字内容企业运作与策略整合指数	指数	定性
			7	数字内容企业经营管理水平	指数	定性

第4章 中国数字内容产业国际竞争力评价指标体系与模型构建

续表

目标层	系统层	要素层	序号	指标层	单位	特性
数字内容产业国际竞争力	核心竞争力	企业规模	8	数字内容企业国际化能力	指数	定性
			9	全球数字经济100强企业上榜数量	家	定量
			10	全球互联网TOP 50强上市企业数量	家	定量
		创新能力	11	专利申请数量	项	定量
			12	创新投入指数	%	定量
			13	创新产出指数	%	定量
			14	数字科研指数	%	定量
	基础竞争力	生产要素	15	数字内容产业从业人员数量	万人	定量
			16	每百万人中研究人员数量	万人	定量
			17	非物质文化遗产数量	项	定量
			18	数字内容产业从业人员素质	指数	定性
			19	信息技术与文化创意产业融合度	指数	定性
			20	风险资本可获得性	指数	定性
		关联产业	21	公共教育经费支出占GDP比重	%	定量
			22	研究与开发经费支出占GDP比重	%	定量
			23	互联网普及率	%	定量
		产业结构	24	数字内容产业聚集程度	%	定量
			25	数字内容产业内部结构合理化程度	指数	定性
			26	数字内容产业内部结构高级化程度	指数	定性
		产业基础设施	27	数字基础设施指数	%	定量
			28	每百万人互联网服务商数量	个	定量
			29	信息化发展指数	指数	定量
			30	每千人宽带用户量	个	定量

111

续表

目标层	系统层	要素层	序号	指标层	单位	特性
数字内容产业国际竞争力	环境竞争力	经济实力	31	人均国民收入	美元	定量
			32	国内生产总值	亿美元	定量
			33	居民教育、休闲与文化支出占总支出比重	%	定性
			34	数字经济发展指数	指数	定量
			35	全球竞争力指数	指数	定量
		政府政策	36	数字内容产业政策科学完备性	指标	定性
			37	数字内容法律法规完善度	指标	定性
			38	数字贸易规则完备性	指标	定性
			39	政府数字版权保护度	指标	定性
			40	政府行政效率指数	指标	定性
		市场开放度	41	数字内容产业外贸依存度	%	定量
			42	吸引外商直接投资流量	亿美元	定量
			43	全球化指数	指数	定量
			44	文化包容性	指数	定性
	现实竞争力	国际贸易绩效	45	贸易竞争优势指数（TC）	指数	定量
			46	显示性比较优势指数（RCA）	指数	定量
			47	Michaely 波动指数（MI）	指数	定量
		国际贸易规模	48	数字内容产品出口总额	亿美元	定量
			49	数字内容产品出口增长率	%	定量
			50	数字内容产品出口占总出口比重	%	定量
			51	国际市场占有率指数（MS）	%	定量
		产业经营水平	52	数字内容产业增加值占 GDP 总量比重	亿美元	定量
			53	数字内容产业产值规模占 GDP 总量比重	%	定量
			54	数字内容产业产值增长率	%	定量

4.3.4 指标体系修正筛选

数字内容产业国际竞争力评价指标体系涉及因素众多，在指标的选取上不可避免地存在着多重标准以及不确定性，导致指标可能会呈现重复性以及存在某些非紧要的指标，同时存在着某些指标很难直接被量化，导致其难以直接获得。因此，必须在坚持评价目标、评价原则以及指标选取原则的基础上，对初始评价指标体系进行筛选及修正，从而确定最终的数字内容产业国际竞争力评价指标体系，以确保评价目标准确无误。

综合国内外研究发现，目前在筛选指标体系方面所使用的方法主要包括概率统计法、模糊理论法、灰色统计法，但是概率统计法主要用来处理样本量大以及数据多的无规律问题，模糊理论法主要用来处理人的经验与认知先验信息之间发生不确定性的问题，在处理数据少、经验缺乏的不确定性问题时多用灰色统计法，如徐革（2005）、田丽（2012）利用灰色统计法分别对电子资源评价指标以及媒体竞争力评价指标进行筛选，何波（2014）、田常清（2014）利用灰色统计法分别对动漫产业和出版产业国际竞争力评价指标体系进行筛选。因此，本节结合相关研究成果，拟利用灰色统计法对数字内容产业国际竞争力评价指标体系进行筛选。

4.3.4.1 灰色统计法简介

华中科技大学邓聚龙教授于1982年提出了灰色系统理论，它是一种用于研究数据少且信息匮乏的不确定性问题的方法，随后该理论被广泛应用于不同学科领域，并在国际上得到高度评价。灰色系统之所以按照颜色进行命名，是因为在控制论中，颜色的深浅常被人们用来衡量信息的明确程度，白色代表信息完全明确，黑色代表信息未知，灰色代表信息部分明确、部分不明确，由于其研究的是信息不明确问题，所以称之为"灰色系统"。1999年邓聚龙教授在灰色系统理论的基础上,又提出可以通过灰色统计法对专家群体的认知及经验进行提取,该方法是在灰类白化函数的基础上,对调查数据进行归纳整理,进而筛选出重要因子的研究方法。

利用灰色统计法对指标体系进行修正筛选,一般包含以下几个步骤:首先,利用专家群体进行问卷设计调查,对指标体系中初始指标的重要程度以及易得性进行判断;其次,利用灰色统计法构造灰类白化函数,并通过灰类系数的计算来确定决策向量,从而筛选出影响数字内容产业竞争力的重要因子;最后,通过专家审定以及综合筛选,最终确定数字内容产业国际竞争力评价指标体系。

4.3.4.2 基于灰色统计法的数字内容产业国际竞争力评价指标体系筛选

(1) 专家问卷设计调查

为了剔除非重要或难以获得影响因子,本节通过专家问卷调查的方式,对数字内容产业国际竞争力评价指标体系初始指标的重要程度以及易得性进行判断,具体步骤如下。

第一,问卷设计思路。调查问卷由三部分组成,分别为前言致敬信、正文问答题以及附录。前言致敬信主要是介绍问卷调查的原因、目的和范围,同时向调查专家介绍答题的方式方法以及注意事项。正文问答题重点调查两个方面的内容,一方面评判54项评价指标的重要性程度,另一方面对54项评价指标数据的可获得性进行测评。在正文问答题中,本节利用李克特7点量表(Likert 7 - point scale)对指标的重要性程度进行评判,1代表"完全不重要",2代表"基本不重要",3代表"不太重要",4代表"不确定",5代表"有些重要",6代表"比较重要",7代表"非常重要";指标数据的易获得性分成0和1两个等级,0代表"不易获得",1代表"易获得"。附录部分主要是对指标的解释和说明,以辅助专家加强对指标内涵的理解。

第4章 中国数字内容产业国际竞争力评价指标体系与模型构建

第二,问卷调查对象。数字内容产业包含八大种类,每个种类的受众群体均有较大的差异,不同类型的受众群体对于数字内容产业国际竞争力影响因素的重要性程度以及易获得性程度的评价会存在明显的不同。本节调研的目的是通过数字内容领域的相关专家、学者、经营管理者对指标重要程度和易得程度的判断,获取影响数字内容产业国际竞争力的重要因子。因此,此调查问卷主要面向三大群体,一是在数字内容企业工作的经营管理者,二是高等院校研究数字内容相关产业的教师,三是高等院校研究数字内容领域的国内外博士研究生。问卷借助会议专家访谈、实地企业调研、电子邮件的方式进行发放,共发出问卷60份,收回60份,有效问卷55份,具体调查问卷内容如附录A所示。

(2) 基于灰色统计法筛选关键影响因子

根据邓聚龙教授所提出的灰色统计原理,首先利用白化函数对专家数据进行处理,然后对灰类决策系数进行计算,最后确定决策向量。

首先,灰类白化函数构造。本研究利用李克特7点量表将数字内容产业国际竞争力初始指标重要程度划分为7个等级(1-完全不重要,2-基本不重要,3-不太重要,4-不确定,5-有些重要,6-比较重要,7-非常重要),并按照低、中、高三个等级划分统计灰类,然后构造出如图4.7所示的白化函数。

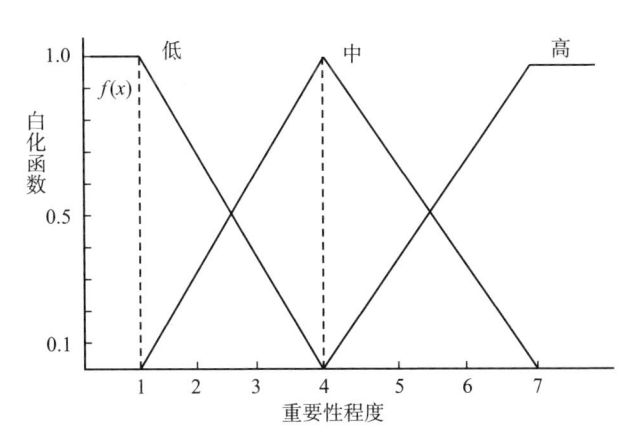

图4.7 数字内容产业国际竞争力评价指标重要程度的白化函数

设 $f_k(ij)$ 为数字内容产业国际竞争力评价指标体系中第 j 项指标且重要性程度为 i 的白化函数值，k 为灰类数，$k=1,2,3$。d_{ij} 为评价指标体系中第 j 项指标且重要性程度为 i 的分值，下面为 $f_k(ij)$ 的计算公式，$i=1,2,3,\cdots,7$，$j=1,2,3,\cdots,58$。

第一类"高"，$k=1$，其白化函数 $f_1(ij)$ 为：

$$f_1(ij) = \begin{cases} 1 & d_{ij} \geq 7 \\ \dfrac{d_{ij}-4}{7-4} & 4 < d_{ij} < 7 \\ 0 & d_{ij} \leq 4 \end{cases} \quad (4.1)$$

第二类"中"，$k=2$，其白化函数 $f_2(ij)$ 为：

$$f_2(ij) = \begin{cases} 0 & d_{ij} < 1 \\ \dfrac{d_{ij}-1}{4-1} & 1 < d_{ij} < 4 \\ 1 & d_{ij} = 4 \\ \dfrac{7-d_{ij}}{7-4} & 4 < d_{ij} < 7 \\ 0 & d_{ij} > 7 \end{cases} \quad (4.2)$$

第三类"低"，$k=3$，其白化函数 $f_3(ij)$ 为：

$$f_3(ij) = \begin{cases} 0 & d_{ij} \geq 4 \\ \dfrac{4-d_{ij}}{4-1} & 1 < d_{ij} < 4 \\ 1 & d_{ij} \leq 1 \end{cases} \quad (4.3)$$

其次，灰类决策系数计算。设 $\eta_k(j)$ 为数字内容产业国际竞争力评价指标体系中第 j 项影响指标属于第 k 个灰类（$k=1,2,3$）的决策系数，$f_k(ij)$ 为上述数字内容产业国际竞争力评价指标体系中第 j 项指标且重要性程度为 i 的白化函数值，$\eta(ij)$ 为评价数字内容产业国际竞争力评价指标体系中第 j 项指标且重要性程度为 i 的调查专家数量。

第4章 中国数字内容产业国际竞争力评价指标体系与模型构建

$$\eta_k(j) = \sum \eta(ij)f_k(ij) \quad (4.4)$$

在计算灰类决策系数之前,首先将55名专家对数字内容产业国际竞争力评价指标体系各项指标的重要性程度所作的判断分数进行汇总成表,然后根据公式(4.4)计算决策系数。

最后,决策向量确定。决策向量是指代表数字内容产业国际竞争力评价指标体系重要性程度的三种类别(低、中、高),是根据公式(4.1)、公式(4.2)、公式(4.3)、公式(4.4)所计算的一组向量 $\{\eta_3(j), \eta_2(j), \eta_1(j)\}$,即 $\{\eta_{低}, \eta_{中}, \eta_{高}\}$。利用决策向量对55名专家的调研数据进行汇总计算,进而得出初始评价指标体系中各指标的重要程度。

4.3.4.3 评价指标体系筛选

通过对55份调查问卷的综合整理,根据上述评价指标筛选方法,对数字内容产业国际竞争力初始评价指标逐步进行修正和筛选。表4.6为根据调查问卷所汇总的54项指标的重要性程度及易得性得分表。

根据上述所分析的利用灰色统计分析法筛选指标的方法步骤,结合55位数字内容行业领域的专家和学者对指标重要性程度的判断,利用公式(4.1)至公式(4.4)分别计算每个评价指标的决策向量 $\{\eta_{低}, \eta_{中}, \eta_{高}\}$。由于评价指标综合考虑了重要性程度以及易得性程度两个部分,仅选取重要程度显示为"高"类的评价指标,同时考虑到指标数据的不可获得性对评价结果的重要影响,所以从"高"类评价指标中还需排除易得性频率小于50%的评价指标(见表4.7),标记为"√"表明该指标被选取,标记为"×"表明该指标被淘汰。

表 4.6 数字内容产业国际竞争力初始评价指标重要性程度以及易得性调查数据

系统层	要素层	序号	初始指标层	重要性程度 1	2	3	4	5	6	7	总分	易得性 1	0
核心竞争力	产品竞争实力	1	数字内容产品原创性	0	0	0	5	10	23	17	327	35	20
		2	数字内容产品互动性	0	1	3	3	12	15	21	320	31	24
		3	数字内容产品品牌知名度	0	0	2	4	14	15	20	327	38	17
		4	数字内容产品出口复杂度	0	0	0	2	10	24	19	341	26	29
		5	数字内容产业集中度	0	1	3	3	18	15	15	308	33	22
	企业战略	6	数字内容企业运作与策略整合指数	3	2	1	3	15	10	21	304	34	21
		7	数字内容企业经营管理水平	0	1	2	0	16	18	18	322	40	15
		8	数字内容企业国际化能力	0	0	1	3	20	21	10	311	36	19
	企业规模	9	全球数字经济 100 强企业上榜数量	0	0	0	2	16	15	21	325	45	10
		10	全球互联网 TOP 50 强上市企业数量	0	0	1	2	16	14	22	329	32	23
	创新能力	11	专利申请数量	0	0	0	2	13	15	25	338	44	11
		12	创新投入指数	0	0	0	3	14	15	23	333	46	9
		13	创新产出指数	0	1	1	2	11	18	22	330	42	13
		14	数字科研指数	0	0	1	7	12	15	20	281	38	17

第4章 中国数字内容产业国际竞争力评价指标体系与模型构建

续表

系统层	要素层	序号	初始指标层	重要性程度 1	2	3	4	5	6	7	总分	易得性 1	0
基础竞争力	生产要素	15	数字内容产业从业人员数量	0	0	0	3	16	18	18	328	25	30
		16	每百万人中研究人员数量	0	0	0	0	10	24	21	341	50	5
		17	非物质文化遗产数量	0	1	2	5	16	20	11	305	35	20
		18	数字内容产业从业人员素质	0	0	0	0	16	17	22	336	37	18
		19	信息技术与文化创意产业融合度	0	0	1	2	17	15	20	326	33	22
		20	风险资本可获得性	0	0	0	5	16	20	14	318	31	24
	关联产业	21	公共教育经费支出占GDP比重	0	0	0	2	16	14	22	306	48	7
		22	研究与开发经费支出占GDP比重	0	0	0	3	17	15	20	327	51	4
		23	互联网普及率	0	0	1	5	14	15	20	323	34	21
	产业结构	24	数字内容产业聚集程度	0	0	0	0	18	15	22	334	33	22
		25	数字内容产业内部结构合理化程度	0	1	2	1	13	18	20	325	30	25
		26	数字内容产业内部结构高级化程度	1	2	1	3	15	12	21	314	32	23
	产业基础设施	27	数字基础设施指数	0	0	0	3	15	18	19	328	32	23
		28	每百万人互联网服务商数量	0	0	0	5	17	19	14	317	47	8
		29	信息化发展指数	0	0	0	0	16	18	21	353	49	6
		30	每千人宽带用户量	0	0	0	2	19	15	19	326	48	7

119

续表

系统层	要素层	序号	初始指标层	重要性程度 1	2	3	4	5	6	7	总分	易得性 1	0
环境竞争力	经济实力	31	人均国民收入	0	0	0	0	21	19	15	324	52	3
		32	国内生产总值	0	0	0	0	23	15	17	324	51	4
		33	居民教育、休闲与文化支出占总支出比重	0	0	3	5	18	15	14	310	41	14
		34	数字经济发展指数	0	0	0	2	19	20	14	321	36	19
		35	全球竞争力指数	0	0	3	7	16	17	12	303	44	11
	政府政策	36	数字内容产业政策科学完备性	0	0	0	2	13	18	22	335	32	23
		37	数字内容法律法规完善度	0	0	0	5	12	19	19	327	31	24
		38	数字贸易规则完备性	0	0	3	2	12	18	20	325	38	17
		39	政府数字版权保护度	0	0	0	2	14	18	21	333	35	20
		40	政府行政效率指数	2	5	11	9	10	11	7	246	26	29
	市场开放度	41	数字内容产业外贸依存度	0	0	0	2	13	19	21	334	38	17
		42	吸引外商直接投资流量	0	0	1	5	12	19	18	323	47	8
		43	全球化指数	0	0	0	4	17	19	15	324	51	4
		44	文化包容性	0	0	2	8	13	17	15	310	43	12

第4章 中国数字内容产业国际竞争力评价指标体系与模型构建

续表

系统层	要素层	序号	初始指标层	重要性程度 1	2	3	4	5	6	7	总分	易得性 1	0
现实竞争力	国际贸易绩效	45	贸易竞争优势指数（TC）	0	0	0	0	12	21	22	340	42	13
		46	显示性比较优势指数（RC）	0	0	0	0	14	17	24	340	41	14
		47	Michaely 波动指数（MI）	0	0	0	2	12	19	22	336	39	16
		48	数字内容产品出口总额	0	0	0	0	18	17	20	332	50	5
	国际贸易规模	49	数字内容产品出口增长率	0	0	0	2	18	13	22	330	47	8
		50	数字内容产品出口占总出口比重	0	0	0	0	21	15	18	321	41	14
		51	国际市场占有率指数（MS）	0	0	0	2	16	14	25	319	38	17
	产业经营水平	52	数字内容产业增加值占GDP总量比重	0	0	0	2	16	15	21	325	32	23
		53	数字内容产业产值规模占GDP总量比重	0	0	1	2	12	17	23	334	36	19
		54	数字内容产业产值增长率	3	4	8	7	12	10	11	260	32	23

121

表4.7　　数字内容产业初始评价指标体系的灰色统计分析及易得性评价

系统层	要素层	序号	初始指标层	决策向量 $\eta_{低}$	决策向量 $\eta_{中}$	决策向量 $\eta_{高}$	重要程度	易得性	是否选取
核心竞争力	产品竞争实力	1	数字内容产品原创性	0	19.33	35.67	高	63.64%	√
		2	数字内容产品互动性	1	18	34	高	56.36%	√
		3	数字内容产品品牌知名度	0.67	19.67	34.67	高	69.09%	√
		4	数字内容产品出口复杂度	0	16.67	33.67	高	47.27%	×
	企业战略	5	数字内容产业集中度	1.67	22.33	32	高	60%	√
		6	数字内容企业运作与策略整合指数	4.67	17.67	34.33	高	61.825%	√
		7	数字内容企业经营管理水平	1.33	18.33	34.67	高	72.73%	√
		8	数字内容企业国际化能力	0.33	24	30.33	高	65.45%	√
	企业规模	9	全球数字经济100强企业上榜数量	0	17.67	36.67	高	81.82%	√
		10	全球互联网TOP 50强上市企业上榜数量	0.67	18	37.33	高	58.18%	√
	创新能力	11	专利申请数量	0	15.67	38.67	高	80%	√
		12	创新投入指数	0	17.33	37.33	高	83.64%	√
		13	创新产出指数	1	16.33	35.33	高	76.36%	√
		14	数字科研指数	0.33	20.67	33	高	69.09%	√
基础竞争力	生产要素	15	数字内容产业从业人员数量	0	19.67	34.67	高	45.45%	×
		16	每百万人中研究人员数量	0	14.67	35.67	高	90.91%	√
		17	非物质文化遗产数量	1.33	24	28.33	高	63.64%	√
		18	数字内容产业从业人员素质	0	16.33	38.33	高	67.27%	√
		19	信息技术与文化创意产业融合度	0.33	19	36.33	高	60%	√
		20	风险资本可获得性	0	22.33	31.33	高	56.36%	√

第4章 中国数字内容产业国际竞争力评价指标体系与模型构建

续表

系统层	要素层	序号	初始指标层	决策向量 $\eta_{低}$	决策向量 $\eta_{中}$	决策向量 $\eta_{高}$	重要程度	易得性	是否选取
基础竞争力	关联产业	21	公共教育经费支出占GDP比重	0	17.33	37.33	高	87.27%	√
		22	研究与开发经费支出占GDP比重	0	19.33	36.33	高	92.73%	√
		23	互联网普及率	0.33	20	34.33	高	61.82%	√
	产业结构	24	数字内容产业聚集程度	0	17	39	高	60%	√
		25	数字内容产业内部结构合理化程度	1.33	17.33	34.67	高	54.55%	√
		26	数字内容产业内部结构高级化程度	1.67	18.33	34	高	58.18%	√
	产业基础设施	27	数字基础设施指数	0	19	35	高	58.18%	√
		28	每百万人互联网服务商数量	0	22.67	31.67	高	85.45%	√
		29	信息化发展指数	0	16.67	37.67	高	89.09%	√
		30	每千人宽带用户量	0	19.67	36.67	高	87.27%	√
环境竞争力	经济实力	31	人均国民收入	0	20.33	35.33	高	94.55%	√
		32	国内生产总值	0	20.33	37.33	高	92.73%	√
		33	居民教育、休闲与文化支出占总支出比重	1	24	31	高	74.55%	√
		34	数字经济发展指数	0	21.33	33.33	高	65.45%	√
		35	全球竞争力指数	1	25.33	28.33	高	80%	√
	政府政策	36	数字内容产业政策科学完备性	0	16.67	36.67	高	58.18%	√
		37	数字内容法律法规完善度	0	19.33	33.33	高	56.36%	√
		38	数字贸易规则完备性	1	18	34	高	69.09%	√
		39	政府数字版权保护度	0	17.33	36.33	高	63.64%	√
		40	政府行政效率指数	9	30.33	17.33	中	47.27%	×
	市场开放度	41	数字内容产业外贸依存度	0	17	36	高	69.09%	√
		42	吸引外商直接投资流量	0.33	20	28.33	高	85.45%	√
		43	全球化指数	0	21.67	32.67	高	92.73%	√
		44	文化包容性	0.67	23.67	29.33	高	78.18%	√

续表

系统层	要素层	序号	初始指标层	决策向量 $\eta_低$	决策向量 $\eta_中$	决策向量 $\eta_高$	重要程度	易得性	是否选取
现实竞争力	国际贸易绩效	45	贸易竞争优势指数（RCA）	0	15	37	高	76.36%	√
		46	显示性比较优势指数（TC）	0	15	39	高	74.55%	√
		47	Michaely 波动指数（MI）	0	16.33	36.33	高	70.91%	√
	国际贸易规模	48	数字内容产品出口总额	0	17.67	37.67	高	90.91%	√
		49	数字内容产品出口增长率	0	18.33	38.33	高	85.45%	√
		50	数字内容产品出口占总出口比重	0	19	37	高	74.55%	√
		51	国际市场占有率指数（MS）	0	15.33	40.33	高	69.09%	√
	产业经营水平	52	数字内容产业增加值占GDP总量比重	0	17.67	36.67	高	58.18%	√
		53	数字内容产业产值规模占GDP总量比重	2.33	16.33	36.67	高	65.45%	√
		54	数字内容产业产值增长率	8.33	25	22.33	中	58.18%	×

由表4.7对各指标决策向量、重要性程度以及易得性程度的计算结果可以看出，核心竞争力系统中，数字内容产品出口复杂度这一指标的易得性程度低于50%，予以剔除；基础竞争力系统中，数字内容产业从业人员数量这一指标的易得性程度低于50%，予以剔除；环境竞争力系统中，政府行政效率指数这一个指标的重要性程度处于"中"，予以剔除；现实竞争力系统中，数字内容产业产值增长率这一指标的重要性程度处于"中"，予以剔除。

4.3.5 指标体系最终确定

通过专家对指标的筛选和修正，本节最终构建了包含一个目标（数字内容产业国际竞争力）、四大系统（核心竞争力、基础竞争力、环境竞争力、现实竞争力）、14项要素（产品竞争实力、企业战略、企

第4章 中国数字内容产业国际竞争力评价指标体系与模型构建

业规模、创新能力、生产要素、关联产业、产业结构、产业基础设施、经济实力、政府政策、市场开放度、国际贸易绩效、国际贸易规模、产业经营水平）、50项指标的数字内容产业国际竞争力评价指标体系，如表4.8所示。

表4.8　　　　　　数字内容产业国际竞争力评价指标体系

目标层	系统层	要素层	指标层	单位	性质
数字内容产业国际竞争力 U	核心竞争力 U1	产品竞争实力 U11	数字内容产品原创性 U111	指数	定性
			数字内容产品互动性 U112	指数	定性
			数字内容产品品牌知名度 U113	指数	定性
		企业战略 U12	数字内容产业集中度 U121	%	定量
			数字内容企业运作与策略整合指数 U122	指数	定性
			数字内容企业经营管理水平 U123	指数	定性
		企业规模 U13	数字内容企业国际化能力 U131	指数	定性
			全球数字经济100强企业上榜数量 U132	家	定量
			全球互联网TOP 50强上市企业上榜数量 U133	家	定量
		创新能力 U14	专利申请数量 U141	万件	定量
			创新投入指数 U142	指数	定量
			创新产出指数 U143	指数	定量
			数字科研指数 U144	指数	定量
	基础竞争力 U2	生产要素 U21	每百万人中研究人员数量 U211	人	定量
			非物质文化遗产数量 U212	项	定量
			数字内容产业从业人员素质 U213	指数	定性
			信息技术与文化创意产业融合度 U214	指数	定性
			风险资本可获得性 U215	指数	定性
		关联产业 U22	公共教育经费支出占GDP比重 U221	%	定量
			研究与开发经费支出占GDP比重 U222	%	定量
			互联网普及率 U223	%	定量

续表

目标层	系统层	要素层	指标层	单位	性质
数字内容产业国际竞争力 U	基础竞争力 U2	产业结构 U23	数字内容产业聚集程度 U231	指数	定性
			数字内容产业内部结构合理化程度 U232	指数	定性
			数字内容产业内部结构高级化程度 U233	指数	定性
		产业基础设施 U24	数字基础设施指数 U241	指数	定量
			每百万人互联网服务商数量 U242	个	定量
			信息化发展指数 U243	指数	定量
			每千人宽带用户量 U244	个	定量
	环境竞争力 U3	经济实力 U31	人均国民收入 U311	美元	定量
			国内生产总值 U312	亿美元	定量
			居民教育、休闲与文化支出占总支出比重 U313	%	定量
			数字经济发展指数 U314	指数	定量
			全球竞争力指数 U315	指数	定量
		政府政策 U32	数字内容产业政策科学完备性 U321	指数	定性
			数字内容法律法规完善度 U322	指数	定性
			数字贸易规则完备性 U323	指数	定性
			政府数字版权保护度 U324	指数	定性
		市场开放度 U33	数字内容产业外贸依存度 U331	%	定量
			吸引外商直接投资流量 U332	亿美元	定量
			全球化指数 U333	指数	定量
			文化包容性 U334	指数	定性
	现实竞争力 U4	国际贸易绩效 U41	贸易竞争优势指数（TC）U411	指数	定量
			显示性比较优势指数（RCA）U412	指数	定量
			Michaely 波动指数（MI）U413	指数	定量
		国际贸易规模 U42	数字内容产品出口总额 U421	亿美元	定量
			数字内容产品出口增长率 U422	%	定量
			数字内容产品出口占总出口比重 U423	%	定量
			国际市场占有率指数（MS）U424	%	定量
		产业经营水平 U43	数字内容产业增加值占 GDP 总量比重 U431	亿美元	定量
			数字内容产业产值规模占 GDP 总量比重 U432	%	定量

4.4 数字内容产业国际竞争力评价模型构建

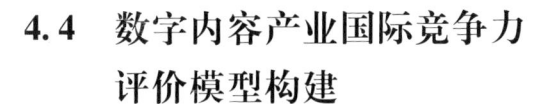

要对数字内容产业国际竞争力进行准确的量化分析，必须构建一套科学合理的评价模型，才能与评价指标体系相互结合，从而对数字内容产业开展综合评价。本章评价模型的构建通过两步进行，一步是通过AHP法对上述所构建的数字内容产业国际竞争力评价指标体系进行赋权，另一步是基于灰色关联分析法构建评价模型。

4.4.1 基于AHP法的数字内容产业国际竞争力评价指标体系赋权

本章进行的数字内容产业国际竞争力评价，是通过建立评价指标体系对中国数字内容产业进行横向国际比较的过程。评价指标体系共涉及50项指标，各指标之间存在着较大的差异，并且各指标对国际竞争力的影响程度也不相同，因此，各指标在数字内容产业国际竞争力评价中的权重也不相同。如何科学地对评价指标体系进行赋权，是开展实证评价的关键。

综合国内外研究文献可以发现，目前主要的赋权方法为主观赋权法以及客观赋权法两种，其中，主观赋权法研究较为成熟且应用广泛，主要利用专家对指标重要性程度的判断来确定其权重，比较常用的方法有层次分析法以及专家调查法等，其缺点是主观性强，指标的重要程度易受专家的经验、学识甚至感觉的影响，出现偏差的概率较大，在较大程度上会影响评价结果的准确性；客观赋权法主要基于客观实际数据进行定量分析来确定权重，其优点是保证了权重的绝对客观性，其缺点是对样本数据有较高的要求。数字内容产业国际竞争力评价指标体系包含的

50项指标中，其中有17项为定性指标，这就导致很难用客观赋权法对指标进行赋权，因此本节利用主观赋权法中的层次分析法（AHP）进行赋权。

层次分析法（analytic hierarchy process）是20世纪70年代萨蒂（T. L. Saaty）提出的一种定性与定量相结合的决策分析法，其基本原理是将复杂问题层次化，将其分解成多层次的分析结构模型，然后通过专家咨询法对各因素的重要性进行判断，建立两两比较的判断矩阵，最终通过特征向量的计算来确定权重。

（1）建立权重指标集

根据上述所确定的最终评价指标体系，将其模型化后（见表4.8），建立三层权重指标集。

第一层权重指标集 $W_i = (w_1, w_2, \cdots, w_m)$，其中 $w_i(i=1, 2, \cdots, m)$ 是系统层中第 i 个元素 U_i 的权数。

第二层权重指标集 $W_{ij} = (w_{i1}, w_{i2}, \cdots, w_{in})$，其中 $w_{ij}(i=1, 2, \cdots, m; j=1, 2, \cdots, n)$ 是指标层中决定 U_{ij} 的第 j 个指标的权数。

第三层权重指标集 $W_{ijk} = (w_{ij1}, w_{ij2}, \cdots, w_{ijk})$，其中 $w_{ijk}(i=1, 2, \cdots, m; j=1, 2, \cdots, n; k=1, 2, \cdots, p)$ 是要素层中决定 U_{ijk} 的第 k 个指标的权数。

（2）确定指标权重

层次结构模型建立以后，需要对指标及下属各因素的重要性两两进行比较。本章利用专家打分法，通过参加学术会议、企业调研以及电子邮件的方式邀请25名专家对层次结构中各层次指标的重要性两两进行判断（附录B），最终得到判断矩阵，并对其进行一致性检验。最后计算判断矩阵的特征向量值以及最大特征根值，同时做一致性检验，从而得出各对应指标的权重。本节限于篇幅省略了具体的运算及检验过程。各层次指标权重如表4.9所示。

第4章 中国数字内容产业国际竞争力评价指标体系与模型构建

表4.9　　　　　　　数字内容产业国际竞争力评价指标权重

目标层	系统层	要素层	指标层
数字内容产业国际竞争力 U	核心竞争力 U1 ($w_1=0.241$)	产品竞争实力 U11 ($w_{11}=0.232$)	数字内容产品原创性 U111 ($w_{111}=0.395$)
			数字内容产品互动性 U112 ($w_{112}=0.263$)
			数字内容产品品牌知名度 U113 ($w_{113}=0.342$)
		企业战略 U12 ($w_{12}=0.275$)	数字内容产业集中度 U121 ($w_{121}=0.453$)
			数字内容企业运作与策略整合指数 U122 ($w_{122}=0.266$)
			数字内容企业经营管理水平 U123 ($w_{123}=0.281$)
		企业规模 U13 ($w_{13}=0.207$)	数字内容企业国际化能力 U131 ($w_{131}=0.435$)
			全球数字经济100强企业上榜数量 U132 ($w_{132}=0.283$)
			全球互联网 TOP 50 强上市企业上榜数量 U133 ($w_{133}=0.282$)
		创新能力 U14 ($w_{14}=0.286$)	专利申请数量 U141 ($w_{141}=0.251$)
			创新投入指数 U142 ($w_{142}=0.255$)
			创新产出指数 U143 ($w_{143}=0.233$)
			数字科研指数 U144 ($w_{144}=0.261$)
	基础竞争力 U2 ($w_2=0.211$)	生产要素 U21 ($w_{21}=0.258$)	每百万人中研究人员数量 U211 ($w_{211}=0.217$)
			非物质文化遗产数量 U212 ($w_{212}=0.193$)
			数字内容产业从业人员素质 U213 ($w_{213}=0.196$)
			信息技术与文化创意产业融合度 U214 ($w_{214}=0.211$)
			风险资本可获得性 U215 ($w_{215}=0.183$)
		关联产业 U22 ($w_{22}=0.242$)	公共教育经费支出占GDP比重 U221 ($w_{221}=0.335$)
			研究与开发经费支出占GDP比重 U222 ($w_{222}=0.363$)
			互联网普及率 U223 ($w_{223}=0.302$)
		产业结构 U23 ($w_{23}=0.236$)	数字内容产业聚集程度 U231 ($w_{231}=0.366$)
			数字内容产业内部结构合理化程度 U232 ($w_{232}=0.318$)
			数字内容产业内部结构高级化程度 U233 ($w_{233}=0.316$)
		产业基础设施 U24 ($w_{24}=0.264$)	数字基础设施指数 U241 ($w_{241}=0.283$)
			每百万人互联网服务商数量 U242 ($w_{242}=0.242$)
			信息化发展指数 U243 ($w_{243}=0.275$)
			每千人宽带用户量 U244 ($w_{244}=0.212$)

续表

目标层	系统层	要素层	指标层
数字内容产业国际竞争力 U	环境竞争力 U3 ($w_3=0.252$)	经济实力 U31 ($w_{31}=0.351$)	人均国民收入 U311（$w_{311}=0.215$）
			国内生产总值 U312（$w_{312}=0.196$）
			居民教育、休闲与文化支出占总支出比重 U313（$w_{313}=0.202$）
			数字经济发展指数 U314（$w_{314}=0.216$）
			全球竞争力指数 U315（$w_{315}=0.171$）
		政府政策 U32 ($w_{32}=0.325$)	数字内容产业政策科学完备性 U321（$w_{321}=0.242$）
			数字内容法律法规完善度 U322（$w_{322}=0.255$）
			数字贸易规则完备性 U323（$w_{323}=0.217$）
			政府数字版权保护度 U324（$w_{324}=0.286$）
		市场开放度 U33 ($w_{33}=0.334$)	数字内容产业外贸依存度 U331（$w_{331}=0.275$）
			吸引外商直接投资流量 U332（$w_{332}=0.232$）
			全球化指数 U333（$w_{333}=0.261$）
			文化包容性 U334（$w_{334}=0.232$）
	现实竞争力 U4 ($w_4=0.296$)	国际贸易绩效 U41 ($w_{41}=0.401$)	贸易竞争优势指数（TC）U411（$w_{411}=0.364$）
			显示性比较优势指数（RCA）U412（$w_{412}=0.398$）
			Michaely 波动指数（MI）U413（$w_{413}=0.238$）
		国际贸易规模 U42 ($w_{42}=0.368$)	数字内容产品出口总额 U421（$w_{421}=0.263$）
			数字内容产品出口增长率 U422（$w_{422}=0.231$）
			数字内容产品出口占总出口比重 U423（$w_{423}=0.231$）
			国际市场占有率指数（MS）U424（$w_{424}=0.275$）
		产业经营水平 U43 ($w_{43}=0.231$)	数字内容产业增加值占 GDP 总量比重 U431（$w_{431}=0.561$）
			数字内容产业产值规模占 GDP 总量比重 U432（$w_{432}=0.439$）

4.4.2 基于灰色关联分析法的数字内容产业国际竞争力评价模型构建

评价指标权重的确立，标志着完整的评价指标体系被构建完成，从而可以依据这一指标体系构建数字内容产业国际竞争力评价模型，本节运用灰色关联分析法构建这一评价模型。灰色关联分析法是灰色理论中的一个重要分支，其提供了一种分析两个因素之间相关程度的定量分析方法，其原理是依据曲线几何形状的相似程度来判别数列间的相关程度，曲线相似度越接近，则两个因素之间的关联度就越强。本节采用灰色关联分析法构建评价模型来评价数字内容产业国际竞争力的基本思路是：以 G20 国家评价年度各指标值的最大值作为参考数列 X'_0 的各实体 X'_{0m}，被评价各国数字内容产业国际竞争力影响因素各指标作为比较数列 X'_i 的各实体 X'_{0m}，求两者之间的关联度 r_i，关联度越大，则说明竞争力越强；反之，则说明被评价国家竞争力较弱。因此，r_i 的大小排序，即为 G20 各国数字内容产业国际竞争力的强弱的排序。具体而言，基于灰色关联分析法构建评价模型一般包含以下步骤。

（1）确定参考数列和比较数列

参考数列又称为母序列，是指理想的比较标准，也即最优指标集，是反映系统行为特征的数据系列，一般以评价单元中数字内容产业竞争力最强国家或年份的各指标的最佳值作为研究的参考数列；比较数列又称为子序列，是影响系统行为的各因素所组成的数据序列。

设参考序列为 X'_0，比较序列为 X'_i，则有：

$$X'_0 = \{X'_0(k) | k = 1, 2, \cdots, n\}$$

$$X'_i = \{X'_i(k) | k = 1, 2, \cdots, n; i = 1, 2, \cdots, m\}$$

（2）指标数据去量纲处理

由于数字内容产业国际竞争力评价指标体系各指标相互之间存在不同的量纲以及数量集，进而导致在评价比较时难以得出正确的结论，所以需要对数字内容产业国际竞争力评价指标原始数据进行规范化处理，即无量纲化处理。在无量纲化处理过程中，必须区分正向指标和负向指标，正向指标越大越有助于提升数字内容产业国际竞争力，而负向指标则正好相反，所以在进行无量纲化处理前必须先对负向指标进行正向转化。无量纲化计算公式为：

$$X_i(k) = \frac{X_i'(k) - \min X_i'(k)}{\max X_i'(k) - \min X_i'(k)} \tag{4.5}$$

式中，$i=0, 1, \cdots, n$；$k=1, 2, \cdots, m$。经过无量纲化处理后的数据序列，形成如下矩阵：

$$\begin{pmatrix} X_0(1) & X_1(1) & \cdots & X_n(1) \\ X_0(2) & X_1(2) & \cdots & X_n(2) \\ \vdots & \vdots & \vdots & \vdots \\ X_0(m) & X_1(m) & \cdots & X_n(m) \end{pmatrix}$$

（3）关联系数计算

对原始参考序列 $\{X_{ok}'\}$ 以及比较数列 $\{X_{ik}'\}$ 进行无量纲化处理后，得到标准化的参考数列 $\{X_{ok}\}$ 以及比较数列 $\{X_{ik}\}$，然后利用关联度系数公式求出第 i 个国家第 k 个指标与参考序列中第 k 个最优指标值之间的关联系数 $\xi_{ik}(i=1, 2, \cdots, n; k=1, 2, \cdots, m)$。

$$\xi_{ik} = \frac{\min\limits_i \min\limits_k |X_{ok} - X_{ik}| + \rho \max\limits_i \max\limits_k |X_{ok} - X_{ik}|}{|X_{ok} - X_{ik}| + \rho \max\limits_i \max\limits_k |X_{ok} - X_{ik}|} \tag{4.6}$$

式（4.6）中，ρ 为分辨系数，取值范围一般为（0，1）。ρ 值越小，则分辨能力越强，通常情况下取 $\rho=0.5$。关联系数 ξ_{ik} 越大，则表明比较序列中的指标值与参考序列中的最优指标之间的距离越小，关联程度越强。

在此基础上，求得关联系数矩阵 E：

$$E = \begin{pmatrix} \xi_1(1) & \xi_2(1) & \cdots & \xi_n(1) \\ \xi_1(2) & \xi_2(2) & \cdots & \xi_n(2) \\ \vdots & \vdots & \vdots & \vdots \\ \xi_1(m) & \xi_2(m) & \cdots & \xi_n(m) \end{pmatrix}$$

第4章 中国数字内容产业国际竞争力评价指标体系与模型构建

(4) 各层关联度计算

数字内容产业国际竞争力评价指标体系各指标之间在重要性程度上存在着较大的差异性,因此须通过加权法来计算,其计算公式为:

$$R_d^i = (r_1, r_2, \cdots, r_m) = W_d^i \times E_d^i = \sum_{k=1}^{n} w_{dm}\xi_{ik} \quad (4.7)$$

式 (4.7) 中,i 表示数字内容产业国际竞争力测评国家的数量,R_d^i 表示该国家数字内容产业在第 d 个评价层的综合评判结果矩阵,$W_d^i = [w_{d1}, w_{d2}, \cdots, w_{dm}]$ 表示该国家数字内容产业在第 r 个评价层的 m 个评价指标的权重分配矩阵,同时满足 $\sum_{w=1}^{m} w_{dw} = 1$,该权重由上述层次分析法所确定。

由此,第 i 个国家数字内容产业在第 d 个评价层的综合评判结果即加权关联度可由下式求得:

$$r_d^i = (w_{d1}, w_{d2}, \cdots w_{dn}) \begin{bmatrix} \xi_d(1) \\ \xi_d(2) \\ \vdots \\ \xi_d(m) \end{bmatrix} \quad (4.8)$$

然后,以 d 层的评价结果作为 $d-1$ 层的指标,然后计算 $d-1$ 的评判结果,并以此逐层类推计算,即可计算出数字内容产业国际竞争力评价指标体系目标层的关联度,即 G20 各国数字内容产业国际竞争力综合竞争指数。

(5) 数字内容产业国际竞争力大小排序

依据加权关联度 r_i 对 G20 国家数字内容产业国际竞争力综合指数的高低进行排名,最终得出中国与其他 G20 国家数字内容产业国际竞争力强弱的排序。同时,依据目标层、系统层、要素层以及指标层的关联系数值,判断中国与主要发达国家之间的差距,明确中国数字内容产业国际竞争力存在的优势点以及劣势点,为产业政策的制定提供依据。

4.5 本章小结

本章构建了数字内容产业国际竞争力评价指标体系以及竞争力评价模型。首先，确立了数字内容产业国际竞争力的理论分析框架，并在此基础上确立了数字内容产业国际竞争力评价技术路径。其次，结合灰色统计法以及专家调查法，对初始数字内容产业评价指标体系进行修正和筛选，最终确定了包含1个目标、4大系统、14项要素、50项指标的数字内容产业国际竞争力评价指标体系。最后，设计数字内容产业国际竞争力评价模型，以AHP方法确定指标权重，并以灰色关联分析法建立评价模型。

第 5 章

中国数字内容产业国际竞争力系统测度与评估

在评价对象、评价体系以及评价模型确定的基础上,本章利用所采集到的数据导入基于灰色关联分析法所构建的评价模型,对数字内容产业国际竞争力进行实证研究。为保障全面、准确地衡量中国数字内容产业国际竞争力的强弱,本章借鉴相关国内外文献的研究范式,从横向层面开展国际比较,并以此为基础分析中国数字内容产业存在的优势与不足,进而为制定数字内容产业国际竞争力提升对策提供参考。

5.1 横向层面基于国际比较的数字内容产业国际竞争力综合测评

所谓横向层面的比较,是指从静态方面衡量中国与其他国家数字内容产业国际竞争力水平,分析判断中国数字内容产业与其他国家相比存在的差距,探索在国际竞争力方面存在的优势与不足,进而为制定数字内容产业竞争力提升政策提供指导。

5.1.1 横向比较样本国家选择

在时间节点上,本章选定 2010~2017 年作为考察阶段,原因在于

8~10年为经济的中周期,在实际经济生活中,一般经济中周期对经济运行影响较大且较为显著,同时人们最关注的也是经济中周期,并且国内外研究文献中提到的经济周期一般也代指中周期;另外,由于数字内容产业在全球范围内尚未形成统一的统计体系,在撰写期间所能获得的各国最新最完整数据为2017年,为便于统一比较,因此选定2010~2017年的样本数据。在考察对象上,本章选择G20国家作为研究对象,由于以国家作为横向研究对象,作为区域性组织的欧盟不纳入本章的研究范围,因此本章以美国、中国、日本、德国、法国、英国、意大利、加拿大、俄罗斯、阿根廷、澳大利亚、巴西、印度、印度尼西亚、墨西哥、沙特阿拉伯、南非、韩国以及土耳其19个国家作为研究对象。之所以选择G20国家作为横向比较对象,主要是基于以下几方面的原因。

首先,G20国家集聚了世界主要经济体,影响举足轻重。G20国家既包含主要的发达国家(如美、英、德、法、日等国),也包含主要的发展中国家(如中国、印度等国);既包含金砖国家(中国、印度、俄罗斯、南非、巴西),也包含主要的"新钻"国家(墨西哥、土耳其、韩国、印度尼西亚)。2017年经济总量排名前20的国家中,G20国家占据16个位置,其中,美国第一、中国第二、日本第三、德国第四、法国第五、英国第六、印度第七、巴西第八、意大利第九、加拿大第十、韩国第十一、俄罗斯第十二、澳大利亚第十三、墨西哥第十五、印度尼西亚第十六、土耳其第十七、沙特阿拉伯第二十,其余的阿根廷和南非也分别位居第二十一和第三十三。

其次,G20国际数字经济发展迅速,竞争力强劲。从数字经济总体规模来看,G20国家的数字经济规模由2016年的24.09万亿美元增加到2021年的35.56万亿美元,增速高达7.63%,引领全球数字经济发展。从国家层面来看,G20国家数字经济规模近年来均呈现不同幅度的快速增长,超过1/3的G20国家数字经济规模超过1万亿美元,其中,美国以15.3万亿美元的数字经济规模而位居全球首位,中国以7万亿美元的数字经济规模位居全球第二位，日本、德国也均超过了 2 万亿美元，位居全球第三和第四，英国、法国、韩国也均位居全球前十。[①] 数字经济的快速发展，也使得 G20 各国的数字内容产业在全球占据主导地位，各自形成独具特色的发展格局。

最后，中国与其他 G20 国家数字内容产品贸易频繁，互补竞争并存。中国与其他 18 个国家存在着频繁且规模较大的数字内容产品进出口贸易以及产业合作交流，尤其是在网络游戏、数字出版、内容软件、移动内容方面交易频繁，这些国家既是中国的贸易合作伙伴，同时也给中国数字内容产业发展带来较大的威胁和挑战，尤其是美国、英国、韩国、日本等国。利用同一评价系统对比中国与其他 G20 国家的数字内容产业发展状况，有助于中国把握自身产业发展态势，培育产业竞争优势。

5.1.2　评价指标数据采集来源

如上所述，数字内容产业国际竞争力评价指标体系包含 50 项指标，其中 17 项为定性指标、33 项为定量指标，因性质的差异导致其存在不同的数据来源渠道，定量数据主要来自官方统计数据，定性数据主要采用问卷调查与实地调研相结合的方式来获取数据。

（1）33 项定量指标的数据来源

为保障统计口径的一致性、数据的权威性以及数据的可行性，数字内容产业国际竞争力评价指标体系所包含的数字内容产业集中度等 33 项定量指标数据均是直接来自官方及权威机构统计数据库，或者根据官方统计机构的统计原理进行计算整理所得，具体来源如表 5.1 所示。

[①] 资料来源：《全球数字经济白皮书（2022）》。

表 5.1 数字内容产业国际竞争力评价指标体系中定量指标的数据来源

序号	指标	数据来源
1	数字内容产业集中度	根据各国官方统计网站，按照产业分类整理汇总后，计算 G20 国家前四强数字内容产业市场规模占该国数字内容产业市场规模的比重得出
2	全球数字经济 100 强企业上榜数量	福布斯、中商产业研究院发布的全球数字经济排行榜
3	全球互联网 TOP 50 强上市企业上榜数量	数据来源于 Wind 数据库以及《全球互联网发展报告》
4	每百万人中研究人员数量	数据来源于历年《国际统计年鉴》
5	非物质文化遗产数量	数据来源于联合国教科文组织发布的历年《世界遗产名录》
6	公共教育经费支出占 GDP 比重	数据来源于历年《国际统计年鉴》
7	研究与开发经费支出占 GDP 比重	数据来源于历年《国际统计年鉴》
8	互联网普及率	Internet World Stats 发布的历年数据以及《国际统计年鉴》
9	专利申请数量	数据来源于世界银行 WDI 数据库
10	创新投入指数	世界知识产权组织（WIPO）发布的历年《全球创新指数》
11	创新产出指数	世界知识产权组织（WIPO）发布的历年《全球创新指数》
12	数字科研指数	根据阿里研究院和毕马威联合发布的《2018 全球数字经济发展指数》中所构建的评价指标体系计算所得
13	数字基础设施指数	根据阿里研究院和毕马威联合发布的《2018 全球数字经济发展指数》中所构建的评价指标体系计算所得
14	每百万人互联网服务商的数量	数据直接来源于世界银行 WDI 数据库
15	信息化发展指数	国际电信联盟（ITU）发布的历年《衡量信息社会报告》
16	每千人宽带用户量	数据直接来源于世界银行 WDI 数据库
17	人均国民收入	数据直接来源于历年《国际统计年鉴》
18	国内生产总值	数据直接来源于历年《国际统计年鉴》
19	居民教育、休闲与文化支出占总支出比重	根据历年《国际统计年鉴》计算整理所得

第5章 中国数字内容产业国际竞争力系统测度与评估

续表

序号	指标	数据来源
20	数字经济发展指数	根据阿里研究院和毕马威联合发布的《2018全球数字经济发展指数》中所构建的评价指标体系计算所得
21	全球竞争力指数	数据来源于历年《国际统计年鉴》
22	数字内容产业外贸依存度	根据UNCTAD数据库,按照产业分类对进出口贸易总额整理汇总后,根据公式(数字内容产业进出口总额/国内生产总值)计算所得
23	吸引外商直接投资流量	数据来源于历年《国际统计年鉴》
24	全球化指数	数据来源于历年《国际统计年鉴》
25	贸易竞争优势指数(TC)	按照公式 $[TC=(X_{it}-M_{it})/(X_{it}+M_{it})$,$X_{it}$、$M_{it}$分别指的是$i$国$t$类产品的出口额和进口额] 计算所得
26	显示性比较优势指数(RCA)	根据UNCTAD数据库、历年《国际统计年鉴》以及各国官方统计网站整理后,按照公式 $[RCA=(X_{ij}/X_i)/(W_j/W)$,$X_{ij}$、$W_j$分别指的是$i$国和全球$j$类产品的出口额,$X_i$、$W$分别指的是$i$国和全球的出口总额] 计算所得
27	Michaely波动指数(MI)	根据UNCTAD数据库、历年《国际统计年鉴》以及各国官方统计网站整理后,按照公式 $[MI=X_{ij}/\sum X_i - M_{ij}/\sum M_i$,$X_{ij}$、$M_{ij}$分别指的是$i$国$j$商品的出口额及进口额,$\sum X_i$、$\sum M_i$分别指的是$i$国的出口及进口总额] 计算所得
28	数字内容产品出口总额	根据UNCTAD数据库以及《国际统计年鉴》以及各国官方统计网站,按照本文所定义的数字内容产业分类整理汇总所得
29	数字内容产品出口增长率	根据UNCTAD数据库以及《国际统计年鉴》以及各国官方统计网站,按照产业分类整理汇总后,根据公式[(本年出口总额/上年出口总额-1)×100%]计算所得
30	数字内容产品出口占总出口的比重	根据UNCTAD数据库以及《国际统计年鉴》以及各国官方统计网站整理后,按照公式(一国数字内容产品出口总额/该国所有产品总出口总额)计算所得
31	国际市场占有率指数(MS)	根据UNCTAD数据库以及《国际统计年鉴》以及各国官方统计网站整理后,按照公式(一国数字内容产业出口额/全球数字内容产品出口额)计算所得
32	数字内容产业增加值占GDP总量比重	根据UNCTAD数据库以及《国际统计年鉴》以及各国官方统计网站,按照本书所定义的数字内容产业分类整理汇总所得

续表

序号	指标	数据来源
33	数字内容产业产值规模占GDP总量比重	根据UNCTAD数据库以及《国际统计年鉴》以及各国官方统计网站,按照本书所定义的数字内容产业分类整理汇总,然后根据公式(一国数字内容产业产值/该国GDP总量)计算所得

(2) 17项定性指标的数据来源

数字内容产业国际竞争力评价指标体系共包含数字内容产品原创性、数字内容产品互动性等17项定性指标,这些指标的数据难以直接获得,本节通过专家问卷调查的方式,针对17项定性指标邀请行业领域的相关专家和学者对G20国家的数字内容产业发展水平和状况进行判断和评分。在问卷设计上,17项定性指标在G20国家的高低程度用李克特七点尺度来度量,即采取7分制对指标进行打分,1代表"最低",2代表"低",3代表"较低",4代表"一般",5代表"较高",6代表"高",7代表"最高",依据专家对G20国家各指标的了解程度分别对17项定性指标赋予1~7分的判断,然后通过取均值的方法获取各指标的具体分值。由于定性指标是影响产业竞争力提升的动态增量因素以及影响产业国际竞争力结果的过程指标,反映的是一种总体发展状况,难以在较短的8年时间内量化其发生的明显或不明显的变化,因此本节不考虑17项定性指标的历时性变化。

在问卷调查对象的选择上,为确保评价结果的科学、合理、有效,本节利用多次参加学术会议以及企业调研的机会,分别对高等院校相关领域研究学者(包含部分G20国家的博士留学生)及数字内容产业领域相关经营者展开问卷调查,共发放调查问卷35份,收回35份,其中无效问卷3份,有效问卷32份。具体问卷形式见附录C。

综上所述,根据33项定量指标的数据来源以及17项定量指标的数据来源,本书对G20国家(美国、中国、日本、德国、法国、英国、意大利、加拿大、俄罗斯、阿根廷、澳大利亚、巴西、印度、印度尼西亚、墨西哥、沙特阿拉伯、南非、韩国、土耳其）的 2010~2017 年的样本数据进行了搜集和整理,为下面的研究提供了坚实的数据基础。

5.1.3 G20 国家数据导入测度

由于 2010~2017 年 G20 各国在数字内容产业国际竞争力的测度上其运用的基本方法相同,都是借助所构建的灰色关联综合评价模型,并通过 MATLAB 软件实现的,各年度仅是步骤的重复操作,因此,本节重点介绍 2017 年 G20 各国数字内容产业国际竞争力的测度过程。

（1）指标去量纲化处理

单独选择 2017 年 G20 各国在指标体系中 50 项指标的最大值作为最佳参考序列,即 $X'_0 = \{X'_0(k) | k=1, 2, \cdots, n\}$；选择 2017 年 G20 国家各项指标值作为比较序列 X'_i,即 $X'_i = \{X'_i(k) | k=1, 2, \cdots, n; i=1, 2, \cdots, m\}$。然后利用公式（5.1）对所有正向化后的指标进行标准化处理,可得表 5.2 所示的 G20 国家在 50 项指标上的无量纲化处理结果。

$$X_i(k) = \frac{X'_i(k) - \min X'_i(k)}{\max X'_i(k) - \min X'_i(k)} \tag{5.1}$$

式（5.1）中,$X'_i(k)$ 指的是 2017 年 G20 国家各项指标的原始值,$\min X'_i(k)$ 指的是所有数字内容产业国际竞争力指标中的最小值,$\max X'_i(k)$ 指的是所有数字内容产业国际竞争力指标中的最大值。经过无量纲化处理之后,各指标值之间的关联程度不变,同时具备统一的量纲,便于以后的测度和计算分析。

（2）指标层关联系数计算

根据表 5.2,以无量纲化结果后各指标中的最大值作为标准化后的参考数列 $\{X_{ok}\}$,以 G20 各国 2017 年各指标值的无量纲化结果作为标准化后的比较数列 $\{X_{ik}\}$,然后利用公式（5.2）计算出标准化后的比较序列与参考序列之间关联系数,即评价指标体系中指标层的关联系数（见表 5.3）,该系数的大小表明了各指标对 G20 各国数字内容产业国际竞争力的影响程度。

表5.2　2017年G20各国数字内容产业国际竞争力指标值无量纲化处理结果

指标	中国	美国	英国	法国	德国	意大利	日本	加拿大	俄罗斯	澳大利亚	巴西	阿根廷	墨西哥	韩国	印度	印度尼西亚	沙特阿拉伯	南非	土耳其	MAX
数字内容产品原创性	0.544	1.000	0.978	0.859	0.968	0.815	0.989	0.326	0.435	0.424	0.515	0.403	0.438	0.957	0.022	0.185	0.315	0.348	0.000	1.000
数字内容产品互动性	0.508	0.969	0.810	0.857	1.000	0.571	0.825	0.429	0.144	0.317	0.175	0.063	0.245	0.857	0.175	0.000	0.080	0.093	0.015	1.000
数字内容产品品牌知名度	0.769	1.000	0.945	0.758	0.857	0.286	0.872	0.637	0.000	0.527	0.308	0.286	0.296	0.861	0.417	0.088	0.077	0.289	0.341	1.000
数字内容产业集中度	0.378	1.000	0.556	0.382	0.403	0.137	0.514	0.146	0.112	0.199	0.176	0.000	0.136	0.510	0.035	0.021	0.023	0.026	0.029	1.000
数字内容企业运作与策略整合指数	0.747	1.000	0.987	0.937	0.886	0.886	0.959	0.405	0.456	0.797	0.481	0.456	0.497	0.858	0.481	0.494	0.000	0.051	0.101	1.000
数字内容企业经营管理水平	0.397	1.000	0.862	0.793	0.914	0.966	0.983	0.362	0.328	0.328	0.258	0.000	0.155	0.983	0.000	0.172	0.259	0.000	0.276	1.000
数字内容企业国际化能力	0.409	1.000	0.686	0.631	0.723	0.613	0.705	0.669	0.225	0.519	0.594	0.299	0.077	0.705	0.317	0.299	0.280	0.000	0.225	1.000

第5章 中国数字内容产业国际竞争力系统测度与评估

续表

指标	中国	美国	英国	法国	德国	意大利	日本	加拿大	俄罗斯	澳大利亚	巴西	阿根廷	墨西哥	韩国	印度	印度尼西亚	沙特阿拉伯	南非	土耳其	MAX
全球数字经济100强企业上榜企业数量	0.237	1.000	0.079	0.053	0.053	0.000	0.342	0.053	0.000	0.026	0.000	0.000	0.026	0.105	0.053	0.026	0.026	0.000	1.000
全球互联网TOP 50强上市企业上榜数量	0.323	1.000	0.000	0.000	0.032	0.000	0.032	0.032	0.000	0.032	0.000	0.032	0.000	0.000	0.000	0.000	0.000	0.000	1.000
专利申请数量	1.000	0.495	0.015	0.010	0.053	0.005	0.259	0.025	0.031	0.020	0.020	0.000	0.011	0.173	0.034	0.004	0.002	0.005	0.002	1.000
创新投入指数	0.585	0.997	1.000	0.851	0.850	0.561	0.919	0.928	0.350	0.928	0.204	0.111	0.234	0.855	0.176	0.000	0.312	0.268	0.179	1.000
创新产出指数	0.944	0.969	0.987	0.769	1.000	0.547	0.741	0.610	0.223	0.548	0.086	0.000	0.175	0.908	0.221	0.054	0.033	0.129	0.357	1.000
数字科研指数	0.600	1.000	0.266	0.223	0.263	0.152	0.426	0.195	0.062	0.147	0.071	0.026	0.045	0.251	0.098	0.000	0.030	0.032	0.071	1.000
每百万人中研究人员数	0.140	0.584	0.619	0.575	0.613	0.262	0.730	0.626	0.424	0.672	0.077	0.144	0.030	1.000	0.000	0.014	0.049	0.027	0.137	1.000

143

续表

指标	中国	美国	英国	法国	德国	意大利	日本	加拿大	俄罗斯	澳大利亚	巴西	阿根廷	墨西哥	韩国	印度	印度尼西亚	沙特阿拉伯	南非	土耳其	MAX
非物质文化遗产数量	1.000	0.380	0.540	0.800	0.820	1.000	0.360	0.300	0.480	0.300	0.340	0.120	0.600	0.180	0.660	0.080	0.000	0.100	0.260	1.000
数字内容产业从业人员素质	0.514	1.000	0.886	0.786	0.929	0.714	0.957	0.843	0.200	0.186	0.214	0.143	0.171	0.900	0.200	0.157	0.086	0.000	0.043	1.000
信息技术与文化创意产业融合度	0.450	1.000	0.767	0.484	0.583	0.434	0.633	0.517	0.384	0.517	0.401	0.317	0.417	0.684	0.167	0.000	0.068	0.135	0.334	1.000
风险资本可获得性	0.582	1.000	0.775	0.724	0.857	0.694	0.959	0.383	0.653	0.602	0.000	0.204	0.020	0.722	0.102	0.214	0.049	0.174	0.286	1.000
公共教育经费支出占GDP比重	0.335	0.610	0.841	0.805	0.562	0.247	0.040	0.761	0.163	0.685	0.964	0.964	0.721	0.645	0.127	0.044	0.000	1.000	0.363	1.000
研究与开发经费支出占GDP比重	0.485	0.653	0.388	0.505	0.677	0.289	0.782	0.359	0.240	0.515	0.267	0.126	0.129	1.000	0.124	0.000	0.121	0.143	0.218	1.000
互联网普及率	0.316	0.989	0.973	0.935	1.000	0.940	0.948	0.973	0.637	0.814	0.530	0.682	0.436	0.929	0.000	0.231	0.863	0.221	0.098	1.000

第5章 中国数字内容产业国际竞争力系统测度与评估

续表

指标	中国	美国	英国	法国	德国	意大利	日本	加拿大	俄罗斯	澳大利亚	巴西	阿根廷	墨西哥	韩国	印度	印度尼西亚	沙特阿拉伯	南非	土耳其	MAX
数字内容产业聚集程度	0.457	1.000	0.926	0.868	0.926	0.809	0.883	0.794	0.267	0.531	0.222	0.000	0.193	0.794	0.149	0.222	0.149	0.000	0.179	1.000
数字内容产业内部结构合理化程度	0.773	1.000	0.924	0.833	0.939	0.924	0.954	0.879	0.576	0.473	0.621	0.303	0.394	0.939	0.303	0.000	0.091	0.242	0.500	1.000
数字内容产业内部结构高级化程度	0.643	0.957	0.886	0.786	1.000	0.843	0.872	0.786	0.400	0.572	0.629	0.400	0.520	0.786	0.458	0.100	0.000	0.186	0.471	1.000
数字基础设施指数	0.228	0.576	0.676	0.352	0.612	0.248	0.792	0.472	0.492	0.412	0.200	0.240	0.176	1.000	0.000	0.044	0.304	0.148	0.160	1.000
每百万人互联网服务商的数量	0.003	0.886	0.619	0.430	1.000	0.224	0.172	0.773	0.100	0.629	0.043	0.044	0.002	0.032	0.000	0.034	0.031	0.275	0.095	1.000
信息化发展指数	0.440	0.882	0.964	0.894	0.921	0.687	0.928	0.812	0.692	0.894	0.529	0.644	0.365	1.000	0.000	0.223	0.623	0.330	0.522	1.000
每千人宽带用户量	0.602	0.767	0.895	1.000	0.922	0.627	0.715	0.865	0.474	0.732	0.292	0.388	0.281	0.949	0.000	0.023	0.558	0.039	0.317	1.000

续表

指标	中国	美国	英国	法国	德国	意大利	日本	加拿大	俄罗斯	澳大利亚	巴西	阿根廷	墨西哥	韩国	印度	印度尼西亚	沙特阿拉伯	南非	土耳其	MAX
人均国民收入	0.122	1.000	0.686	0.640	0.738	0.517	0.651	0.727	0.131	0.878	0.120	0.199	0.120	0.471	0.000	0.030	0.323	0.064	0.161	1.000
国内生产总值	0.617	1.000	0.129	0.127	0.175	0.124	0.236	0.068	0.064	0.055	0.089	0.015	0.042	0.062	0.116	0.035	0.018	0.000	0.026	1.000
居民教育、休闲与文化支出占比重	0.551	0.559	0.581	0.168	0.366	0.063	0.361	0.346	0.038	1.000	0.125	0.181	0.000	0.842	0.059	0.021	0.183	0.125	0.095	1.000
数字经济发展指数	0.733	1.000	0.679	0.372	0.439	0.193	0.502	0.446	0.123	0.433	0.152	0.067	0.168	0.516	0.065	0.000	0.016	0.061	0.087	1.000
全球竞争力指数	0.553	1.000	0.821	0.647	0.900	0.311	0.816	0.737	0.363	0.653	0.100	0.000	0.253	0.589	0.337	0.384	0.463	0.195	0.247	1.000
数字内容产业政策科学完备性	0.725	1.000	0.813	0.714	0.793	0.550	0.846	0.718	0.293	0.506	0.231	0.209	0.231	0.780	0.176	0.000	0.176	0.198	0.319	1.000
数字内容法律法规完善度	0.848	1.000	0.899	0.861	0.886	0.647	0.911	0.810	0.367	0.531	0.354	0.180	0.329	0.874	0.279	0.000	0.228	0.342	0.380	1.000

第5章 中国数字内容产业国际竞争力系统测度与评估

续表

指标	中国	美国	英国	法国	德国	意大利	日本	加拿大	俄罗斯	澳大利亚	巴西	阿根廷	墨西哥	韩国	印度	印度尼西亚	沙特阿拉伯	南非	土耳其	MAX
数字贸易规则完备性	0.859	1.000	0.915	0.917	0.986	0.868	0.917	0.465	0.324	0.606	0.239	0.096	0.352	0.845	0.085	0.000	0.028	0.239	0.408	1.000
政府数字版权保护度	0.621	0.985	1.000	0.806	0.879	0.864	0.956	0.818	0.121	0.850	0.107	0.000	0.107	0.864	0.121	0.165	0.165	0.121	0.107	1.000
数字内容产业外贸依存度	0.526	1.000	0.732	0.703	0.695	0.650	0.688	0.372	0.367	0.555	0.265	0.013	0.044	0.732	0.046	0.018	0.002	0.000	0.026	1.000
吸引外商直接投资流量	0.493	1.000	0.050	0.177	0.122	0.058	0.033	0.084	0.087	0.164	0.224	0.038	0.104	0.057	0.141	0.079	0.002	0.000	0.035	1.000
全球化指数	0.276	0.790	0.998	0.923	0.855	0.570	0.891	0.455	0.877	0.259	0.177	0.284	0.420	0.000	0.208	0.440	0.411	0.543	1.000
文化包容性	0.839	1.000	0.849	0.796	0.817	0.688	0.796	0.774	0.462	0.731	0.194	0.140	0.359	0.753	0.054	0.097	0.000	0.011	0.215	1.000
贸易竞争优势指数(TC)	0.775	1.000	0.784	0.758	0.837	0.481	0.784	0.513	0.640	0.658	0.000	0.541	0.568	0.862	0.897	0.552	0.506	0.553	0.562	1.000
显示性比较优势指数(RCA)	0.334	0.409	1.000	0.666	0.462	0.314	0.278	0.210	0.066	0.147	0.129	0.017	0.066	0.394	0.828	0.006	0.000	0.030	0.036	1.000

续表

指标	中国	美国	英国	法国	德国	意大利	日本	加拿大	俄罗斯	澳大利亚	巴西	阿根廷	墨西哥	韩国	印度	印度尼西亚	沙特阿拉伯	南非	土耳其	MAX
Michaely波动指数(MI)	0.737	0.658	1.000	0.842	0.763	0.553	0.684	0.605	0.553	0.658	0.000	0.605	0.553	0.711	0.842	0.553	0.500	0.579	0.553	1.000
数字内容产品出口总额	0.645	1.000	0.694	0.339	0.484	0.073	0.653	0.113	0.029	0.161	0.048	0.000	0.089	0.597	0.419	0.040	0.016	0.011	0.024	1.000
数字内容产品出口增长率	1.000	0.567	0.000	0.766	0.226	0.399	0.567	0.431	0.285	0.433	0.916	0.153	0.386	0.502	0.308	0.287	0.290	0.309	0.429	1.000
数字内容产品出口占总出口比重	0.124	0.298	0.861	0.381	0.143	0.058	0.623	0.214	0.000	0.660	0.366	0.165	0.199	1.000	0.938	0.497	0.229	0.574	0.341	1.000
国际市场占有率指数（MS）	0.706	1.000	0.734	0.390	0.614	0.097	0.729	0.140	0.042	0.148	0.093	0.000	0.130	0.695	0.435	0.044	0.022	0.018	0.040	1.000
数字内容产业增加值占GDP总量比重	0.297	0.613	0.365	0.325	0.413	0.231	1.000	0.231	0.114	0.196	0.138	0.078	0.000	0.362	0.237	0.009	0.008	0.037	0.074	1.000
数字内容产业产值规模占GDP总量比重	0.580	1.000	0.858	0.675	0.725	0.217	0.870	0.232	0.174	0.213	0.233	0.000	0.146	0.822	0.532	0.132	0.139	0.149	0.203	1.000

第5章 中国数字内容产业国际竞争力系统测度与评估

表5.3 2017年G20各国数字内容业国际竞争力指标层关联系数

指标	中国	美国	英国	法国	德国	意大利	日本	加拿大	俄罗斯	澳大利亚	巴西	阿根廷	墨西哥	韩国	印度	印度尼西亚	沙特阿拉伯	南非	土耳其
数字内容产品原创性	0.523	1.000	0.959	0.780	0.939	0.730	0.979	0.426	0.469	0.465	0.508	0.456	0.471	0.920	0.338	0.380	0.422	0.434	0.333
数字内容产品互动性	0.504	0.941	0.724	0.778	1.000	0.538	0.741	0.467	0.369	0.423	0.377	0.348	0.399	0.778	0.377	0.333	0.352	0.355	0.337
数字内容产品品牌知名度	0.684	1.000	0.901	0.674	0.777	0.412	0.797	0.579	0.333	0.514	0.419	0.412	0.415	0.783	0.462	0.354	0.351	0.413	0.431
数字内容产业集中度	0.446	1.000	0.529	0.447	0.456	0.367	0.507	0.369	0.360	0.384	0.378	0.333	0.367	0.505	0.341	0.338	0.339	0.339	0.340
数字内容企业运作与策略整合指数	0.664	1.000	0.975	0.888	0.815	0.815	0.925	0.457	0.479	0.712	0.491	0.479	0.498	0.779	0.491	0.497	0.333	0.345	0.357
数字内容企业经营管理水平	0.453	1.000	0.784	0.707	0.853	0.936	0.967	0.439	0.427	0.427	0.402	0.333	0.372	0.967	0.333	0.377	0.403	0.333	0.408
数字内容企业国际化能力	0.458	1.000	0.614	0.575	0.643	0.563	0.629	0.601	0.392	0.510	0.552	0.416	0.351	0.629	0.423	0.416	0.410	0.333	0.392
全球数字经济100强企业上榜数量	0.396	1.000	0.352	0.345	0.345	0.333	0.432	0.345	0.333	0.339	0.333	0.333	0.339	0.358	0.345	0.339	0.339	0.339	0.333

149

续表

指标	中国	美国	英国	法国	德国	意大利	日本	加拿大	俄罗斯	澳大利亚	巴西	阿根廷	墨西哥	韩国	印度	印度尼西亚	沙特阿拉伯	南非	土耳其
全球互联网TOP 50强上市企业上榜数量	0.425	1.000	0.333	0.333	0.341	0.333	0.341	0.341	0.333	0.341	0.333	0.341	0.333	0.333	0.333	0.333	0.333	0.333	0.333
专利申请数量	1.000	0.498	0.337	0.336	0.345	0.334	0.403	0.339	0.340	0.338	0.338	0.333	0.336	0.377	0.341	0.334	0.334	0.334	0.334
创新投入指数	0.547	0.995	1.000	0.771	0.769	0.532	0.861	0.874	0.435	0.873	0.386	0.360	0.395	0.775	0.378	0.333	0.421	0.406	0.379
创新产出指数	0.898	0.942	0.974	0.684	1.000	0.525	0.659	0.562	0.392	0.525	0.353	0.333	0.377	0.844	0.391	0.346	0.341	0.365	0.437
数字科研指数	0.556	1.000	0.405	0.391	0.404	0.371	0.466	0.383	0.348	0.370	0.350	0.339	0.344	0.400	0.357	0.333	0.340	0.341	0.350
每百万人中研究人员数	0.368	0.546	0.568	0.541	0.564	0.404	0.649	0.572	0.465	0.604	0.351	0.369	0.340	1.000	0.333	0.336	0.345	0.340	0.367
非物质文化遗产数量	1.000	0.446	0.521	0.714	0.735	1.000	0.439	0.417	0.490	0.417	0.431	0.362	0.556	0.379	0.595	0.352	0.333	0.357	0.403
数字内容产业从业人员素质	0.507	1.000	0.814	0.700	0.875	0.636	0.921	0.761	0.385	0.380	0.389	0.368	0.376	0.833	0.385	0.372	0.353	0.333	0.343
信息技术与文化创意产业融合度	0.476	1.000	0.682	0.492	0.545	0.469	0.577	0.509	0.448	0.509	0.455	0.423	0.462	0.612	0.375	0.333	0.349	0.366	0.429
风险资本可获得性	0.545	1.000	0.690	0.645	0.778	0.620	0.925	0.450	0.590	0.557	0.333	0.386	0.338	0.643	0.358	0.389	0.345	0.377	0.412

第5章 中国数字内容产业国际竞争力系统测度与评估

续表

指标	中国	美国	英国	法国	德国	意大利	日本	加拿大	俄罗斯	澳大利亚	巴西	阿根廷	墨西哥	韩国	印度	印度尼西亚	沙特阿拉伯	南非	土耳其
公共教育经费支出占GDP比重	0.429	0.562	0.758	0.719	0.533	0.399	0.342	0.677	0.374	0.614	0.933	0.933	0.642	0.585	0.364	0.343	0.333	1.000	0.440
研究与开发经费支出占GDP比重	0.493	0.590	0.450	0.502	0.608	0.413	0.696	0.438	0.397	0.507	0.406	0.364	0.365	1.000	0.363	0.333	0.363	0.369	0.390
互联网普及率	0.422	0.979	0.949	0.885	1.000	0.893	0.905	0.949	0.579	0.729	0.515	0.611	0.470	0.876	0.333	0.394	0.784	0.391	0.357
数字内容产业聚集程度	0.479	1.000	0.872	0.791	0.872	0.724	0.810	0.709	0.405	0.516	0.391	0.333	0.383	0.709	0.370	0.391	0.370	0.333	0.378
数字内容产业内部结构合理化程度	0.687	1.000	0.868	0.750	0.892	0.869	0.916	0.805	0.541	0.487	0.569	0.418	0.452	0.892	0.418	0.333	0.355	0.398	0.500
数字内容产业内部结构高级化程度	0.583	0.921	0.814	0.700	1.000	0.761	0.796	0.700	0.455	0.539	0.574	0.455	0.510	0.700	0.480	0.357	0.333	0.380	0.486
数字基础设施指数	0.393	0.541	0.607	0.436	0.563	0.399	0.706	0.486	0.496	0.460	0.385	0.397	0.378	1.000	0.333	0.343	0.418	0.370	0.373
每百万人互联网服务商数量	0.334	0.814	0.568	0.467	1.000	0.392	0.377	0.688	0.357	0.574	0.343	0.343	0.334	0.340	0.333	0.341	0.340	0.408	0.356

151

续表

指标	中国	美国	英国	法国	德国	意大利	日本	加拿大	俄罗斯	澳大利亚	巴西	阿根廷	墨西哥	韩国	印度	印度尼西亚	沙特阿拉伯	南非	土耳其
信息化发展指数	0.472	0.809	0.933	0.825	0.864	0.615	0.874	0.726	0.619	0.825	0.515	0.584	0.440	1.000	0.333	0.391	0.570	0.428	0.511
每千人宽带用户量	0.557	0.682	0.827	1.000	0.865	0.573	0.637	0.787	0.487	0.651	0.414	0.450	0.410	0.907	0.333	0.338	0.531	0.342	0.423
人均国民收入	0.363	1.000	0.614	0.582	0.656	0.509	0.589	0.647	0.365	0.803	0.362	0.384	0.362	0.486	0.333	0.340	0.425	0.348	0.374
国内生产总值	0.566	1.000	0.365	0.364	0.377	0.363	0.396	0.349	0.348	0.346	0.354	0.337	0.343	0.348	0.361	0.341	0.337	0.333	0.339
居民教育、休闲与文化支出占总支出比重	0.527	0.532	0.544	0.375	0.441	0.348	0.439	0.433	0.342	1.000	0.364	0.379	0.333	0.760	0.347	0.338	0.380	0.364	0.356
数字经济发展指数	0.652	1.000	0.609	0.443	0.471	0.383	0.501	0.474	0.363	0.468	0.371	0.349	0.375	0.508	0.348	0.333	0.337	0.347	0.354
全球竞争力指数	0.528	1.000	0.736	0.586	0.833	0.420	0.731	0.655	0.440	0.590	0.357	0.333	0.401	0.549	0.430	0.448	0.482	0.383	0.399
数字内容产业政策科学完备性	0.645	1.000	0.728	0.636	0.707	0.526	0.765	0.639	0.414	0.503	0.394	0.387	0.394	0.695	0.378	0.333	0.378	0.384	0.423
数字内容法律法规完善度	0.767	1.000	0.832	0.782	0.815	0.586	0.849	0.725	0.441	0.516	0.436	0.379	0.427	0.798	0.409	0.333	0.393	0.432	0.446

第5章 中国数字内容产业国际竞争力系统测度与评估

续表

指标	中国	美国	英国	法国	德国	意大利	日本	加拿大	俄罗斯	澳大利亚	巴西	阿根廷	墨西哥	韩国	印度	印度尼西亚	沙特阿拉伯	南非	土耳其
数字贸易规则完备性	0.780	1.000	0.855	0.858	0.973	0.791	0.858	0.483	0.425	0.559	0.397	0.356	0.436	0.763	0.353	0.333	0.340	0.397	0.458
政府数字版权保护度	0.569	0.972	1.000	0.720	0.805	0.786	0.920	0.734	0.363	0.769	0.359	0.333	0.359	0.786	0.363	0.375	0.375	0.363	0.359
数字内容产业外贸依存度	0.513	1.000	0.651	0.627	0.621	0.588	0.616	0.443	0.441	0.529	0.405	0.336	0.343	0.651	0.344	0.337	0.334	0.333	0.339
吸引外商直接投资流量	0.496	1.000	0.345	0.378	0.363	0.347	0.341	0.353	0.354	0.374	0.392	0.342	0.358	0.347	0.368	0.352	0.334	0.333	0.341
全球化指数	0.409	0.704	1.000	0.996	0.866	0.775	0.538	0.821	0.478	0.803	0.403	0.378	0.411	0.463	0.333	0.387	0.472	0.459	0.523
文化包容性	0.756	1.000	0.768	0.710	0.732	0.616	0.710	0.689	0.482	0.650	0.383	0.368	0.438	0.669	0.346	0.356	0.333	0.336	0.389
贸易竞争优势指数（TC）	0.690	1.000	0.699	0.673	0.754	0.491	0.698	0.507	0.582	0.594	0.333	0.521	0.536	0.784	0.829	0.527	0.503	0.528	0.533
显示性比较优势指数（RCA）	0.429	0.458	1.000	0.599	0.482	0.422	0.409	0.388	0.349	0.370	0.365	0.337	0.349	0.452	0.744	0.335	0.333	0.340	0.341
Michaely波动指数（MI）	0.655	0.594	1.000	0.760	0.679	0.528	0.613	0.559	0.528	0.594	0.333	0.559	0.528	0.633	0.760	0.528	0.500	0.543	0.528
数字内容产品出口总额	0.585	1.000	0.620	0.431	0.492	0.350	0.590	0.360	0.340	0.373	0.344	0.333	0.354	0.554	0.463	0.343	0.337	0.336	0.339

续表

指标	中国	美国	英国	法国	德国	意大利	日本	加拿大	俄罗斯	澳大利亚	巴西	阿根廷	墨西哥	韩国	印度	印度尼西亚	沙特阿拉伯	南非	土耳其
数字内容产品出口增长率	1.000	0.536	0.333	0.681	0.393	0.454	0.536	0.468	0.411	0.469	0.856	0.371	0.449	0.501	0.420	0.412	0.413	0.420	0.467
数字内容产品出口占总出口的比重	0.363	0.416	0.783	0.447	0.368	0.347	0.570	0.389	0.333	0.596	0.441	0.375	0.384	1.000	0.890	0.499	0.393	0.540	0.432
国际市场占有率指数（MS）	0.629	1.000	0.653	0.450	0.564	0.356	0.648	0.368	0.343	0.370	0.355	0.333	0.365	0.621	0.469	0.343	0.338	0.337	0.342
数字内容产业增加值占GDP总量比重	0.416	0.564	0.441	0.426	0.460	0.394	1.000	0.394	0.361	0.383	0.367	0.352	0.333	0.439	0.396	0.335	0.335	0.342	0.351
数字内容产业产值规模占GDP总量比重	0.543	1.000	0.779	0.606	0.645	0.390	0.793	0.394	0.377	0.389	0.395	0.333	0.369	0.737	0.516	0.365	0.367	0.370	0.385

第5章 中国数字内容产业国际竞争力系统测度与评估

$$\xi_{ik} = \frac{\min_i \min_k |X_{ok} - X_{ik}| + \rho \max_i \max_k |X_{ok} - X_{ik}|}{|X_{ok} - X_{ik}| + \rho \max_i \max_k |X_{ok} - X_{ik}|} \tag{5.2}$$

（3）要素层关联系数计算

根据第4章所阐述的各层关联度计算原理，利用公式（5.3）并结合第4章所确定的指标层权重以及表5.3所计算的关联系数，利用软件可以计算出要素层的关联度，具体计算结果如表5.4所示。

$$R_{要素层} = \sum_{k=1}^{n} w_{ijk} \xi_{ij} \tag{5.3}$$

式（5.3）中，w_{ijk}指的是要素层下各要素指标的权重，该权重在第4章中已通过层次分析法确定，具体如下所示：

$w_{产品竞争实力} = (0.395, 0.263, 0.342)$，$w_{企业战略} = (0.453, 0.266, 0.281)$

$w_{企业规模} = (0.435, 0.283, 0.282)$，$w_{创新能力} = (0.251, 0.255, 0.233, 0.261)$

$w_{生产要素} = (0.217, 0.193, 0.196, 0.211, 0.183)$，$w_{关联产业} = (0.335, 0.363, 0.302)$

$w_{产业结构} = (0.366, 0.318, 0.316)$，$w_{产业基础设施} = (0.283, 0.242, 0.275, 0.212)$

$w_{经济实力} = (0.215, 0.196, 0.202, 0.216, 0.171)$，$w_{政府政策} = (0.242, 0.255, 0.217, 0.286)$

$w_{市场开放度} = (0.275, 0.232, 0.261, 0.232)$，$w_{国际贸易绩效} = (0.364, 0.398, 0.238)$

$w_{国际贸易规模} = (0.263, 0.231, 0.231, 0.275)$，$w_{产业经营水平} = (0.561, 0.439)$

ξ_{ij}指的是第i个国家第j个指标的关联系数，具体数值如表5.4所示。

表 5.4　2017 年 G20 各国数字内容产业国际竞争力要素层关联系数

要素层	产品竞争实力	企业战略	企业规模	创新能力	生产要素	关联产业	产业结构	产业基础设施	经济实力	政府政策	市场开放度	国际贸易绩效	国际贸易规模	产业经营水平
中国	0.573	0.506	0.431	0.745	0.493	0.450	0.578	0.440	0.527	0.684	0.538	0.578	0.642	0.472
美国	0.984	1.000	1.000	0.859	0.676	0.698	0.975	0.717	0.905	0.992	0.923	0.688	0.758	0.755
英国	0.877	0.720	0.461	0.672	0.530	0.704	0.852	0.741	0.571	0.860	0.698	0.890	0.600	0.589
法国	0.743	0.637	0.442	0.542	0.497	0.691	0.749	0.675	0.468	0.746	0.685	0.665	0.498	0.505
德国	0.900	0.663	0.474	0.621	0.571	0.701	0.919	0.822	0.548	0.820	0.651	0.628	0.460	0.541
意大利	0.571	0.646	0.433	0.439	0.530	0.553	0.781	0.498	0.405	0.673	0.587	0.472	0.375	0.392
日本	0.854	0.747	0.492	0.596	0.556	0.641	0.839	0.667	0.526	0.851	0.553	0.563	0.589	0.909
加拿大	0.489	0.412	0.455	0.539	0.419	0.672	0.736	0.671	0.510	0.654	0.578	0.472	0.394	0.394
俄罗斯	0.396	0.410	0.359	0.378	0.373	0.444	0.464	0.500	0.370	0.409	0.440	0.476	0.356	0.368
澳大利亚	0.471	0.483	0.414	0.526	0.364	0.610	0.514	0.634	0.645	0.594	0.593	0.505	0.446	0.386
巴西	0.443	0.415	0.428	0.357	0.316	0.615	0.506	0.421	0.362	0.395	0.396	0.346	0.488	0.379
阿根廷	0.412	0.372	0.371	0.342	0.302	0.629	0.398	0.451	0.358	0.363	0.356	0.457	0.352	0.344
墨西哥	0.433	0.403	0.343	0.363	0.340	0.489	0.445	0.396	0.362	0.401	0.386	0.460	0.386	0.349
韩国	0.836	0.708	0.469	0.593	0.483	0.824	0.764	0.833	0.530	0.762	0.535	0.616	0.663	0.570
印度	0.391	0.379	0.376	0.366	0.335	0.355	0.420	0.337	0.361	0.376	0.347	0.779	0.553	0.449
印度尼西亚	0.359	0.391	0.371	0.336	0.282	0.355	0.362	0.359	0.357	0.345	0.358	0.451	0.395	0.349
沙特阿拉伯	0.379	0.355	0.368	0.359	0.270	0.480	0.354	0.470	0.389	0.372	0.370	0.435	0.368	0.349
南非	0.406	0.339	0.335	0.361	0.281	0.587	0.369	0.394	0.354	0.393	0.367	0.457	0.403	0.354
土耳其	0.368	0.364	0.359	0.374	0.311	0.397	0.451	0.422	0.363	0.418	0.399	0.455	0.391	0.366

第5章 中国数字内容产业国际竞争力系统测度与评估

（4）系统层关联系数计算

根据第 4 章利用层次分析法所确定的权重，四大系统层下各指标的权重 w_{ij} 分别为：

$w_{核心竞争力}$ =（0.232，0.275，0.207，0.286），$w_{基础竞争力}$ =（0.258，0.242，0.236，0.264）

$w_{环境竞争力}$ =（0.351，0.325，0.334），$w_{现实竞争力}$ =（0.401，0.368，0.231）

根据上面所计算的要素层关联系数 ξ_{ij}，再次利用公式（5.3）计算系统层关联系数，具体计算结果如表 5.5 所示。

表 5.5　2017 年 G20 各国数字内容产业国际竞争力系统层关联系数

系统层	核心竞争力	基础竞争力	环境竞争力	现实竞争力
中国	0.559	0.489	0.587	0.577
美国	0.952	0.763	0.948	0.729
英国	0.680	0.704	0.713	0.714
法国	0.589	0.650	0.635	0.566
德国	0.662	0.751	0.677	0.546
意大利	0.520	0.587	0.557	0.418
日本	0.670	0.673	0.646	0.652
加拿大	0.469	0.622	0.584	0.425
俄罗斯	0.383	0.445	0.410	0.407
澳大利亚	0.470	0.530	0.617	0.455
巴西	0.407	0.461	0.388	0.406
阿根廷	0.371	0.443	0.362	0.392
墨西哥	0.383	0.416	0.387	0.407
韩国	0.649	0.724	0.612	0.623

续表

系统层	核心竞争力	基础竞争力	环境竞争力	现实竞争力
印度	0.375	0.360	0.365	0.620
印度尼西亚	0.361	0.339	0.357	0.407
沙特阿拉伯	0.362	0.394	0.381	0.390
南非	0.357	0.405	0.374	0.413
土耳其	0.363	0.394	0.397	0.411

（5）目标层关联系数计算

根据第 4 章利用层次分析法所确定的权重，目标层下四大系统的权重 w_i 分别为：$w_{\text{数字内容产业国际竞争力}} = (0.241, 0.211, 0.252, 0.296)$，结合上述所确定的系统层关联系数，再次利用公式（5.3）类推目标层的关联系数，具体结果如表 5.6 所示。

表 5.6　2017 年 G20 各国数字内容产业国际竞争力目标层关联系数

项目	中国	美国	英国	法国	德国	意大利	日本	加拿大	俄罗斯	澳大利亚
目标层	0.557	0.845	0.703	0.607	0.650	0.513	0.659	0.517	0.410	0.516

项目	巴西	阿根廷	墨西哥	韩国	印度	印度尼西亚	沙特阿拉伯	南非	土耳其	
目标层	0.413	0.390	0.398	0.648	0.442	0.369	0.382	0.388	0.392	

依据表 5.6 所计算出的 G20 各国数字内容产业国际竞争力关联系数，可以推算出 G20 各国数字内容产业国际竞争力排名（见图 5.1）：

$R_{\text{美国}}(0.845) > R_{\text{英国}}(0.703) > R_{\text{日本}}(0.659) > R_{\text{德国}}(0.650) > R_{\text{韩国}}(0.648) > R_{\text{法国}}(0.607) > R_{\text{中国}}(0.557) > R_{\text{加拿大}}(0.517) > R_{\text{澳大利亚}}(0.516) > R_{\text{意大利}}(0.513) > R_{\text{印度}}(0.442) > R_{\text{巴西}}(0.413) > R_{\text{俄罗斯}}(0.410) > R_{\text{墨西哥}}(0.398) > R_{\text{土耳其}}(0.392) > R_{\text{阿根廷}}(0.390) > R_{\text{南非}}(0.388) > R_{\text{沙特阿拉伯}}(0.382) > R_{\text{印度尼西亚}}(0.369)$

第 5 章 中国数字内容产业国际竞争力系统测度与评估

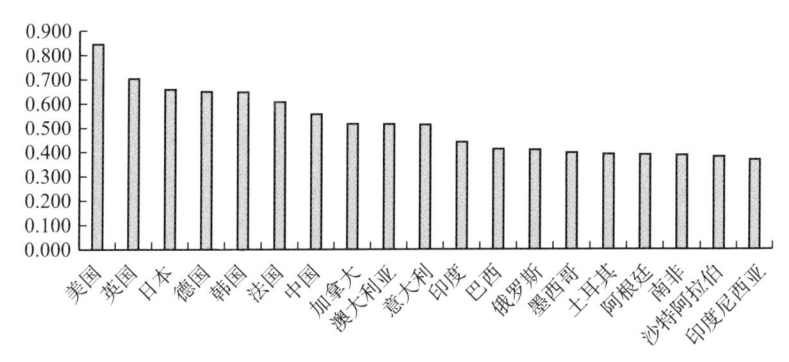

图 5.1　2017 年 G20 各国数字内容产业国际竞争力指数及排名

资料来源：根据表 5.6 计算结果整理所得。

（6）历年 G20 各国数字内容产业国际竞争力综合排名

根据 2017 年 G20 各国数字内容产业国际竞争力综合指数的计算步骤，可以计算出 2010~2016 年 G20 各国数字内容产业国际竞争力的变化状况，具体变化情况如表 5.7 所示。

表 5.7　2010~2017 年 G20 各国数字内容产业国际竞争力综合指数变化状况

国家	2010 年	2011 年	2012 年	2013 年	2014 年	2015 年	2016 年	2017 年	均值
中国	0.494 (10)	0.510 (10)	0.512 (10)	0.523 (8)	0.527 (8)	0.535 (7)	0.549 (7)	0.557 (7)	0.526
美国	0.859 (1)	0.837 (1)	0.838 (1)	0.841 (1)	0.842 (1)	0.837 (1)	0.838 (1)	0.845 (1)	0.842
英国	0.689 (2)	0.695 (2)	0.695 (2)	0.700 (2)	0.702 (2)	0.688 (2)	0.685 (2)	0.703 (2)	0.695
法国	0.605 (6)	0.606 (6)	0.588 (6)	0.590 (6)	0.600 (6)	0.603 (6)	0.608 (6)	0.607 (6)	0.601
德国	0.645 (3)	0.627 (5)	0.619 (5)	0.623 (5)	0.637 (5)	0.623 (3)	0.615 (5)	0.650 (4)	0.630
意大利	0.525 (9)	0.517 (9)	0.516 (9)	0.511 (10)	0.507 (10)	0.508 (10)	0.515 (8)	0.513 (10)	0.514

159

续表

国家	2010年	2011年	2012年	2013年	2014年	2015年	2016年	2017年	均值
日本	0.643 (4)	0.668 (3)	0.646 (4)	0.650 (4)	0.655 (3)	0.649 (4)	0.646 (3)	0.659 (3)	0.652
加拿大	0.550 (7)	0.549 (7)	0.533 (7)	0.538 (7)	0.530 (7)	0.523 (8)	0.513 (9)	0.517 (8)	0.532
俄罗斯	0.419 (12)	0.415 (11)	0.407 (12)	0.413 (12)	0.416 (13)	0.410 (12)	0.418 (12)	0.410 (13)	0.413
澳大利亚	0.532 (8)	0.519 (8)	0.522 (8)	0.517 (9)	0.520 (9)	0.511 (9)	0.508 (10)	0.516 (9)	0.518
巴西	0.402 (14)	0.409 (13)	0.405 (13)	0.412 (13)	0.417 (12)	0.399 (13)	0.412 (13)	0.413 (12)	0.409
阿根廷	0.396 (15)	0.394 (15)	0.386 (15)	0.384 (15)	0.385 (16)	0.380 (16)	0.389 (16)	0.390 (16)	0.388
墨西哥	0.405 (13)	0.402 (14)	0.395 (14)	0.400 (14)	0.397 (14)	0.393 (14)	0.399 (14)	0.398 (14)	0.399
韩国	0.641 (5)	0.662 (4)	0.659 (3)	0.652 (3)	0.648 (4)	0.620 (5)	0.632 (4)	0.648 (5)	0.645
印度	0.426 (11)	0.411 (12)	0.418 (11)	0.424 (11)	0.418 (11)	0.416 (11)	0.436 (11)	0.442 (11)	0.424
印度尼西亚	0.372 (19)	0.372 (19)	0.366 (19)	0.366 (19)	0.368 (19)	0.362 (19)	0.372 (19)	0.369 (19)	0.368
沙特阿拉伯	0.377 (18)	0.382 (16)	0.379 (17)	0.382 (17)	0.375 (18)	0.372 (18)	0.381 (18)	0.382 (18)	0.379
南非	0.378 (17)	0.377 (18)	0.378 (18)	0.376 (18)	0.382 (17)	0.376 (17)	0.387 (17)	0.388 (17)	0.380
土耳其	0.383 (16)	0.380 (17)	0.380 (16)	0.383 (16)	0.387 (15)	0.386 (15)	0.391 (15)	0.392 (15)	0.385

注：括号内数字为各年度G20各国的排名。

5.2 基于横向测评结果的数字内容产业国际竞争力综合评价

数字内容产业国际竞争力综合指数是4大系统（核心竞争力、基础竞争力、环境竞争力、现实竞争力）、14项要素（产品竞争实力、企业战略、企业规模、创新能力、生产要素、关联产业、产业结构、产业基础设施、经济实力、政府政策、市场开放度、国际贸易绩效、国际贸易规模、产业经营水平）、50项指标共同作用的结果，其综合反映了各国数字内容产业国际竞争力的综合水平。指数越大，表明测评国数字内容产业国际竞争力越强；指数越小，则测评国数字内容产业国际竞争力越弱。本节依据表5.7的综合测评结果，围绕2010~2017年G20各国数字内容产业国际竞争力综合指数的变化状况，对中国以及其他G20各国的数字内容产业国际竞争力进行综合分析及评价。

5.2.1 G20各国数字内容产业国际竞争力综合指数演变状况

总体来看，2010~2017年G20各国数字内容产业国际竞争力均呈现不同程度的起伏波动，具体变化状况如表5.7所示。从综合指数的变化来看，相较于2010年，经过8年的发展，2017年中国、英国、法国、德国、日本、巴西、韩国、印度、沙特阿拉伯、南非以及土耳其11个国家数字内容产业国际竞争力总体上呈现增长态势。其中，中国增长最为迅速，综合指数增长了0.063个点，排名由第10名升至第7名，超过意大利、澳大利亚以及加拿大3个老牌发达国家，并领衔其他金砖国家以及新兴经济体国家，这主要源于近年来中国数字经济发展迅速，成为仅次于美国的全球第二大数字经济大国，2017年数字经济规模更是达到4.02万亿美元，并由此带动了数字内容产业的快速成长，同时反过来也促进了数字经济的发展；法国增长幅度最小，仅增长0.002个点，排名总体保持在第 6 名。美国、意大利、加拿大、澳大利亚、俄罗斯、阿根廷、墨西哥、印度尼西亚 8 个国家均呈现不同程度的下滑态势，其中，加拿大下滑态势最为严重，7 年来国际竞争力综合指数下降了 0.033 个点，排名由第 7 名下降到第 8 名，这主要源于加拿大数字经济发展较为迟缓，2017 年其数字经济规模不足 5000 亿美元，位居 G20 国家第 10 位。

具体到 G20 各成员国来看，美国虽然整体上呈现一定的下滑态势，但从 2015 年起综合指数又开始呈现上升趋势，且美国各年度综合竞争力指数均远高于其他各国，始终位居第 1 位；英国整体上呈现一定的波动性，上升和下滑呈现一定的反复性，但总体上英国数字内容产业国际竞争力呈现上升态势，综合指数始终保持在第 2 位。德国、日本、韩国 3 国竞争较为激烈，韩国目前虽居于第 5 位，但中间多次与德国、日本竞争第 3 和第 4 的位置，德国由第 3 位降至第 4 位，日本由第 4 位升至第 3 位，但从竞争指数来看 3 国总体呈现上升态势。意大利、加拿大、澳大利亚 3 个发达国家由于受到中国的冲击以及自身数字经济发展的滞后性，呈现明显的下降态势，意大利由第 9 名下滑到第 10 名，综合指数下降了 0.012 个点；加拿大由第 7 名下滑到第 8 名，综合指数下滑了 0.033 个点；澳大利亚由第 8 名下滑到第 9 名，综合竞争指数下滑了 0.016 个点；但从 2016 年来看，加拿大和澳大利亚 2 个国家的综合竞争力又开始上升，这主要源于两国开始重视数字经济的发展。同属金砖国家的俄罗斯、印度、巴西、南非 4 国，除俄罗斯总体上呈现下滑态势外，其他 3 国均呈现不同幅度的上升；俄罗斯排名由第 12 名下降至第 13 名，综合指数 8 年下滑了 0.009 个点；印度排名总体保持在第 11 名，综合指数上升了 0.015 个点，上升幅度仅次于中国和日本；巴西排名由第 14 名上升到第 12 名，综合竞争指数上升了 0.011 个点；南非总体保持在第 17 名，综合竞争力较弱，但在不断上升，综合竞争指数上升了 0.01 个点。沙特阿拉伯虽然略有波动，但整体上呈现上升态势，综合竞争指数上升了 0.005 个点，总体保持在第 18 名，居于 G20 国家倒数

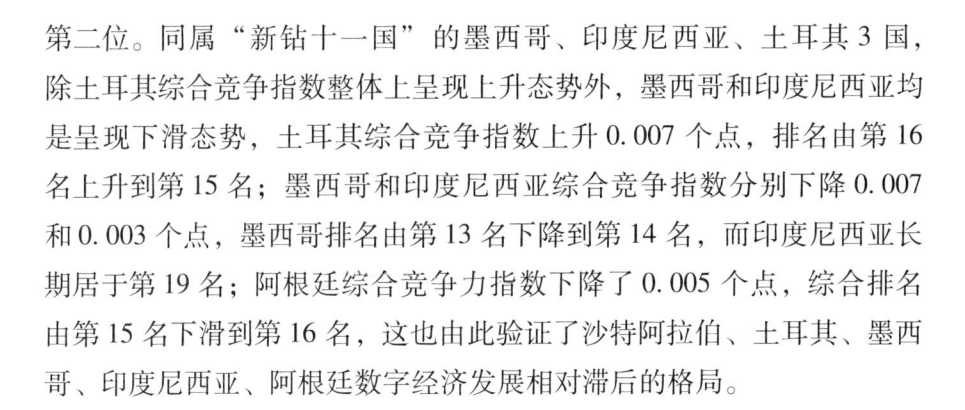

第二位。同属"新钻十一国"的墨西哥、印度尼西亚、土耳其3国，除土耳其综合竞争指数整体上呈现上升态势外，墨西哥和印度尼西亚均是呈现下滑态势，土耳其综合竞争指数上升0.007个点，排名由第16名上升到第15名；墨西哥和印度尼西亚综合竞争指数分别下降0.007和0.003个点，墨西哥排名由第13名下降到第14名，而印度尼西亚长期居于第19名；阿根廷综合竞争力指数下降了0.005个点，综合排名由第15名下滑到第16名，这也由此验证了沙特阿拉伯、土耳其、墨西哥、印度尼西亚、阿根廷数字经济发展相对滞后的格局。

5.2.2　G20各国数字内容产业国际竞争力综合指数聚类分析

G20包含19个国家，各国之间数字内容产业国际竞争力综合指数存在着较大的差异，为明确判断19个国家之间是否在竞争力上存在强弱类别的共性，本节依据8年间G20国家数字内容产业国际竞争力的均值并利用SPSS软件对其进行系统聚类分析。在利用SPSS软件开展聚类分析的过程中，利用的聚类方法是组间联结法，度量标准区间使用的是平方欧式距离，最终得到如图5.2所示的聚类谱系图。

以图5.2的聚类分析结果为基础，结合表5.7的2010～2017年G20各国数字内容产业国际竞争力综合指数的均值，从而将G20国家数字内容产业国际竞争力按照强弱程度划分为四大梯度，具体如表5.8所示。其中，第一梯度国家是属于竞争力极强的国家，是全球数字内容产业的领头羊，美国是该梯度的唯一国家；第二梯度是属于竞争力较强的国家，是数字经济发展底蕴较为深厚的发达国家，英国、法国、德国、日本、韩国属于此列；第三梯度是属于竞争力中等的国家，发达国家中数字经济发展相对滞后的加拿大、澳大利亚以及意大利属于此列，而作为新兴经济体的中国由于近年来数字经济发展极为迅速，数字经济规模以及数字经济竞争力均已成为仅次于美国的第二大国，但由于数字内容产业发展底蕴较之于主要发达国家仍然较为薄弱，因此隶属于竞争力中等的行列，但正向竞争力较强的行列快速迈进；第四梯度是属于竞争力

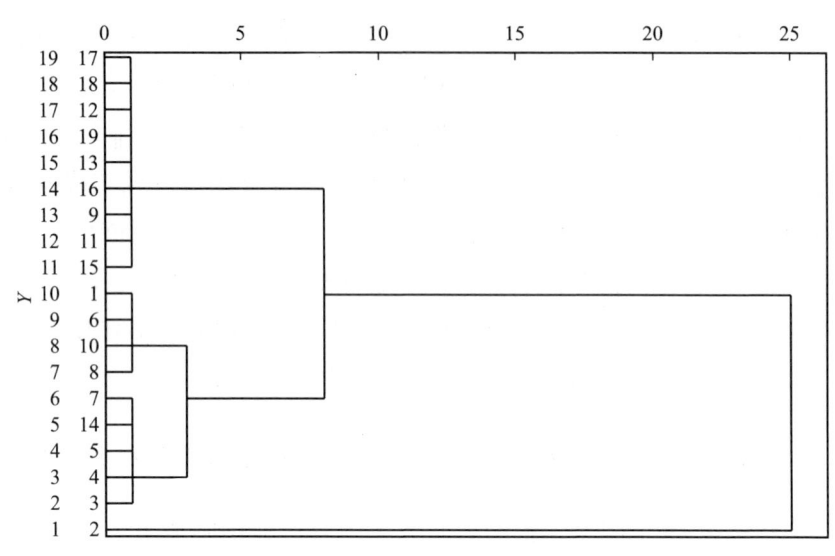

图 5.2　2010~2017 年 G20 国家数字内容产业国际
竞争力综合指数均值聚类谱系

注：1-中国、2-美国、3-英国、4-法国、5-德国、6-意大利、7-日本、8-加拿大、9-俄罗斯、10-澳大利亚、11-巴西、12-阿根廷、13-墨西哥、14-韩国、15-印度、16-印度尼西亚、17-沙特阿拉伯、18-南非、19-土耳其。

一般的国家，这些国家数字经济发展缓慢，数字经济规模未突破 5000 亿美元，整体数字内容产业发展较为一般，墨西哥、阿根廷、俄罗斯、印度、印度尼西亚、南非、土耳其、巴西、沙特阿拉伯属于此列。

表 5.8　2010~2017 年 G20 国家数字内容产业国际竞争力分类

类别	国家	竞争指数情况
第一梯度：竞争力极强	美国	$R \geqslant 0.8$
第二梯度：竞争力较强	英国、德国、日本、韩国、法国	$0.6 \leqslant R < 0.8$
第三梯度：竞争力中等	中国、加拿大、澳大利亚、意大利	$0.5 \leqslant R < 0.6$
第四梯队：竞争力一般	墨西哥、阿根廷、俄罗斯、印度、印度尼西亚、南非、土耳其、巴西、沙特阿拉伯	$R < 0.5$

5.2.3 中国数字内容产业国际竞争力综合指数国际比较分析

总体来看，2010~2017年中国数字内容产业国际竞争力呈现快速增长态势，自2015年起跃居G20国家第7位，并与加拿大、澳大利亚、意大利等发达国家同处于第三梯度，并接近于第二梯度，按年均增长幅度来看约在2021年步入第二梯度。若进一步探究中国数字内容产业国际竞争力发展态势，可从图5.3、图5.4进行深入研究。

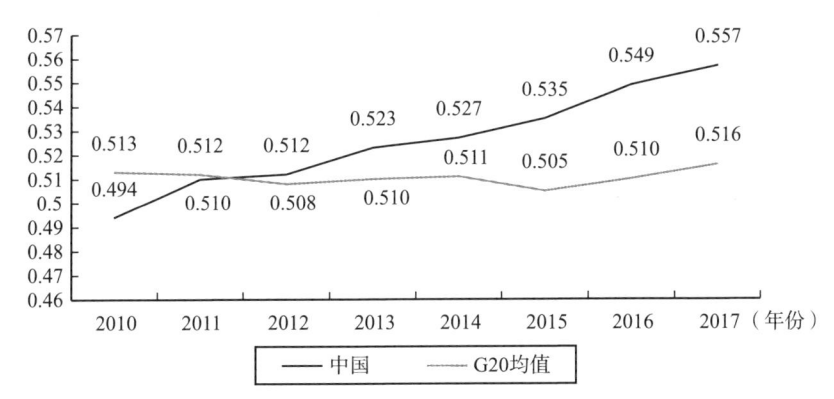

图5.3 2010~2017年中国数字内容产业国际竞争力指数与G20总体均值对比

资料来源：根据表5.7计算结果整理所得。

图5.4 中美数字内容产业国际竞争力综合指数对比

资料来源：根据表5.7计算结果整理所得。

从图 5.3 所示的 2010~2017 年中国数字内容产业国际竞争力综合指数与 G20 总体均值对比图可以看出，中国数字内容产业国际竞争力以 2012 年为分界，2012 年之前中国数字内容产业国际竞争力综合指数低于 G20 国家总体均值，甚至 2010 年仅处于第四梯度，综合竞争力较弱；自 2012 年中国数字内容产业国际竞争力综合指数开始超过 G20 国家总体均值，并且这种差值在逐渐扩大，反映了中国数字内容产业国际竞争力在逐渐增强，并开始超越大部分 G20 国家，逐渐开始由全行业"追随者"向重点领域"引领者"迈进。

从图 5.4 中美数字内容产业国际竞争力综合指数对比图来看，中国整体上呈现稳健上升态势，而美国在波动中呈现一定的下滑，中国与美国之间的差值在逐渐缩小，差值已由 2010 年的 0.365 缩小至 2017 年的 0.288，这说明中国与美国在数字内容产业国际竞争力上的差距在逐渐缩小。之所以出现这种态势，一方面源于中国在开放中推动数字经济发展，并把发展数字经济纳入国家顶层战略，尤其是随着 2015 年《国务院关于积极推进"互联网+"行动的指导意见》以及 2016 年《G20 数字经济发展与合作倡议》的出台，网络信息技术产业开始飞速发展，再加上 2016 年国务院在《"十三五"国家战略性新兴产业发展规划》中把"数字创意产业"纳入其中，中国数字内容产业开始真正步入腾飞阶段，这也是 2016~2017 年中国数字内容产业国际竞争力快速增长的重要原因；另一方面源于美国数字内容产业国际竞争力的小幅下滑，虽然美国始终保持数字经济全球第一的位置，但其增长率远低于中国，再加上其他国家对数字内容市场的抢夺，从而也导致美国数字内容产业发展相对地出现下滑。

5.3 中国与其他 G20 国家竞争力要素与指标的综合比较

在横向综合评价中国与其他 G20 国家数字内容产业国际竞争力之

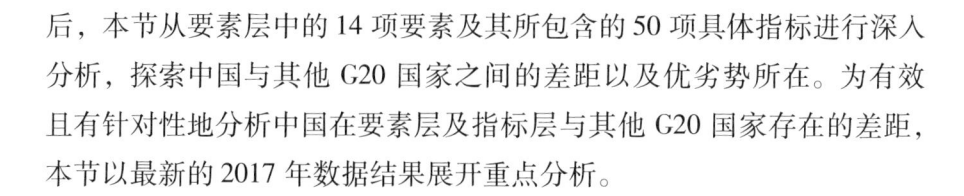

后，本节从要素层中的14项要素及其所包含的50项具体指标进行深入分析，探索中国与其他G20国家之间的差距以及优劣势所在。为有效且有针对性地分析中国在要素层及指标层与其他G20国家存在的差距，本节以最新的2017年数据结果展开重点分析。

5.3.1 核心竞争力要素及其指标综合比较

从表5.9可以看出，中国数字内容产业核心竞争力指数为0.559，略高于平均水平，在所有G20测评国中位列第7，高于意大利、澳大利亚、加拿大等发达国家，并远高于同属于金砖国家的俄罗斯、印度、巴西、南非等国，这主要得益于中国在创新能力方面开始在国际上形成一定的竞争优势，这也是中国跃居全球第二大数字经济大国的主要原因；但同时中国也落后于美日英等国，主要是由于在产品竞争实力和企业规模方面持平或落后于平均水平，存在一定的竞争劣势。

表5.9　　　　2017年G20各国数字内容产业核心竞争力系统及其指标排名状况

国家	核心竞争力 指数	排名	产品竞争实力 指数	排名	企业战略 指数	排名	企业规模 指数	排名	创新能力 指数	排名
美国	0.952	1	0.984	1	1.000	1	1.000	1	0.859	1
英国	0.680	2	0.877	3	0.720	3	0.461	5	0.672	3
日本	0.670	3	0.854	4	0.747	2	0.492	2	0.596	5
德国	0.662	4	0.900	2	0.663	5	0.474	3	0.621	4
韩国	0.649	5	0.836	5	0.708	4	0.469	4	0.593	6
法国	0.589	6	0.743	6	0.637	7	0.442	7	0.542	7
中国	0.559	7	0.573	7	0.506	8	0.431	9	0.745	2
意大利	0.520	8	0.571	8	0.646	6	0.433	8	0.439	10
澳大利亚	0.470	9	0.471	10	0.483	9	0.414	11	0.526	9
加拿大	0.469	10	0.489	9	0.412	11	0.455	6	0.539	8

续表

国家	核心竞争力 指数	排名	产品竞争实力 指数	排名	企业战略 指数	排名	企业规模 指数	排名	创新能力 指数	排名
巴西	0.407	11	0.443	11	0.415	10	0.428	10	0.357	17
俄罗斯	0.383	12	0.396	15	0.410	12	0.359	15	0.378	11
墨西哥	0.383	13	0.433	12	0.403	13	0.343	16	0.363	14
印度	0.375	14	0.391	16	0.379	15	0.376	12	0.366	13
阿根廷	0.371	15	0.412	13	0.372	16	0.371	13	0.342	18
土耳其	0.363	16	0.368	18	0.364	17	0.359	15	0.374	12
沙特阿拉伯	0.362	17	0.379	17	0.355	18	0.368	14	0.359	16
印度尼西亚	0.361	18	0.359	19	0.391	14	0.371	13	0.336	19
南非	0.357	19	0.406	14	0.339	19	0.335	17	0.361	15
均值	0.508	—	0.573	—	0.524	—	0.441	—	0.493	—

资料来源：根据上述模型计算结果整理所得。

（1）产品竞争实力要素综合比较

具体来看，作为核心竞争力关键来源的产品竞争实力要素，中国仅以0.573的分值位列G20国家第7名，与排名第一的美国相差0.411个点，与排名第二的德国相差0.327个点，存在较为明显的竞争劣势。之所以出现这种状况，是因为中国在数字内容原创性、互动性以及品牌知名度方面仍然与这些国家存在较大的差距。从表5.10可以看出，中国的数字内容产品原创性指数值为0.523，位列G20国家第8位，与排名第一的美国相差0.477个点；中国的数字内容产品互动性指数为0.504，位列G20国家第8位，与排名第一的德国相差0.496个点。而在数字内容产品品牌知名度方面，由于近年来出现了一系列在全球知名的互联网公司，涌现了一批知名的数字内容产品，使得该指标已经具备一定的竞争优势，位列G20国家第6位。

第5章 中国数字内容产业国际竞争力系统测度与评估

表 5.10　2017 年 G20 各国数字内容产业国际竞争力产品竞争实力要素各指标值

要素	指标	中国	美国	英国	法国	德国	意大利	日本	加拿大	俄罗斯	澳大利亚	巴西	阿根廷	墨西哥	韩国	印度	印度尼西亚	沙特阿拉伯	南非	土耳其	中国排名
产品竞争实力	数字内容产品原创性	0.523	1.000	0.959	0.780	0.939	0.730	0.979	0.426	0.469	0.465	0.508	0.456	0.471	0.920	0.338	0.380	0.422	0.434	0.333	8
	数字内容产品互动性	0.504	0.941	0.724	0.778	1.000	0.538	0.741	0.467	0.369	0.423	0.377	0.348	0.399	0.778	0.377	0.333	0.352	0.355	0.337	8
	数字内容产品牌知名度	0.684	1.000	0.901	0.674	0.777	0.412	0.797	0.579	0.333	0.514	0.419	0.412	0.415	0.783	0.462	0.354	0.351	0.413	0.431	6

资料来源：根据表 5.3 计算结果整理所得。

(2) 企业战略要素综合比较

在企业战略方面,中国的指标值低于平均水平,以 0.506 的指数位居列第 8 位,存在较大的竞争劣势。从表 5.11 可以看出,之所以出现这种状况,一是当前中国数字内容产业刚处于快速发展时期,产业集中度较低,尚未形成规模经济,导致当前中国的数字内容产业集中度指数仅为 0.446,位列 G20 国家第 7 位,与美国相差 0.554 个点;二是中国数字内容企业发展尚不成熟,在资本运作以及并购方面的能力较为薄弱,导致数字内容企业运作与策略整合指数仅为 0.664,位居 G20 国家第 9 位;三是中国数字内容企业缺乏成熟的管理模式和经验,管理效率较低,导致当前中国的数字内容企业管理水平指数仅为 0.453,位列 G20 国家第 8 位,与美国相差 0.547 个点。

(3) 企业规模要素综合比较

在企业规模方面,中国也呈现明显的竞争劣势,指标值低于平均值 0.01 个点,以 0.431 的指数位居 G20 国家第 9 位,与排名第一的美国相差 0.569 个点。从表 5.12 可以看出,在反映企业规模的各项指标中,数字内容企业国际化能力指标竞争劣势最大,以 0.458 的指数位居 G20 国家第 11 位,这主要是由于当前中国数字内容企业尚处于"走出去"向"走进去"过渡阶段,尚未步入"走上去"阶段;全球数字经济 100 强企业上榜数量指标值虽然仅次于美国、日本,以 0.396 的数值位列第三位,但却是三项指标中与美国差距最大的指标,相差 0.604 个点,说明中国与美国相比,仍然缺少大型国际化数字企业来推动数字内容产品走向全球;全球互联网 TOP 50 强上市企业上榜数量指标,中国以 0.425 的数字位列 G20 国家第 2 位,虽与美国相比相差 0.575 个点,但相比其他发达国家而言,已经具备较强的比较优势。

第 5 章 中国数字内容产业国际竞争力系统测度与评估

表 5.11　2017 年 G20 各国数字内容产业国际竞争力企业战略要素各指标值

要素	指标	中国	美国	英国	法国	德国	意大利	日本	加拿大	俄罗斯	澳大利亚	巴西	阿根廷	墨西哥	韩国	印度	印度尼西亚	沙特阿拉伯	南非	土耳其	中国排名
企业战略	数字内容产业集中度	0.446	1.000	0.529	0.447	0.456	0.367	0.507	0.369	0.360	0.384	0.378	0.333	0.367	0.505	0.341	0.338	0.339	0.339	0.340	7
	数字内容企业运作与策略整合指数	0.664	1.000	0.975	0.888	0.815	0.815	0.925	0.457	0.479	0.712	0.491	0.479	0.498	0.779	0.491	0.497	0.333	0.345	0.357	9
	数字内容企业经营管理水平	0.453	1.000	0.784	0.707	0.853	0.936	0.967	0.439	0.427	0.427	0.402	0.333	0.372	0.967	0.333	0.377	0.403	0.333	0.408	8

资料来源：根据表 5.3 计算结果整理所得。

171

表 5.12　2017 年 G20 各国数字内容产业国际竞争力企业规模要素各指标值

要素	指标	中国	美国	英国	法国	德国	意大利	日本	加拿大	俄罗斯	澳大利亚	巴西	阿根廷	墨西哥	韩国	印度	印度尼西亚	沙特阿拉伯	南非	土耳其	中国排名
	数字内容企业国际化能力	0.458	1.000	0.614	0.575	0.643	0.563	0.629	0.601	0.392	0.510	0.552	0.416	0.351	0.629	0.423	0.416	0.410	0.333	0.392	11
企业规模	全球数字经济100强企业上榜数量	0.396	1.000	0.352	0.345	0.345	0.333	0.432	0.345	0.333	0.339	0.333	0.333	0.339	0.358	0.345	0.339	0.339	0.339	0.333	3
	全球互联网TOP 50强上市企业上榜数量	0.425	1.000	0.333	0.333	0.341	0.333	0.341	0.341	0.333	0.341	0.333	0.341	0.333	0.333	0.333	0.333	0.333	0.333	0.333	2

资料来源：根据表 5.3 计算结果整理所得。

(4) 创新能力要素综合比较

在创新能力方面，中国由于近年来高度重视科技进步和创新，积极创建创新型国家，已经在创新能力方面开始初步具备较强的比较优势，以 0.745 的数值成为仅次于美国的 G20 国家，这主要得益于中国在专利申请数量指标方面所具备的竞争优势。从表 5.13 中可以看出，反映创新能力的各项指标中，由于中国的专利申请数量 2017 年达到 133.85 万件，几乎是其他所有 G20 国家年申请数量的总和，因此该指标数值位居所有 G20 国家首位，具备较强的竞争优势；创新投入指数指标以 0.547 的数值位列第 9 位，与排名第一的英国相差 0.453 个点，存在一定的比较劣势，说明中国在创新投入方面仍然弱于主要发达国家；创新产出指数指标以 0.898 的数值位列第 3 位，与排名第一的德国仅相差 0.102 个点，说明中国创新产出能力逐渐增强；数字科研指数指标以 0.556 的数值位列第 2 位，虽然与美国相差 0.444 个点，但也是中国在整个数字内容产业发展上强于加拿大、意大利、澳大利亚等国的重要因素。

5.3.2 基础竞争力要素及其指标综合比较

从表 5.14 可以看出，在数字内容产业基础竞争力方面，中国以 0.489 的指标值位列 G20 国家第 10 位，低于平均值 0.044 个点，与排名第一的美国相差 0.274 个点、排名第二的德国相差 0.262 个点，中国几乎落后于所有的 G20 发达国家，说明中国数字内容产业在基础竞争力系统方面存在很大的比较劣势。若从包含的具体指标来看，也存在着明显的差异，中国在生产要素上面存在着一定的竞争优势，而关联产业、产业结构以及产业基础设施却是较大的劣势点。

表 5.13　2017 年 G20 各国数字内容产业国际竞争力创新能力要素各指标值

要素	指标	中国	美国	英国	法国	德国	意大利	日本	加拿大	俄罗斯	澳大利亚	巴西	阿根廷	墨西哥	韩国	印度	印度尼西亚	沙特阿拉伯	南非	土耳其	中国排名
创新能力	专利申请数量	1.000	0.498	0.337	0.336	0.345	0.334	0.403	0.339	0.340	0.338	0.338	0.333	0.336	0.377	0.341	0.334	0.334	0.334	0.334	1
	创新投入指数	0.547	0.995	1.000	0.771	0.769	0.532	0.861	0.874	0.435	0.873	0.386	0.360	0.395	0.775	0.378	0.333	0.421	0.406	0.379	9
	创新产出指数	0.898	0.942	0.974	0.684	1.000	0.525	0.659	0.562	0.392	0.525	0.353	0.333	0.377	0.844	0.391	0.346	0.341	0.365	0.437	3
	数字科研指数	0.556	1.000	0.405	0.391	0.404	0.371	0.466	0.383	0.348	0.370	0.350	0.339	0.344	0.400	0.357	0.333	0.340	0.341	0.350	2

资料来源：根据表 5.3 计算结果整理所得。

表 5.14　　2017 年 G20 各国数字内容产业基础竞争力系统及其指标排名状况

国家	基础竞争力 指数	排名	生产要素 指数	排名	关联产业 指数	排名	产业结构 指数	排名	产业基础设施 指数	排名
美国	0.763	1	0.676	1	0.698	4	0.975	1	0.717	4
德国	0.751	2	0.571	2	0.701	3	0.919	2	0.822	2
韩国	0.724	3	0.483	7	0.824	1	0.764	6	0.833	1
英国	0.704	4	0.530	4	0.704	2	0.852	3	0.741	3
日本	0.673	5	0.556	3	0.641	7	0.839	4	0.667	7
法国	0.650	6	0.497	5	0.691	5	0.749	7	0.675	5
加拿大	0.622	7	0.419	8	0.672	6	0.736	8	0.671	6
意大利	0.587	8	0.530	4	0.553	12	0.781	5	0.498	10
澳大利亚	0.530	9	0.364	10	0.610	10	0.514	10	0.634	8
中国	0.489	10	0.493	6	0.450	15	0.578	9	0.440	13
巴西	0.461	11	0.316	13	0.615	9	0.506	11	0.421	15
俄罗斯	0.445	12	0.375	9	0.444	16	0.464	12	0.500	9
阿根廷	0.443	13	0.302	15	0.629	8	0.398	16	0.451	12
墨西哥	0.416	14	0.340	11	0.489	13	0.445	14	0.396	16
南非	0.405	15	0.281	17	0.587	11	0.369	17	0.394	17
土耳其	0.394	16	0.311	14	0.397	17	0.451	13	0.422	14
沙特阿拉伯	0.394	16	0.270	18	0.480	14	0.354	19	0.470	11
印度	0.360	17	0.335	12	0.355	18	0.420	15	0.337	19
印度尼西亚	0.339	18	0.282	16	0.355	18	0.362	18	0.359	18
均值	0.533	—	0.417	—	0.573	—	0.604	—	0.550	—

资料来源：根据上述模型结果计算整理所得。

（1）生产要素综合比较

在生产要素方面，中国 2017 年以 0.493 的指数成为仅次于美国、德国、英国、日本、法国的第 6 位国家，高于 G20 国家平均值 0.076 个点，存在着一定的竞争优势。之所以在生产要素上面中国存在着一定的竞争优势，主要是在"非物质文化遗产数量"指标上中国表现强劲，而在"每百人中研究人员数""数字内容产业人员从业素质""信息技术与文化创意产业的融合度"以及"风险资本可获得性"方面存在明显劣势。从表 5.15 可以看出,在"非物质文化遗产数量"指标上,中国以 1.000 的数值和意大利位列 G20 国家第 1 位,主要是由于两国同样拥有 55 项非物质文化遗产,位居全球第一,这为中国数字内容产业的发展提供了丰富的知识资源和创造源泉;而在"每百人中研究人员数""数字内容产业人员从业素质"以及"风险资本可获得性"方面,分别以 0.368、0.507、0.545 的数值位列第 12 位、第 9 位、第 10 位,竞争劣势明显;在"信息技术与文化创意产业融合度"方面,虽然近年来中国整体创新能力不断提升,但是信息技术与文化创意产业的融合程度尚存在薄弱环节,仅以 0.476 的数值位列第 9 位,制约了数字内容产业的发展壮大。

(2)关联产业要素综合比较

在关联产业要素方面,中国 2017 年以 0.450 的数值位列 G20 国家第 15 位,仅高于俄罗斯、土耳其、印度尼西亚、印度 4 个国家,存在着极大的竞争劣势,主要是由于受到该指标中"公共教育经费支出占 GDP 比重"和"互联网普及率"两大劣势指标的影响。从表 5.16 可以看出,就"公共教育经费支出占 GDP 比重"而言,中国 2017 年的指数仅为 0.429,位列 G20 国家第 12 位,主要是由于中国 2017 年公共教育经费支出占 GDP 比重仅为 4.2%,低于大多数的 G20 国家,这说明我国教育产业虽然近年来大量增加投入,但相较其他国家而言仍然存在明显的不足;就"互联网普及率"而言,中国 2017 年的指数仅为 0.422,位列 G20 国家第 15 位,仅高于印度、印度尼西亚、南非、土耳其 4 国,主要是由于中国 2017 年互联网普及率仅为 58.4%,远落后于发达国家 90% 以上的水平,这说明中国的互联网普及率有待继续提升,才能实现"互联网 + 文化创意产业"的不断拓展;而在"研究与开发经费支出占 GDP 比重"方面,中国 2017 年以 0.493 的数值位列第 7 位,存在着一定的竞争优势。

第5章 中国数字内容产业国际竞争力系统测度与评估

表5.15 2017年G20各国数字内容产业国际竞争力生产要素各指标值

要素	指标	中国	美国	英国	法国	德国	意大利	日本	加拿大	俄罗斯	澳大利亚	巴西	阿根廷	墨西哥	韩国	印度	印度尼西亚	沙特阿拉伯	南非	土耳其	中国排名
生产要素	每百万人中研究人员数	0.368	0.546	0.568	0.541	0.564	0.404	0.649	0.572	0.465	0.604	0.351	0.369	0.340	1.000	0.333	0.336	0.345	0.340	0.367	12
	非物质文化遗产数量	1.000	0.446	0.521	0.714	0.735	1.000	0.439	0.417	0.490	0.417	0.431	0.362	0.556	0.379	0.595	0.352	0.333	0.357	0.403	1
	数字内容产业从业人员素质	0.507	1.000	0.814	0.700	0.875	0.636	0.921	0.761	0.385	0.380	0.389	0.368	0.376	0.833	0.385	0.372	0.353	0.333	0.343	9
	信息技术与文化创意产业融合度	0.476	1.000	0.682	0.492	0.545	0.469	0.577	0.509	0.448	0.509	0.455	0.423	0.462	0.612	0.375	0.333	0.349	0.366	0.429	9
	风险资本可获得性	0.545	1.000	0.690	0.645	0.778	0.620	0.925	0.450	0.590	0.557	0.333	0.386	0.338	0.643	0.358	0.389	0.345	0.377	0.412	10

资料来源：根据表5.3计算结果整理所得。

表 5.16 2017 年 G20 各国数字内容产业国际竞争力关联产业要素各指标值

要素	指标	中国	美国	英国	法国	德国	意大利	日本	加拿大	俄罗斯	澳大利亚	巴西	阿根廷	墨西哥	韩国	印度	印度尼西亚	沙特阿拉伯	南非	土耳其	中国排名
关联产业	公共教育支出占GDP比重	0.429	0.562	0.758	0.719	0.533	0.399	0.342	0.677	0.374	0.614	0.933	0.933	0.642	0.585	0.364	0.343	0.333	1.000	0.440	12
	研究与开发支出占GDP比重	0.493	0.590	0.450	0.502	0.608	0.413	0.696	0.438	0.397	0.507	0.406	0.364	0.365	1.000	0.363	0.333	0.363	0.369	0.390	7
	互联网普及率	0.422	0.979	0.949	0.885	1.000	0.893	0.905	0.949	0.579	0.729	0.515	0.611	0.470	0.876	0.333	0.394	0.784	0.391	0.357	15

资料来源：根据表 5.3 计算结果整理所得。

(3) 产业结构要素综合比较

在产业结构要素方面，中国 2017 年以 0.538 的数值位列 G20 国家第 9 位，略低于平均值 0.048 个点，存在着一定的竞争劣势，主要是受到所包含的"数字内容产业聚集程度""数字内容产业内部结构合理化程度"以及"数字内容产业内部结构高级化程度"的影响。从表 5.17 可以看出，就"数字内容产业聚集程度"而言，中国 2017 年以 0.479 的数值位列第 10 位，较之于美德英差别较大，说明中国数字内容产业现阶段存在着分散度高的特点，尚未形成集群发展效应，产业格局有待优化；就"数字内容产业内部结构合理化程度"和"数字内容产业内部结构高级化程度"而言，中国 2017 年分别以 0.687 和 0.583 的数值位列第 9 位，较之于排名第一的美国和德国分别相差 0.313 个和 0.417 个点，数值差距较大，说明中国数字内容产业结构亟须优化，内部合理化和高级化方面需要提升。

(4) 产业基础设施要素综合比较

在产业基础设施方面，中国 2017 年以 0.440 的数值位列 G20 国家第 13 位，低于平均水平 0.11 个点，低于排名第一的韩国 0.393 个点，存在着较大的竞争劣势，主要是受到所包含的"数字基础设施指数""每百万人互联网服务商数量""信息化发展指数""每千人宽带用户量"指标的影响。从表 5.18 可以看出，就"数字基础设施指数"而言，中国以 0.393 的数值位列第 13 位，竞争劣势明显，这说明中国目前限于数字基础设施投资较大且周期较长，在网络接入的覆盖速度以及网络使用的可负担水平方面，仍然与发达国家存在较大差距；在"每百万人互联网服务商数量""信息化发展指数""每千人宽带用户量"方面，分别以 0.334、0.472、0.557 的数值位列第 16 位、第 15 位以及第 10 位，弱于所有的发达国家，反映了中国在网络基础设施方面存在较大差距。

表 5.17　2017 年 G20 各国数字内容产业国际竞争力产业结构要素各指标值

要素	指标	中国	美国	英国	法国	德国	意大利	日本	加拿大	俄罗斯	澳大利亚	巴西	阿根廷	墨西哥	韩国	印度	印度尼西亚	沙特阿拉伯	南非	土耳其	中国排名
产业结构	数字内容产业聚集程度	0.479	1.000	0.872	0.791	0.872	0.724	0.810	0.709	0.405	0.516	0.391	0.333	0.383	0.709	0.370	0.391	0.370	0.333	0.378	10
	数字内容产业内部结构合理化程度	0.687	1.000	0.868	0.750	0.892	0.869	0.916	0.805	0.541	0.487	0.569	0.418	0.452	0.892	0.418	0.333	0.355	0.398	0.500	9
	数字内容产业内部结构高级化程度	0.583	0.921	0.814	0.700	1.000	0.761	0.796	0.700	0.455	0.539	0.574	0.455	0.510	0.700	0.480	0.357	0.333	0.380	0.486	9

资料来源：根据表 5.3 计算结果整理所得。

第5章 中国数字内容产业国际竞争力系统测度与评估

表 5.18　2017 年 G20 各国数字内容产业国际竞争力产业基础设施要素各指标值

要素	指标	中国	美国	英国	法国	德国	意大利	日本	加拿大	俄罗斯	澳大利亚	巴西	阿根廷	墨西哥	韩国	印度	印度尼西亚	沙特阿拉伯	南非	土耳其	中国排名
产业基础设施	数字基础设施指数	0.393	0.541	0.607	0.436	0.563	0.399	0.706	0.486	0.496	0.460	0.385	0.397	0.378	1.000	0.333	0.343	0.418	0.370	0.373	13
	每百万人互联网服务商数量	0.334	0.814	0.568	0.467	1.000	0.392	0.377	0.688	0.357	0.574	0.343	0.343	0.334	0.340	0.333	0.341	0.340	0.408	0.356	16
	信息化发展指数	0.472	0.809	0.933	0.825	0.864	0.615	0.874	0.726	0.619	0.825	0.515	0.584	0.440	1.000	0.333	0.391	0.570	0.428	0.511	15
	每千人宽带用户量	0.557	0.682	0.827	1.000	0.865	0.573	0.637	0.787	0.487	0.651	0.414	0.450	0.410	0.907	0.333	0.338	0.531	0.342	0.423	10

资料来源：根据表 5.3 计算结果整理所得。

5.3.3 环境竞争力要素及其指标综合比较

如表 5.19 所示，中国数字内容产业环境竞争力系统以 0.587 的指数值位居 G20 国家第 8 位，略高于平均值，说明中国数字内容产业发展环境整体表现一般。从表中的数据进一步分析来看，经济实力因素为中国数字内容产业的国际化发展提供了一定的竞争优势；市场开放度方面中国处于中等水平，整体上存在一定的竞争劣势，但与发达国家相比劣势明显；政府政策是制约中国数字内容产业国际化发展的关键因素，是三大因素中最弱的所在。

表 5.19　　　　　2017 年 G20 各国数字内容产业环境
竞争力要素及其指标排名状况

国家	环境竞争力 指数	排名	经济实力 指数	排名	政府政策 指数	排名	市场开放度 指数	排名
美国	0.948	1	0.905	1	0.992	1	0.923	1
英国	0.713	2	0.571	3	0.860	2	0.698	2
德国	0.677	3	0.548	4	0.820	4	0.651	4
日本	0.646	4	0.526	7	0.851	3	0.553	8
法国	0.635	5	0.468	9	0.746	6	0.685	3
澳大利亚	0.617	6	0.645	2	0.594	10	0.593	5
韩国	0.612	7	0.530	5	0.762	5	0.535	10
中国	0.587	8	0.527	6	0.684	7	0.538	9
加拿大	0.584	9	0.510	8	0.654	9	0.578	7
意大利	0.557	10	0.405	10	0.673	8	0.587	6
俄罗斯	0.410	11	0.370	12	0.409	12	0.440	11
土耳其	0.397	12	0.363	13	0.418	11	0.399	12
巴西	0.388	13	0.362	14	0.395	14	0.396	13
墨西哥	0.387	14	0.362	14	0.401	13	0.386	14

续表

国家	环境竞争力 指数	环境竞争力 排名	经济实力 指数	经济实力 排名	政府政策 指数	政府政策 排名	市场开放度 指数	市场开放度 排名
沙特阿拉伯	0.381	15	0.389	11	0.372	17	0.370	15
南非	0.374	16	0.354	18	0.393	15	0.367	16
印度	0.365	17	0.361	15	0.376	16	0.347	19
阿根廷	0.362	18	0.358	16	0.363	18	0.356	18
印度尼西亚	0.357	19	0.357	17	0.345	19	0.358	17
均值	0.526	—	0.469	—	0.585	—	0.514	—

资料来源：根据上述模型结果计算整理所得。

（1）经济实力要素综合比较

在经济实力方面，中国2017年以0.527的数值位列第6位，高于日本、法国、加拿大、意大利等发达国家，其主要原因在于中国在"国内生产总值""居民教育、休闲与文化支出占总支出比重""数字经济发展指数""全球竞争力指数"等指标上表现较为突出，尤其是"国内生产总值"和"数字经济发展指数"位居前列。从表5.20可以看出，就"国内生产总值"而言，中国2017年以0.566的数值成为仅次于美国的G20国家，这得益于中国2017年是全球第二大经济体，GDP总量达到13.17万亿美元；就"数字经济发展指数"而言，中国2017年以0.652的数值位列G20国家第二位，这主要是由于中国目前是全球第二大数字经济大国，在数字消费者、数字产业生态、数字公共服务以及数字科研等方面领先众多发达国家。同时，中国在"居民教育、休闲与文化支出占总支出比重"和"全球竞争力指数"方面也较为突出，分别以0.527和0.528的数值位列第5和第8位。但与此同时，"人均国民收入"成为制约中国数字内容产品消费需求的重要因素，中国2017年以0.363的数值位列第13位，远落后于美英等国，这成为制约国内居民消费数字内容产品的关键因素。

表 5.20　2017 年 G20 各国数字内容产业国际竞争力经济实力要素各指标值

要素	指标	中国	美国	英国	法国	德国	意大利	日本	加拿大	俄罗斯	澳大利亚	巴西	阿根廷	墨西哥	韩国	印度	印度尼西亚	沙特阿拉伯	南非	土耳其	中国排名
经济实力	人均国民收入	0.363	1.000	0.614	0.582	0.656	0.509	0.589	0.647	0.365	0.803	0.362	0.384	0.362	0.486	0.333	0.340	0.425	0.348	0.374	13
	国内生产总值	0.566	1.000	0.365	0.364	0.377	0.363	0.396	0.349	0.348	0.346	0.354	0.337	0.343	0.348	0.361	0.341	0.337	0.333	0.339	2
	居民教育、休闲与文化支出占总支出比重	0.527	0.532	0.544	0.375	0.441	0.348	0.439	0.433	0.342	1.000	0.364	0.379	0.333	0.760	0.347	0.338	0.380	0.364	0.356	5
	数字经济发展指数	0.652	1.000	0.609	0.443	0.471	0.383	0.501	0.474	0.363	0.468	0.371	0.349	0.375	0.508	0.348	0.333	0.337	0.347	0.354	2
	全球竞争力指数	0.528	1.000	0.736	0.586	0.833	0.420	0.731	0.655	0.440	0.590	0.357	0.333	0.401	0.549	0.430	0.448	0.482	0.383	0.399	8

资料来源：根据表 5.3 计算结果整理所得。

(2) 政府政策要素综合比较

在政府政策方面，中国2017年以0.684的数值位列第7位，高于平均值0.099个点，但与美国相比却存在0.308个差值，存在明显的竞争劣势。就所包含的四项具体指标而言，整体表现一般，甚至某些指标方面存在较大的竞争劣势。从表5.21可以看出，数字内容产业政策科学完备性尚存在不足，数字内容法律法规不够完善，数字贸易规则不够完备，尤其是数字版权保护缺乏力度，分别以0.645、0.767、0.780、0.569的指数位居第6位、第7位、第7位、第10位，弱于主要发达国家，成为制约中国数字内容产业国内国际发展的重要因素。中国未来必须加强数字内容产业政策设计，完善国内法律法规，制定适合中国数字内容产业发展的贸易规则，加大数字版权保护的力度，从而为数字内容产业国际化发展打造良好的环境。

(3) 市场开放度要素综合比较

在市场开放度方面，中国2017年以0.538的指数位居第9位，略高于平均值，相较于发达国家对外开放程度依然有待提升，相较于其他新兴经济体国家开放度存在一定的竞争优势。从表5.22可以看出，就所包含的四项指标而言，既有较强的竞争优势点，也存在着明显的竞争劣势点。从吸引外商直接投资流量来看，中国2017年吸引外商直接投资流量达到1363.2亿美元，成为仅次于美国的第二大国，以0.496的数值位列G20国家第2位，这表明中国的开放范围和层次在逐渐提升，对外资的吸引力在逐渐增加。从文化包容性来看，中国2017年以0.756的指数位列G20国家第3位，表现出了较为强劲的竞争优势。这主要是由于包容性强是中华文化强大根系的生命力，能够持开放态度对待外来优秀文化，并积极汲取其中优秀元素。就数字内容产业外贸依存度而言，限于当前数字内容产品进出口总额占国内生产总值的比重相对于发达国家仍然较低，导致该指标2017年以0.513的数值位列G20国家第9位；从全球化指数而言，中国以0.409的数值位列第15位，这反映了中国全球化程度虽然自改革开放后快速增加，但对内改革和对外开放的幅度仍需提升。

表 5.21　2017 年 G20 各国数字内容产业国际竞争力政府政策要素各指标值

要素	指标	中国	美国	英国	法国	德国	意大利	日本	加拿大	俄罗斯	澳大利亚	巴西	阿根廷	墨西哥	韩国	印度	印度尼西亚	沙特阿拉伯	南非	土耳其	中国排名
政府政策	数字内容产业政策科学完备性	0.645	1.000	0.728	0.636	0.707	0.526	0.765	0.639	0.414	0.503	0.394	0.387	0.394	0.695	0.378	0.333	0.378	0.384	0.423	6
	数字内容法律法规完善度	0.767	1.000	0.832	0.782	0.815	0.586	0.849	0.725	0.441	0.516	0.436	0.379	0.427	0.798	0.409	0.333	0.393	0.432	0.446	7
	数字贸易规则完备性	0.780	1.000	0.855	0.858	0.973	0.791	0.858	0.483	0.425	0.559	0.397	0.356	0.436	0.763	0.353	0.333	0.340	0.397	0.458	7
	政府数字版权保护度	0.569	0.972	1.000	0.720	0.805	0.786	0.920	0.734	0.363	0.769	0.359	0.333	0.359	0.786	0.363	0.375	0.375	0.363	0.359	10

资料来源：根据表 5.3 计算结果整理所得。

第5章 中国数字内容产业国际竞争力系统测度与评估

表5.22 2017年G20各国数字内容产业国际竞争力市场开放度要素各指标值

要素	指标	中国	美国	英国	法国	德国	意大利	日本	加拿大	俄罗斯	澳大利亚	巴西	阿根廷	墨西哥	韩国	印度	印度尼西亚	沙特阿拉伯	南非	土耳其	中国排名
市场开放度	数字内容产业外贸依存度	0.513	1.000	0.651	0.627	0.621	0.588	0.616	0.443	0.441	0.529	0.405	0.336	0.343	0.651	0.344	0.337	0.334	0.333	0.339	9
	吸引外商直接投资流量	0.496	1.000	0.345	0.378	0.363	0.347	0.341	0.353	0.354	0.374	0.392	0.342	0.358	0.347	0.368	0.352	0.334	0.333	0.341	2
	全球化指数	0.409	0.704	1.000	0.996	0.866	0.775	0.538	0.821	0.478	0.803	0.403	0.378	0.411	0.463	0.333	0.387	0.472	0.459	0.523	15
	文化包容性	0.756	1.000	0.768	0.710	0.732	0.616	0.710	0.689	0.482	0.650	0.383	0.368	0.438	0.669	0.346	0.356	0.333	0.336	0.389	3

资料来源：根据表5.3计算结果整理所得。

187

5.3.4　现实竞争力要素及其指标综合比较

由表 5.23 所示的 G20 各国数字内容产业现实竞争力系统各要素指数及排名状况可以看出，中国 2017 年现实竞争力指数为 0.577，位居 G20 国家第 6 位，高于法国、澳大利亚、加拿大、意大利等发达国家，初步具备一定的竞争优势。从所包含的三大要素来看，中国在国际贸易规模指标方面存在着明显的竞争优势，这主要源于近年来中国的网络游戏、移动内容、数字影音、数字出版、内容软件等数字内容产品快速走向全球，并在全球贸易格局中占有重要地位。与此同时，中国在国际贸易绩效和数字内容产业经营水平也在稳步提升，跃居 G20 国家中等以上水平。

表 5.23　2017 年 G20 各国数字内容产业现实竞争力系统各要素指数及排名状况

国家	现实竞争力 指数	排名	国际贸易绩效 指数	排名	国际贸易规模 指数	排名	产业经营水平 指数	排名
美国	0.729	1	0.688	3	0.758	1	0.755	2
英国	0.714	2	0.890	1	0.600	4	0.589	3
日本	0.652	3	0.563	8	0.589	5	0.909	1
韩国	0.623	4	0.616	6	0.663	2	0.570	4
印度	0.620	5	0.779	2	0.553	6	0.449	8
中国	0.577	6	0.578	7	0.642	3	0.472	7
法国	0.566	7	0.665	4	0.498	7	0.505	6
德国	0.546	8	0.628	5	0.460	9	0.541	5
澳大利亚	0.455	9	0.505	9	0.446	10	0.386	11
加拿大	0.425	10	0.472	11	0.394	13	0.394	9
意大利	0.418	11	0.472	11	0.375	16	0.392	10

续表

国家	现实竞争力 指数	排名	国际贸易绩效 指数	排名	国际贸易规模 指数	排名	产业经营水平 指数	排名
南非	0.413	12	0.457	13	0.403	11	0.354	15
土耳其	0.411	13	0.455	14	0.391	14	0.366	14
墨西哥	0.407	14	0.460	12	0.386	15	0.349	16
俄罗斯	0.407	14	0.476	10	0.356	18	0.368	13
印度尼西亚	0.407	14	0.451	15	0.395	12	0.349	16
巴西	0.406	15	0.346	17	0.488	8	0.379	12
阿根廷	0.392	16	0.457	13	0.352	19	0.344	17
沙特阿拉伯	0.390	17	0.435	16	0.368	17	0.349	16
均值	0.503	—	0.547	—	0.480	—	0.464	—

资料来源：根据上述模型结果计算整理所得。

（1）国际贸易绩效要素综合比较

在国际贸易绩效方面，中国2017年以0.578的数值位列测评国第7位，略高于平均水平0.031个点，呈现出一定的竞争优势，但是低于同属于金砖国家的印度0.198个点，这主要是因为以计算机和信息服务为主导的数字内容产业是印度出口导向型产业，其数字内容产品净出口额逐年增加。从表5.24可以看出，就Michaely波动指数（MI）而言，中国以0.655的关联系数值位列第4位，呈现出较强的竞争优势；就贸易竞争优势指数（TC）而言，中国以0.690的关联系数值位居第7位，这表明当前中国在数字内容产业贸易上，逐渐呈现出口大于进口的态势，并且这种顺差在持续增加。就显示性比较优势指数（RCA）而言，中国以0.429的关联系数值位列G20国家第7位，与排名第一的英国差距较大，这说明当前中国数字内容产业出口贸易的强度还有待提升。

表 5.24　2017 年 G20 各国数字内容产业国际竞争力国际贸易绩效要素各指标值

要素	指标	中国	美国	英国	法国	德国	意大利	日本	加拿大	俄罗斯	澳大利亚	巴西	阿根廷	墨西哥	韩国	印度	印度尼西亚	沙特阿拉伯	南非	土耳其	中国排名
国际贸易绩效	贸易竞争优势指数（TC）	0.690	1.000	0.699	0.673	0.754	0.491	0.698	0.507	0.582	0.594	0.333	0.521	0.536	0.784	0.829	0.527	0.503	0.528	0.533	7
	显示性比较优势指数（RCA）	0.429	0.458	1.000	0.599	0.482	0.422	0.409	0.388	0.349	0.370	0.365	0.337	0.349	0.452	0.744	0.335	0.333	0.340	0.341	7
	Michaely 波动指数（MI）	0.655	0.594	1.000	0.760	0.679	0.528	0.613	0.559	0.528	0.594	0.333	0.559	0.528	0.633	0.760	0.528	0.500	0.543	0.528	4

资料来源：根据表 5.3 计算结果整理所得。

第5章 中国数字内容产业国际竞争力系统测度与评估

（2）国际贸易规模要素综合比较

在国际贸易规模方面，中国2017年以0.642的关联系数值位列第3位，仅次于美国、韩国，这主要得益于"数字内容产品出口增长率""数字内容产品出口总额""国际市场占有率指数（MS）"表现强劲。从表5.25可以看出，就"数字内容产品出口增长率"而言，中国2017年增长超过10%，远超其他国家，因此能以1.000的关联系数值占据第1位；就"数字内容产品出口总额"而言，中国数字内容产品2017年出口总额约450亿美元，约占服务贸易总额的20%，仅次于美国、德国、日本，因此能以0.585的关联系数值占据第4位；就"国际市场占有率指数（MS）"而言，中国2017年占据国际数字内容产品市场的8.2%，仅次于美国的11.1%，因此能以0.629的关联系数值占据第4位；就"数字内容产品出口占总出口比重"而言，虽然当前中国数字内容产业发展迅速，但是数字内容产品出口比重仍然较低，导致其仅以0.363的关联系数值占据第17位。

（3）产业经营水平要素综合比较

在产业经营水平方面，中国2017年以0.472的指数值位居G20国家第7位，略高于平均水平，这说明目前中国数字内容产业虽然发展迅速，但相较于美英日等发达国家，仍然存在一定的差距。从表5.26可以看出，就所包含的两项具体指标而言，"数字内容产业增加值占GDP总量比重"和"数字内容产业产值规模占GDP总量比重"分别以0.416和0.543的指数位居第7位，处于中等偏上水平，但相较于排名第一的日本和美国仍然存在较大差距，这反映了中国数字内容产业在全球性金融危机以后，虽然在数字技术的推动下快速发展，但较之于底蕴深厚的发达国家而言，在产业利润以及产业规模上仍稍显不足，未来仍需加快推动产业发展。

表 5.25　2017 年 G20 各国数字内容产业国际竞争力国际贸易规模要素各指标值

要素	指标	中国	美国	英国	法国	德国	意大利	日本	加拿大	俄罗斯	澳大利亚	巴西	阿根廷	墨西哥	韩国	印度	印度尼西亚	沙特阿拉伯	南非	土耳其	中国排名
国际贸易规模	数字内容产品出口总额	0.585	1.000	0.620	0.431	0.492	0.350	0.590	0.360	0.340	0.373	0.344	0.333	0.354	0.554	0.463	0.343	0.337	0.336	0.339	4
	数字内容产品出口增长率	1.000	0.536	0.333	0.681	0.393	0.454	0.536	0.468	0.411	0.469	0.856	0.371	0.449	0.501	0.420	0.412	0.413	0.420	0.467	1
	数字内容产品出口占总出口比重	0.363	0.416	0.783	0.447	0.368	0.347	0.570	0.389	0.333	0.596	0.441	0.375	0.384	1.000	0.850	0.499	0.393	0.540	0.432	17
	国际市场占有率指数（MS）	0.629	1.000	0.653	0.450	0.564	0.356	0.648	0.368	0.343	0.370	0.355	0.333	0.365	0.621	0.469	0.343	0.338	0.337	0.342	4

资料来源：根据表 5.3 计算结果整理所得。

第5章 中国数字内容产业国际竞争力系统测度与评估

表5.26　2017年G20各国数字内容产业国际竞争力产业经营水平要素各指标值

要素	指标	中国	美国	英国	法国	德国	意大利	日本	加拿大	俄罗斯	澳大利亚	巴西	阿根廷	墨西哥	韩国	印度	印度尼西亚	沙特阿拉伯	南非	土耳其	中国排名
产业经营水平	数字内容产业增加值占GDP总量比重	0.416	1.000	0.441	0.426	0.460	0.394	1.000	0.394	0.361	0.383	0.367	0.352	0.333	0.439	0.396	0.335	0.335	0.342	0.351	7
	数字内容产业产值规模占GDP总量比重	0.543	1.000	0.779	0.606	0.645	0.390	0.793	0.394	0.377	0.389	0.395	0.333	0.369	0.737	0.516	0.365	0.367	0.370	0.385	7

资料来源：根据表5.3计算结果整理所得。

5.4 基于实证研究的中国数字内容产业国际竞争力系统总结

本节构建指标体系并利用灰色关联分析法进行实证研究的根本目的并不是单纯地对G20国家的数字内容产业国际竞争力进行排序,而是通过实证研究找出中国数字内容产业参与国际竞争的优势和劣势,总结中国数字内容产业参与国际竞争的现状,进而为制定产业政策提供依据。

5.4.1 中国数字内容产业参与国际竞争的优势和劣势统计分析

根据前面的分析可知,虽然中国目前数字内容产业国际竞争力位居G20国家第7位,与加拿大、澳大利亚、意大利3国同处于第三梯度,并逐渐接近于第二梯度,但是与美国、英国、德国、日本、韩国等国相比,中国数字内容产业国际竞争力水平仍然有待提升,整体存在着优势少、劣势多的问题。

为直观展现中国与主要数字内容产业强国之间的差距,本节与2017年数字内容产业国际竞争力排名前两位的美国、英国展开对比,其对比依据是前文所计算出的中美英三国系统层、要素层、指标层的关联系数值,进而判断中国数字内容产业国际竞争力各评价层的优劣势。本节以中美、中英之间的各评价层的竞争力指数差值($D_{中美} = R_{中} - R_{美}$,$D_{中英} = R_{中} - R_{英}$)作为判断优劣势等级的依据,按照对立面分成六大梯度,详见表5.27。

表5.27　　　　　产业竞争力优劣势等级梯度

竞争力指数差值（D）	优劣势等级	竞争力指数差值（D）	优劣势等级
$D > 0.4$	极强优势	$D < -0.4$	极强劣势

续表

竞争力指数差值（D）	优劣势等级	竞争力指数差值（D）	优劣势等级
0.4≤D<0.2	较强优势	-0.4≤D≤-0.2	较强劣势
0≤D<0.2	一般优势	-0.2<D<0	一般劣势

5.4.1.1 系统层优劣势分析

依据表 5.5 所构建的中美英三国 2017 年系统层强弱对比雷达图（见图 5.5）可以看出，中国与美国数字内容产业国际竞争力相比，存在 3 个较强劣势点，分别是核心竞争力（-0.393）、环境竞争力（-0.361）、基础竞争力（-0.274）；存在 1 个一般劣势点，即现实竞争力（-0.152）。中国与英国数字内容产业国际竞争力相比，存在 1 个较强劣势点，即基础竞争力（-0.215）；存在 3 个一般劣势点，分别是核心竞争力（-0.121）、环境竞争力（-0.126）和现实竞争力（-0.137）。

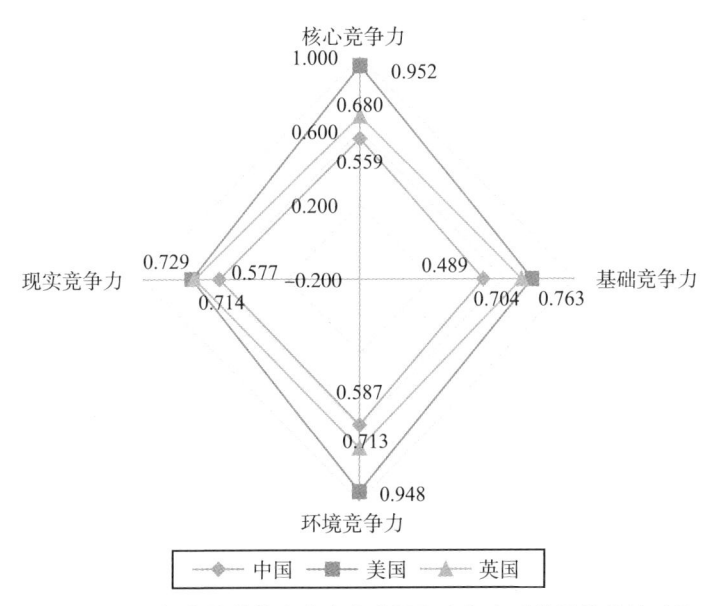

图 5.5 2017 年中美英数字内容产业国际竞争力系统层优劣势对比

5.4.1.2 要素层优劣势分析

从中美数字内容产业国际竞争力要素层强弱对比图（见图5.6）可以看出，在数字内容产业国际竞争力指标层中，中国与美国相比存在3个极强劣势点，分别是产品竞争实力（-0.411）、企业战略（-0.494）、企业规模（-0.569）；存在7个较强劣势点，分别是关联产业（-0.248）、产业基础设施（-0.277）、产业结构（-0.397）、经济实力（-0.378）、政府政策（-0.308）、市场开放度（-0.385）、产业经营水平（-0.283）；存在4个一般劣势点，分别是创新能力（-0.114）、生产要素（-0.183）、国际贸易绩效（-0.110）、国际贸易规模（-0.116）。

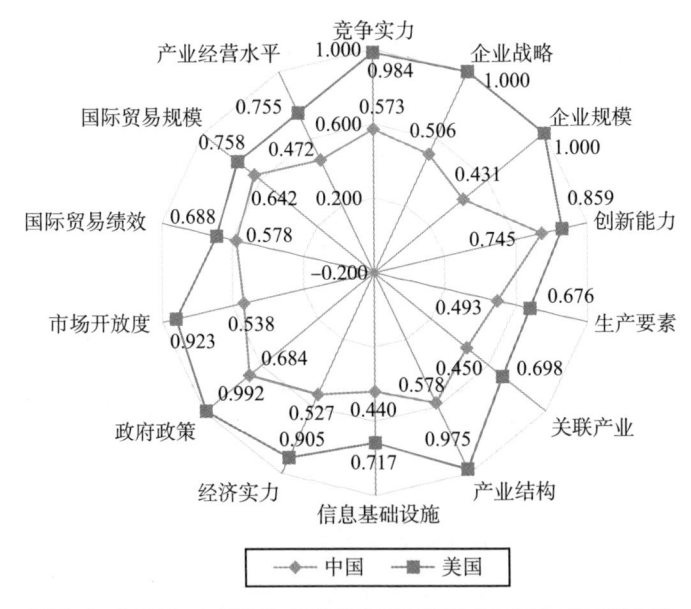

图 5.6　2017 年中美数字内容产业国际竞争力要素层优劣势对比

从中英数字内容产业国际竞争力要素层强弱对比图（见图5.7）可以看出，在数字内容产业国际竞争力要素层中，中国与英国相比存在6

个较强劣势点，分别是产品竞争实力（-0.304）、企业战略（-0.214）、关联产业（-0.254）、产业结构（-0.274）、产业基础设施（-0.301）、国际贸易绩效（-0.312）；存在6个一般劣势点，分别是企业规模（-0.030）、生产要素（-0.037）、经济实力（-0.044）、政府政策（-0.176）、市场开放度（-0.160）、产业经营水平（-0.117）；同时中国与英国相比还存在着2个一般优势点，分别是创新能力（0.073）、国际贸易规模（0.042）。

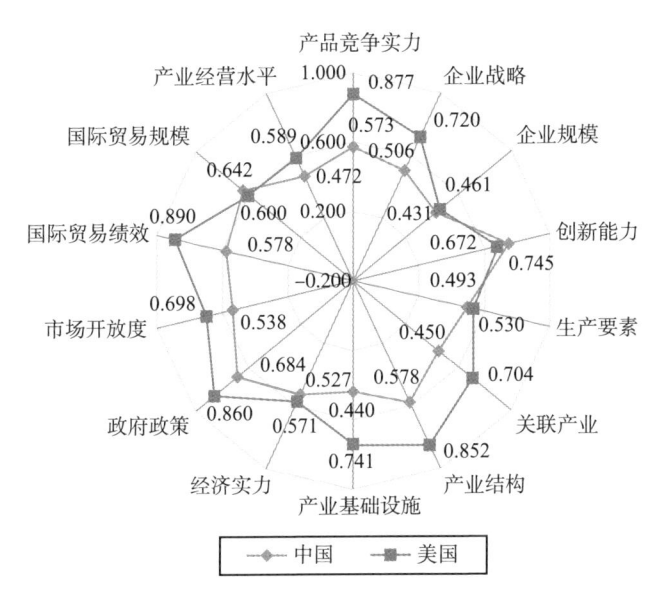

图5.7 2017年中英数字内容产业国际竞争力指标层优劣势对比

5.4.1.3 指标层优劣势分析

由于本研究所构建的50项指标包含33项定量指标以及17项定性指标，为更加直观地展现中美、中英之间的竞争态势，本节分别从定量指标和定性指标两方面分别展开分析。

（1）定量指标优劣势分析

从中美数字内容产业国际竞争力定量指标优劣势分析图（见图5.8）

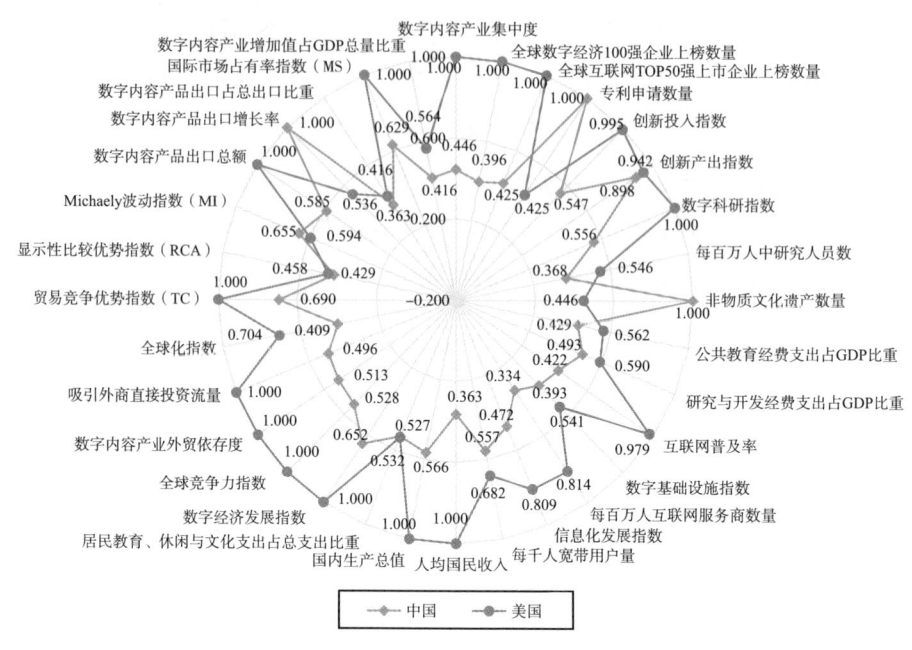

图5.8 2017年中美数字内容产业国际竞争力定量指标优劣势对比

可以看出，在数字内容产业国际竞争力定量指标中，中国与美国之间存在着14项极强劣势指标，分别是数字内容产业集中度（-0.554）、全球数字经济100强企业上榜数量（-0.604）、全球互联网TOP 50强上市企业上榜数量（-0.575）、创新投入指数（-0.448）、数字科研指数（-0.444）、互联网普及率（-0.557）、每百万人互联网服务商数量（-0.480）、人均国民收入（-0.637）、国内生产总值（-0.434）、全球竞争力指数（-0.472）、数字内容产业外贸依存度（-0.487）、吸引外商直接投资流量（-0.504）、数字内容产品出口总额（-0.415）、数字内容产业产值规模占GDP总量比重（-0.457）；存在5个较强劣势点，分别是信息化发展指数（-0.337）、数字经济发展指数（-0.348）、全球化指数（-0.295）、贸易竞争优势指数（TC）（-0.310）、国际市场占有率指数（MS）（-0.371）；存在10个一般劣势点，分别是创新产出指数（-0.044）、每百万人中研究人员数

（-0.178）、公共教育经费支出占GDP比重（-0.133）、研究与开发经费支出占GDP比重（-0.097）、数字基础设施指数（-0.148）、每千人宽带用户量（-0.125）、居民教育和休闲与文化支出占总支出比重（-0.005）、显示性比较优势指数（RCA）（-0.029）、数字内容产品出口占总出口比重（-0.053）、数字内容产业增加值占GDP总量比重（-0.184）；存在3项极强优势点，分别是专利申请数量（0.502）、非物质文化遗产数量（0.554）、数字内容产品出口增长率（0.464）；存在1个一般优势点，即Michaely波动指数（MI）（0.061）。

从中英数字内容产业国际竞争力定量指标优劣势分析图（见图5.9）可以看出，在数字内容产业国际竞争力定量指标中，中国与英国之间存在着3项极强优势指标，分别是数字内容产品出口增长率（0.667）、专利申请数量（0.663）、非物质文化遗产数量（0.479）；存在着1项较强优势指标，即国内生产总值（0.201）；存在着6项一般优势指标，分别是吸引外商直接投资流量（0.151）、数字科研指数（0.151）、全球互联网TOP 50强上市企业上榜数量（0.092）、全球数字经济100强企业上榜数量（0.044）、研究与开发经费支出占GDP比重（0.043）、数字经济发展指数（0.043）；存在着8项一般劣势点，分别是贸易竞争优势指数（TC）（-0.009）、居民教育、休闲与文化支出占总支出比重（-0.017）、国际市场占有率指数（MS）（-0.024）、数字内容产业增加值占GDP总量比重（-0.025）、数字内容产品出口总额（-0.035）、创新产出指数（-0.076）、数字内容产业外贸依存度（-0.138）、数字内容产业集中度（-0.083）；存在9项较强劣势点，分别是每百万人中研究人员数（-0.200）、全球竞争力指数（-0.208）、数字基础设施指数（-0.214）、每百万人互联网服务商数量（-0.234）、数字内容产业产值规模占GDP总量比重（-0.235）、人均国民收入（-0.251）、每千人宽带用户量（-0.270）、公共教育经费支出占GDP比重（-0.329）、Michaely波动指数（MI）（-0.345）；存在6项极强劣势点，分别是数字内容产品出口占总出口比重（-0.420）、创新投入指数（-0.453）、信息化发展指数（-0.461）、互联网普及率（-0.527）、全球化指数（-0.591）、显示性比较优势指数（RCA）（-0.571）。

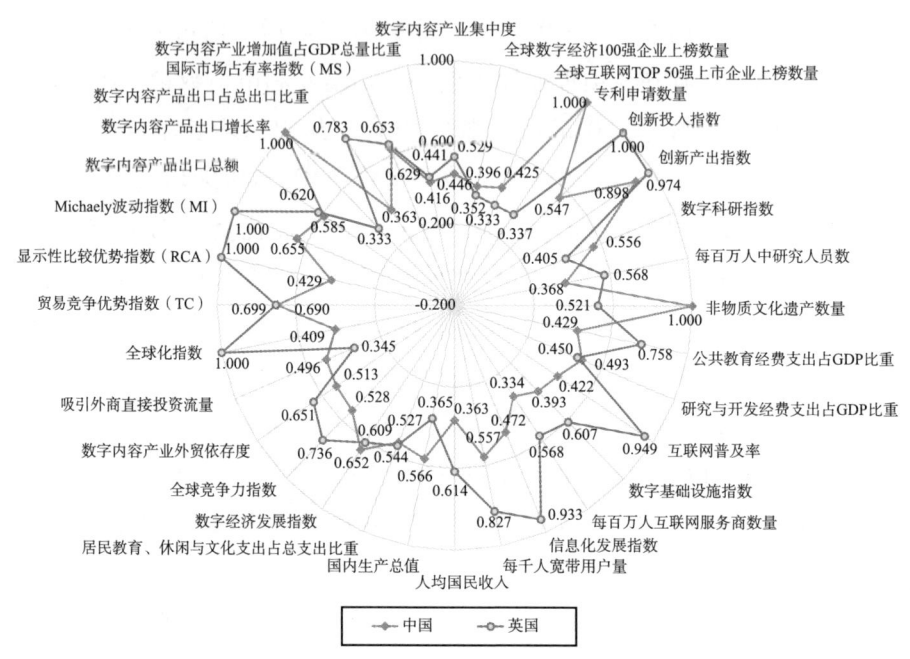

图5.9 2017年中英数字内容产业国际竞争力定量指标优劣势对比

（2）定性指标优劣势分析

从中美数字内容产业国际竞争力定性指标优劣势分析图（见图5.10）可以看出，在数字内容产业国际竞争力定量指标中，中国与美国之间存在着8项较强劣势指标，分别是数字贸易规则完备性（-0.220）、数字内容法律法规完善度（-0.233）、文化包容性（-0.244）、数字内容产业内部结构合理化程度（-0.313）、数字内容产品品牌知名度（-0.316）、数字内容企业运作与策略整合指数（-0.336）、数字内容产业内部结构高级化程度（-0.338）、数字内容产业政策科学完备性（-0.355）；存在着9项极强劣势指标，分别是政府数字版权保护度

第 5 章 中国数字内容产业国际竞争力系统测度与评估

(-0.403)、数字内容产品互动性(-0.437)、风险资本可获得性(-0.455)、数字内容产品原创性(-0.477)、数字内容产业从业人员素质(-0.493)、数字内容产业聚集程度(-0.521)、信息技术与文化创意产业融合度(-0.524)、数字内容企业国际化能力(-0.542)、数字内容企业经营管理水平(-0.547)。

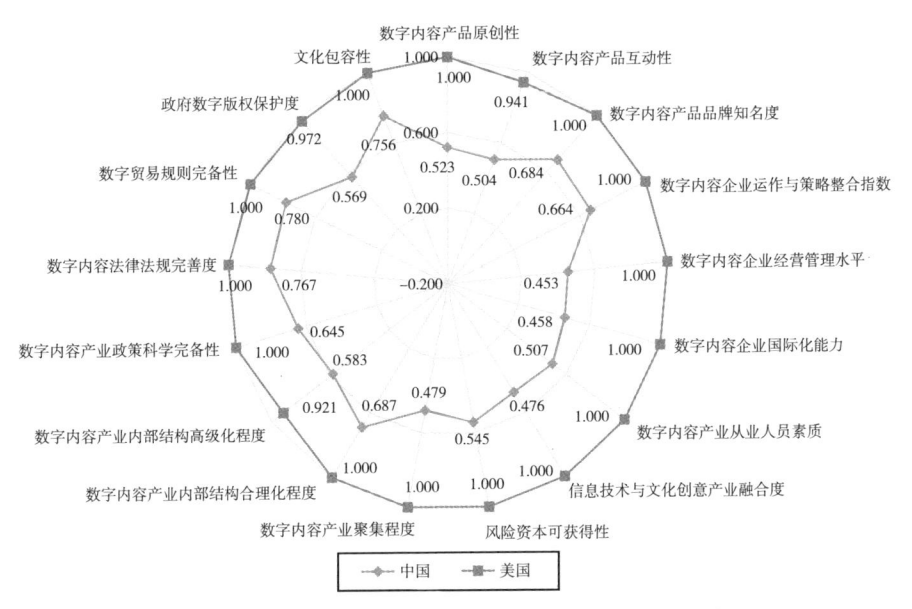

图 5.10 2017 年中美数字内容产业国际竞争力定性指标优劣势对比

从中英数字内容产业国际竞争力定性指标优劣势分析图（见图 5.11）可以看出，在数字内容产业国际竞争力定量指标中，中国与英国之间存在 7 项一般劣势指标，分别是文化包容性(-0.012)、数字内容企业国际化能力(-0.156)、风险资本可获得性(-0.145)、数字内容法律法规完善度(-0.065)、数字贸易规则完备性(-0.075)、数字内容产业政策科学完备性(-0.083)、数字内容产业内部结构合理化程度(-0.181)；存在 8 项较强劣势指标，分别是信息技术与文化创意产业融合度(-0.206)、数字内容产品品牌知名度(-0.217)、数

201

字内容产品互动性（-0.220）、数字内容产业内部结构高级化程度（-0.231）、数字内容产业从业人员素质（-0.307）、数字内容企业运作与策略整合指数（-0.311）、数字内容企业经营管理水平（-0.331）、数字内容产业聚集程度（-0.393）；存在着2项极强劣势指标，分别是数字内容产品原创性（-0.436）、政府数字版权保护度（-0.431）。

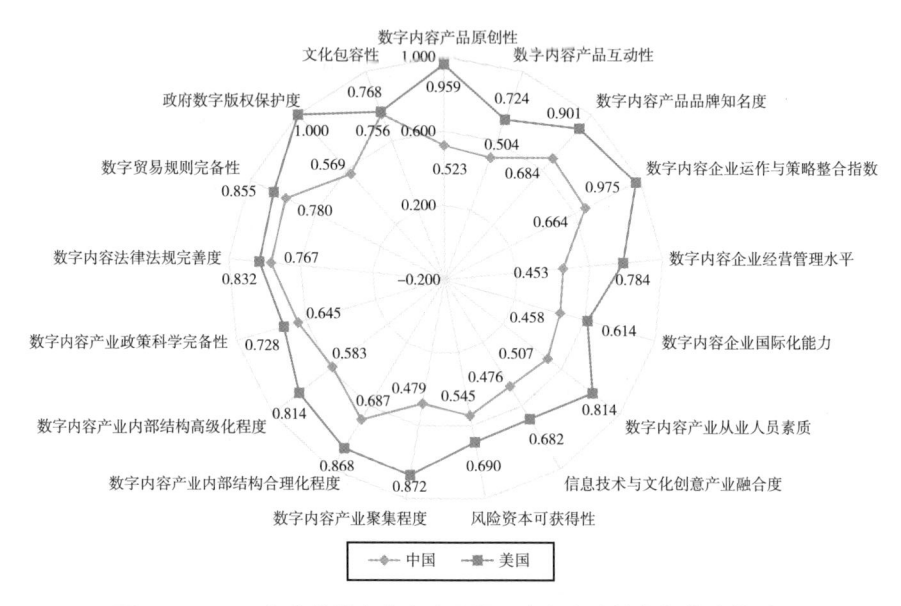

图5.11 2017年中英数字内容产业国际竞争力定性指标优劣势对比

综上定量与定性指标分析所述，中国与美国数字内容产业国际竞争力相比，存在23项极强竞争劣势指标，13项较强劣势指标，10项一般劣势指标，1项一般优势指标，3项极强优势指标，劣势指标与优势指标的比例为23∶2。中国与英国数字内容产业国际竞争力相比，存在8项极强竞争劣势指标，17项较强劣势指标，15项一般劣势指标，6项一般优势指标，1项较强优势指标，3项极强优势指标，劣势指标与优势指标的比例为4∶1。因此，从中国数字内容产业参与国际竞争的优劣势来看，要想实现与美、英等国并驾齐驱，未来的发展任重道远。

5.4.2 基于实证研究的中国数字内容产业国际竞争力结论分析

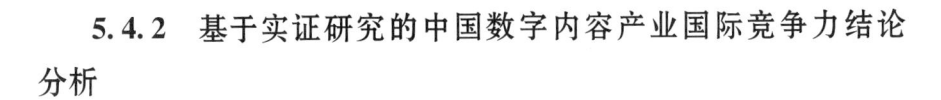

基于前面的实证研究以及优劣势分析，对于中国数字内容产业国际竞争力的研究可以形成以下基本结论。

（1）中国数字内容产业国际竞争力与美英德日相比处于弱势地位

从模型评价结果来看，无论是原因系统的核心竞争力、基础竞争力、环境竞争力，还是结果系统的现实竞争力，中国相较于美英德日仍然存在较大的差距，尚处在由数字内容产业大国向数字内容产业强国攀登的行列。与美英德日等国相比，中国数字内容产业国际竞争力仍显弱势，在竞争实力、企业战略、企业规模、关联产业、产业结构、产业基础设施、政府政策、市场开放度、产业经营水平等方面劣势较为突出，导致中国现阶段难以真正步入数字内容产业强国行列。因此，在未来较长一段时间内，中国数字内容产业仍将是美英日等国的"跟随者"。

（2）中国数字内容产业国际竞争力明显提升且海外影响力增强

从近8年来中国数字内容产业的变化状况可以看出，中国数字内容产业国际竞争力明显提升，已超越同属于新兴经济体的其他G20国家，同时超越了澳大利亚、加拿大、意大利等发达国家，紧随日韩法等发达国家，这主要得益于创新能力、生产要素、经济实力、国际贸易规模等因素的推动，更深层次的原因是中国数字经济实力的增强推动了产业融合，扩大了市场需求，开拓了国际市场。同时，中国数字内容产业海外影响力明显增强，诞生了一批在全球占有重要地位的数字内容企业，推出了一系列具有重要影响力的数字内容产品。

（3）中国数字内容产业内外部发展环境亟待改善

从前面的分析可知，中国与美国、英国数字内容产业国际竞争力相比，劣势指标远多于优势指标，尤其是与美国相比存在23项极强劣势指标，与英国相比存在8项极强劣势指标，而这主要源于当前中国数字内容产业内部以及外部存在一系列制约因素。从内部来看，产品竞争实力不强、企业战略不合理、企业规模效应不明显、关联产业支持不足、产业结构亟待优化；从外部来看，政府政策不够完善、市场开放有待扩大、经济实力需保持稳中有升。因此，中国数字内容产业要想实现由"追随者"向"引领者"的转变，必须进一步改善内外部发展环境。

5.5 基于实证研究的中国数字内容产业国际竞争力制约因素分析

中国数字内容产业国际竞争力近年来随着数字经济的发展而稳步提升，但相较于美英日等发达国家来说仍处于弱势地位，仍处在由数字内容产业大国向数字内容产业强国转变的阶段。中国目前之所以会弱于美英日等国，其原因主要在于前面所分析的内外部存在的一系列因素，制约了中国数字内容产业国际竞争力的提升。

5.5.1 中国数字内容产业国际竞争力提升内部制约因素分析

（1）产品竞争实力有待提升

产品竞争实力是决定中国数字内容产品实现由"走出去"向"走进去""走上去"迈进的关键核心因素。虽然当前我国整体创新能力不断增强，但是数字内容产品竞争实力仍显不足，主要表现在数字内容产品原创性和互动性不足、品牌知名度不高。之所以会出现以上状况，一是数字内容产品的创新能力仍然有待继续提升，必须通过提升创新能力来提升原创性和互动性，缩小与美英等国的差距；二是文化创意产业与数字技术的融合度有待继续提升，要进一步推动跨界融合，推动新型数字内容产品不断涌现；三是数字内容产品"走出去"的步伐有待加大，需要进一步开拓国际市场，提升品牌知名度。

（2）企业战略能力有待加强

数字内容企业的组织管理模式、竞争战略在很大程度上影响甚至决

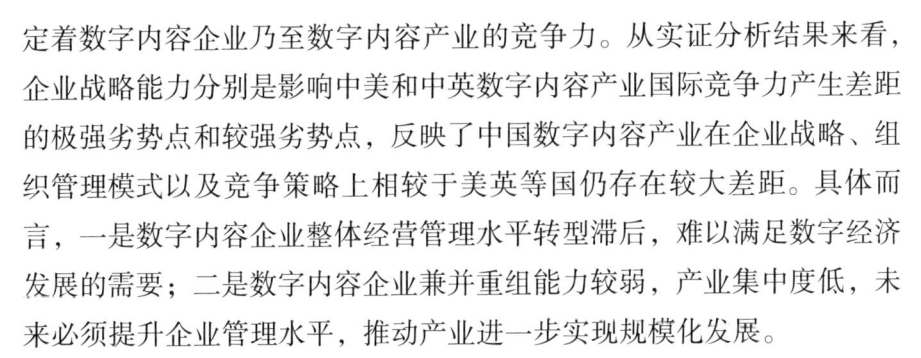

定着数字内容企业乃至数字内容产业的竞争力。从实证分析结果来看，企业战略能力分别是影响中美和中英数字内容产业国际竞争力产生差距的极强劣势点和较强劣势点，反映了中国数字内容产业在企业战略、组织管理模式以及竞争策略上相较于美英等国仍存在较大差距。具体而言，一是数字内容企业整体经营管理水平转型滞后，难以满足数字经济发展的需要；二是数字内容企业兼并重组能力较弱，产业集中度低，未来必须提升企业管理水平，推动产业进一步实现规模化发展。

(3) 产业基础设施有待完善

产业基础设施是数字内容产业发展的基础和保障，虽然近年来我国随着数字经济的发展，数字基础设施不断完善，但相较于主要发达国家而言仍然存在较大的差距。从前面实证分析结果也可以看出，产业基础设施是导致中美和中英之间产生差距的较强劣势点，而当前影响中国数字内容产业发展的产业基础设施最主要的薄弱点，主要是网络基础设施发展较为落后，致使新型数字技术难以快速运用到数字基础设施之中，导致数字基础设施难以进一步实现高速化、移动化、泛在化、安全化。

(4) 关联支持产业有待加强

数字内容产业是文化创意产业与信息技术产业跨界融合的产物，其发展离不开关联产业的支持。从实证分析结果来看，关联产业是导致中美、中英产生差距的较强劣势点，这反映了当前中国数字内容产业在发展过程中关联产业支持不足，不能有效促进产业的跨界融合。具体来看，一是当前产业的跨界融合有待升级，未来要重点推动文化教育产业与科学技术的跨界融合；二是当前关联产业未能形成良好的产业集群，不能形成推动数字内容产业发展的合力，未来必须加快推动上下游关联产业形成规模庞大的产业集群。

(5) 生产要素资源有待升级

虽然从实证结果来看，生产要素仅是中美之间产生差距的一般劣势点，甚至与英国相比还是一般优势点，但这主要归因于中国有着丰富的传统文化资源，而在其他方面却存在较大差距。具体而言，一是数字技术相对于发达国家仍存在差距，致使中国不能实现对传统文化资源的充分开发利用；二是高素质数字内容产业从业人员缺乏，难以适应数字经济背景下产业的运营和国际化发展需要；三是资本要素短缺，国内目前对于数字内容领域仍采取较为严格的外商准入限制，导致难以大规模利用外商投资。

5.5.2 中国数字内容产业国际竞争力提升外部制约因素分析

（1）政府政策体系有待完善

政府政策是影响数字内容产业国际竞争力的重要外部因素，其为产业发展提供了必要的产业政策支持以及法律法规保障。从前面实证结果分析可知，政府政策是影响中国数字内容产业国际竞争力的极强劣势点，这说明当前中国数字内容产业发展缺乏完善的产业政策支持以及法律法规保障。具体而言，一是缺乏科学合理的顶层战略设计，产业布局不够合理；二是缺乏完善科学的数字内容产业政策体系，难以正确引导扶持产业发展；三是缺乏完善的产业法律法规，导致产业发展秩序不规范。

（2）市场开放幅度有待扩大

市场开放的幅度决定了一个国家产业参与国际竞争的深度和广度，一方面市场开放为产业发展带来必需的资金和技术，另一方面有助于通过"走出去"拓展市场空间。从前面实证结果分析可知，市场开放度是影响中美和中英数字内容产业国际竞争力产生差距的极强劣势点和较强劣势点，这说明与美国相比中国对外开放的力度仍有待提高。具体而言，一是数字内容领域的外商准入限制较高，严格的内容审查以及数据流动本土化限制，导致中国数字内容领域对外开放的幅度仍然较低，难以利用外资和技术来促进产业发展；二是缺乏高端国际化企业，导致难以利用大企业的力量来推动数字内容产品走向全球。

（3）经济实力有待加强

经济实力是影响数字内容产业发展的重要因素，也是决定市场对数

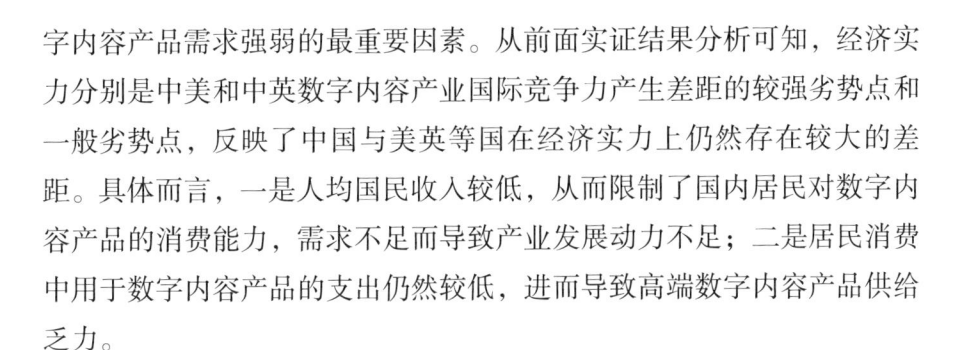

字内容产品需求强弱的最重要因素。从前面实证结果分析可知，经济实力分别是中美和中英数字内容产业国际竞争力产生差距的较强劣势点和一般劣势点，反映了中国与美英等国在经济实力上仍然存在较大的差距。具体而言，一是人均国民收入较低，从而限制了国内居民对数字内容产品的消费能力，需求不足而导致产业发展动力不足；二是居民消费中用于数字内容产品的支出仍然较低，进而导致高端数字内容产品供给乏力。

5.6 本章小结

本章利用前面基于灰色关联分析分析法所构建的评价模型，对中国数字内容产业国际竞争力进行了系统测度与评估。第一，从横向层面对中国与其他 G20 国家数字内容产业国际竞争力进行综合测评比较，结果表明中国数字内容产业国际竞争力处于 G20 国家第 7 位；第二，基于横向测评的结果对 G20 各国数字内容产业国际竞争力进行综合评价，结果表明中国数字内容产业国际竞争力增长迅速且处于第三梯度国家行列；第三，对中国与其他 G20 国家竞争力要素与指标进行综合比较，明确了中国与其他 G20 国家在各要素及指标上的差距状况；第四，基于实证研究结果，系统总结中国数字内容产业参与国际竞争的优势和劣势，结果表明与美英两国相比，劣势指标远大于优势指标；第五，基于实证研究结果，分析制约中国数字内容产业国际竞争力的主要因素，明确了制约其发展的内部和外部因素。

第 6 章

主要发达国家数字内容产业发展模式成功经验分析

本章对主要发达国家数字内容产业发展概况及成功发展模式进行分析，重点探索和总结美国、英国、日本、韩国的发展经验，以期通过经验总结，为发展中国数字内容产业、提高其国际竞争力提供模式借鉴。

6.1 美国数字内容产业发展模式成功经验分析

6.1.1 美国数字内容产业发展概况

美国是全球数字内容产业领域最先起步发展的国家，也是目前全球当之无愧的数字内容产业"领航者"，在数字内容产业领域全面领跑，已经形成最为成熟且成功的市场体系。

美国虽然并未形成明确的关于"数字内容产业"内涵的界定，但可以根据 1990 年美国国际知识产权联盟（IIPA）对"版权产业"的界定进行概括梳理，美国的数字内容产业实质上强调的是版权产业中数字化的部分。美国把版权产业划分为核心版权产业、交叉产业、部分版权产业以及边缘版权产业，而数字内容产业正是核心版权产业的一部分，

第6章 主要发达国家数字内容产业发展模式成功经验分析

其主要是对享有版权的作品再次进行数字化创作、生产及传播。基于此，美国的数字内容产业主要包含数字电影、数字音乐、数字出版、内容软件、数字电视等领域，其中，数字动漫、网络游戏、数字音乐以及网络视频是美国数字内容产业中发展最为迅速的部分。

（1）动漫产业发展概况

得益于其强大的电影产业，美国动漫产业始终位居全球领先地位，尤其是在好莱坞电影基地的基础上形成了独具美国特色的发展模式，动画电影成为发展的主流。与其他类型电影一样，归因于全球领先的数字动漫制作技术，美国动画电影占据全球票房的绝对第一，截至目前在全球动画电影票房排名前10部中，有9部完全来自美国，仅有第10名是美、澳合制（见表6.1）。美国动漫产业的成功除了得益于好莱坞电影基地外，成熟发达的衍生品市场也是其获得巨大收益的重要方式，如《神偷奶爸2》的全球票房虽然低于《钢铁侠3》，但是依靠DVD、玩具等周边衍生市场，反而使其逆势而上。

表6.1 　　　　1994～2021年全球动画电影排行榜TOP10

全球排名	动画电影	总票房（亿美元）	制片国家	上映年份
1	冰雪奇缘2（Frozen 2）	14.5	美国	2019
2	冰雪奇缘（Frozen）	12.8	美国	2013
3	超人总动员2（Incredibies 2）	12.4	美国	2018
4	小黄人大眼萌（Minions）	11.6	美国	2015
5	狮子王（The Lion King）	10.8	美国	1994
6	玩具总动员4（Toy Story 4）	10.7	美国	2019
7	玩具总动员3（Toy Story 3）	10.7	美国	2010
8	神偷奶爸3（Despicable Me 3）	10.3	美国	2017
9	海底总动员2（Finding Dory）	10.3	美国	2016
10	海底总动员（Finding Nemo）	9.4	美国、澳大利亚	2003

资料来源：根据豆瓣网（https://www.douban.com/doulist/2643601/）数据整理所得。

（2）网络游戏产业

根据娱乐软件协会（ESA）和NPD集团发布的最新统计数据显示，2021年美国游戏产业实现收益高达604亿美元，同比增长8%，并且销售收入首次追平电影行业。其中，硬件及外设销售收入达到87亿美元，同比增长14%；软件及游戏内购销售收入达到517亿元，同比增长7%；综合比较2015~2020年游戏产业收入来看，美国游戏产业持续保持增长态势，尤其是软件收入增长迅速（见图6.1）。相关数据表明，虽然中国超越美国成为全球第一大游戏产业收入国，但是由于在产业国际竞争力上弱于美国，美国仍然是全球最大的游戏出口国，2017年海外游戏出口超过120亿美元，超过中国约40亿美元。

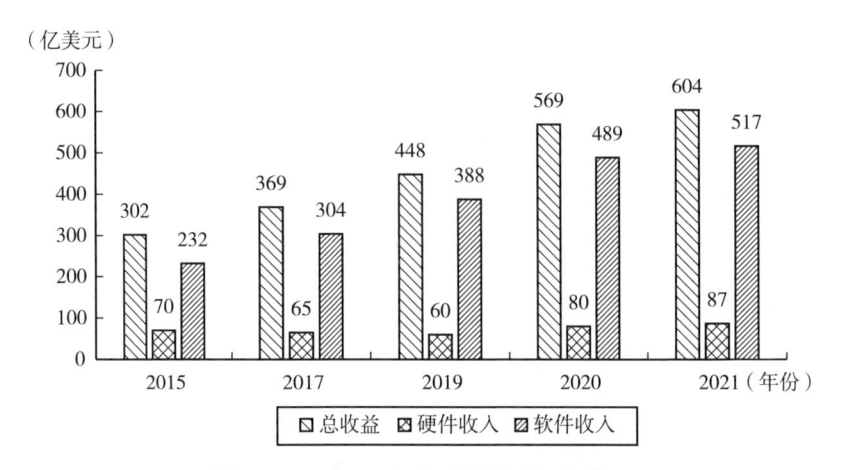

年份	总收益	硬件收入	软件收入
2015	302	70	232
2017	369	65	304
2019	448	60	388
2020	569	80	489
2021	604	87	517

图6.1 2015~2021年美国游戏行业收入

资料来源：ESA、NPD统计数据。

在发展格局上，美国游戏产业呈现主机游戏、移动游戏以及PC游戏三足鼎立的格局。其中，主机游戏是美国最大的细分游戏市场，市场规模占游戏市场的比例虽然由2014年的50%下降到2018年的48%，但总体产值规模仍然保持持续增长的态势；移动游戏发展迅速，已超越PC游戏而成为美国第二大细分游戏市场，正逐渐改变游戏产业格局，

第6章 主要发达国家数字内容产业发展模式成功经验分析

所占比重由2014年的25%增加到2018年的30%；PC游戏总体规模保持稳定的态势，但市场份额呈现逐渐被移动游戏挤占的趋势，所占比例由2014年的25%下降到2018年的22%。

（3）数字音乐产业

随着数字技术的快速发展和用户需求的不断增长，依靠日益壮大的流媒体服务，美国数字音乐产业呈现快速增长态势，2007~2018年美国始终保持数字音乐领域产业销售规模全球第一的位置。据国际唱片协会（IFPI）统计数据显示，得益于Spotify、Apple、Pandora和YouTube等大型流媒体，2012年美国数字音乐销售收入首次超过实体音乐销售收入，并且数字音乐产业的销售收入占整个音乐产业收入的比重也在大幅度增加，由2011年的50%增加到2021年的85%（见图6.2），数字音乐已经在整个美国音乐产业体系中完全占据主导地位。

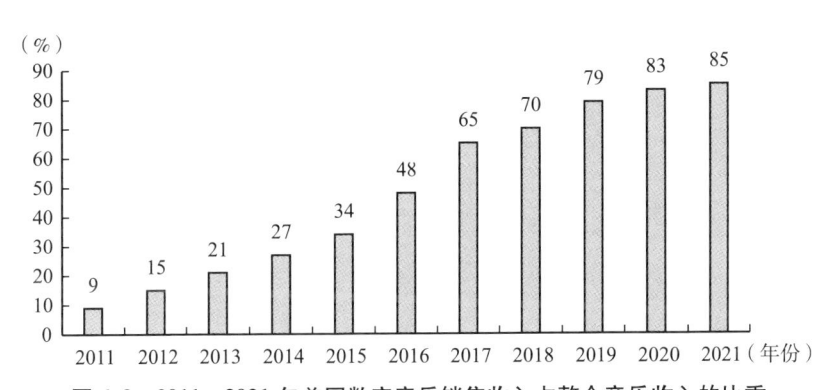

图6.2 2011~2021年美国数字音乐销售收入占整个音乐收入的比重

资料来源：美国唱片工业协会（IFPI）。

最新统计数据显示，2020年美国音乐产业收入构成中，流媒体音乐收入高达101亿美元，同比增长36%，占整个音乐产业收入的比重为83%。其中，付费流媒体收入达到70亿美元，同比增长43%；付费订阅用户规模达到0.75亿人，同比增长56%；数字下载收入达到6亿美元，同比下降25%，占整个音乐产业收入的比重从2013年的40%

下降到为6%，数字下载已经被流媒体音乐所取代，成为数字音乐收入的主要来源。与此同时，实体音乐的收入在大幅度下降，从2013年占整个音乐产业收入的35%下降到2020年的9%，仅为11亿美元，同比下降1%，其中，5亿美元为CD销售收入，6亿美元为黑胶销售收入（见图6.3）。总体而言，以音乐流媒体为主导的数字音乐完全超越实体音乐，已经成为音乐产业发展的主流趋势，并在未来有可能完全取代实体音乐。

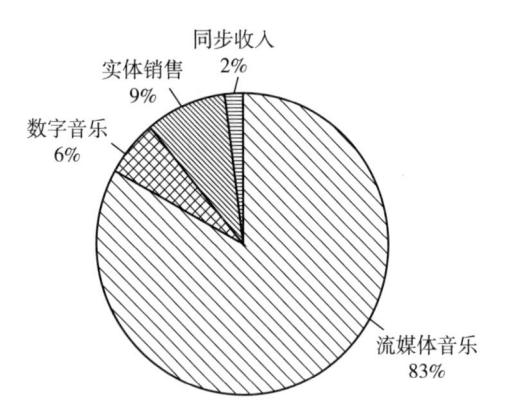

图6.3　2020年美国音乐产业收入构成

资料来源：美国唱片工业协会（IFPI）。

（4）网络视频产业

伴随着互联网媒介的升级换代，互联网的普及为用户提供了更加便捷和多元的视频使用方式，美国网络视频行业开始兴起并发展壮大，尤其是随着Netflix，Hulu，Amazon Prime Video，YouTubeTV等网络视频服务商以及美国Cord-cutting一族（剪线族）的迅速崛起，美国网络视频产业无论是从市场规模还是从用户规模上都呈现良好的发展态势。普华永道统计显示，自2012年起美国网络视频产业进入高速增长期，2018年网络视频行业收入达到150亿美元，同比增长12%，预计2021年美国网络视频行业收入将会达到190亿美元（见图6.4）；同时据FluentL-

第6章 主要发达国家数字内容产业发展模式成功经验分析

LC统计数据显示，目前美国网络视频渗透率已经超越有线电视，67%的网民观看或使用网络媒体，而有线电视的普及率已经下降至61%，网络视频接班传统有线电视的趋势已经确定。

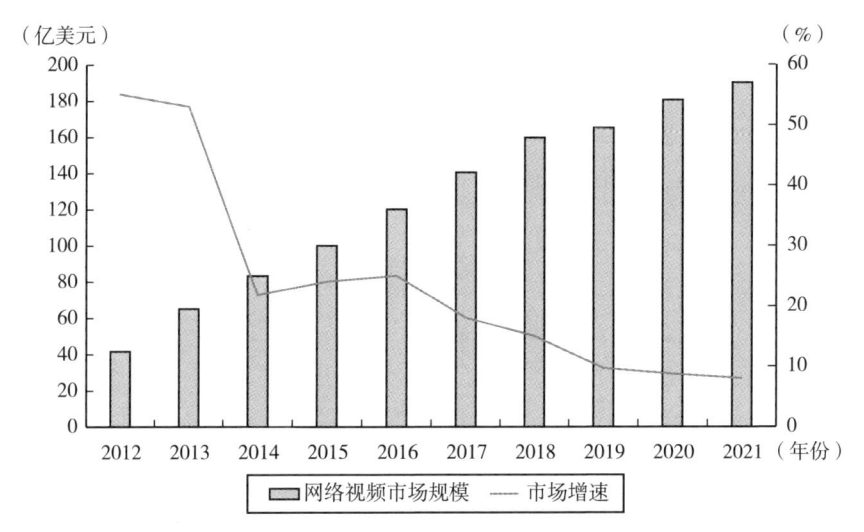

图6.4 2012~2021年美国网络视频行业市场规模

资料来源：PWC、中信证券研究部。

美国网络视频行业呈现"一超多强"的格局。美国现阶段拥有30多家网络视频平台，主要包括科技巨头、传统电视公司以及传统娱乐巨头三种类型，整体竞争激烈（见表6.2）。其中，Netflix是美国网络视频行业中的"领头羊"，是全球第八大数字内容企业，其市场价值已经超越福克斯，逼近迪士尼和康卡斯特等传统媒体巨头，拥有1.1064亿人的订阅用户规模，75%的上网家庭使用率，40%的网络视频使用时长市场份额；YouTube、Hulu及Amazon Video等属于二线龙头，发展潜力巨大，分别拥有0.015亿人、0.12亿人以及0.65亿人的用户订阅规模，53%、18%以及33%的上网家庭使用率，18%、14%以及7%的网络视频使用时长市场份额。总体而言，美国网络视频产业在市场格局上逐渐呈现"一超多强、强者恒强"的发展趋势，中小型网络视频逐渐退出，

Netflix、YouTube、Hulu 及 Amazon Video 四大网络视频平台强势崛起并占据主导地位。

表 6.2 美国网络视频平台统计

股东类型	网络视频平台/服务	所属公司
硅谷科技巨头	Netflix	Netflix, Inc.
	Amazon Video	Amazon.com
	YouTube Red	YouTube
传统电视公司	CBS All Access	CBS Corporation
	See So	NBC Universal
	HBO Go/HBO Now	Home Box Office Inc.
	Xfinity Streamplx	Comcast
传统娱乐巨头	Hulu	NBC Univ, Fox, Disney/ABC, Turner/Time Warner
	Crackle	Sony Pictures Television
	Acorn TV	RLI Entertainment
其他（初创公司等）	Film On	FOTV Media Networks, Inc.

资料来源：各公司官网、东方证券研究所。

6.1.2 美国数字内容产业发展模式成功经验分析

美国作为全球最发达的数字内容产业强国，各行业领域齐头并进，与其先进的发展模式息息相关。

（1）以版权保护为核心来推动数字内容产业发展

版权保护是目前全球数字内容产业发展的核心问题，一个国家是否重视版权保护问题决定了其能否占据全球数字内容产业国际竞争力的前沿。美国是全球较早推行版权保护制度的国家，首部《版权法》于 1970 年就已颁布实施，此后美国国会根据经济、社会及科技发展需要，对《版权法》不断进行修订和完善，并于 1976 年进行了全面修订，最终形成了美国现行版权保护制度的基本法律框架。1976~2000 年，美

第6章 主要发达国家数字内容产业发展模式成功经验分析

国先后对版权法进行了46次修改,使得版权保护制度更加完善、版权保护领域更加全面。尤其是美国为促进数字内容产业发展、获取数字内容产业竞争优势,逐渐加强对数字版权领域的保护,国会先后颁布实施了多部数字版权保护法律法规,如1980年颁布了《计算机软件保护法》,美国成为全球首个采用版权制度来促进软件产业发展的国家;为适应数字内容产业发展的需要,加强数字内容领域知识产权保护,国会先后于1997年和1998年颁布实施了《反电子盗版法》以及《跨世纪数字版权法》。

除此之外,美国还积极推进版权保护的国际化进程,从国际层面进一步提升美国的版权保护水平,进而为美国版权产业发展构建起了广泛而有效的保护机制,其最终目的是促使其占领国际文化产业市场。综合而言,版权保护政策是美国数字内容产业在全球取得竞争优势的核心关键因素,正是凭借着版权保护政策,美国数字内容产业领域才能产生源源不绝的创新力,进而使得美国能够在电影、游戏、动漫、音乐等数字内容领域全面领先。

(2)以培养全球竞争力数字内容企业推动产业发展

产业竞争的主体是企业,一个国家数字内容企业在全球的地位直接影响到该国数字内容产业的发展格局,影响到该国数字内容产业国际竞争力的强弱。美国之所以能在数字内容产业上取得领先全球的竞争优势,与其努力培养一批在全球具备竞争力的数字内容企业息息相关。美国自数字内容产业诞生起就注重对数字内容企业的培养,拥有一批在全球具有国际竞争力的龙头数字内容企业,如苹果、亚马逊、谷歌等。2021年全球互联网企业市值排行榜前十名企业中,美国拥有7家企业且前五名均是美国企业,这7家企业的总市场价值达到11.7万亿美元,占到美国2021年国内生产总值的50%左右(见表6.3);此外美国拥有的 Booking Holdings、Sales force、Uber、Airbnb 等企业也是全球排名前20的数字内容企业,这些互联网巨头通过向全球提供有竞争力的数字内容产品,进而帮助美国逐步占据全球数字内容市场。总体而言,美国

215

数字内容产业的发展离不开其数字内容企业的支持，正因为美国培养了一批在全球具有重大影响力的数字内容企业，为其产业发展提供了巨大的活力以及创新力，进而使得美国数字内容产业在全球领先。

表6.3　2013~2021年全球互联网企业市值排行榜TOP10

全球排名	企业名称	国家	企业市值（亿美元）	
			2013年	2021年
1	苹果	美国	4180	29100
2	微软	美国	2910	25300
3	谷歌	美国	2880	19200
4	亚马逊	美国	1210	16900
5	特斯拉	美国	200	10600
6	Meta	美国	560	9356
7	英伟达	美国	40	7353
8	台积电	中国台湾	867	6239
9	腾讯控股	中国	710	5590
10	三星	韩国	2000	4426

资料来源：Wind资讯。

（3）以培养有竞争力的科技人才为核心推动产业发展

人才资源尤其是高端科技人才是提升数字内容产业国际竞争力的根本因素，并且它影响和制约着其他资源要素的高效利用。美国数字内容产业的巨大成功，离不开其对有竞争力的人才的培养，尤其是把培养有竞争力的人才提升到国家战略高度。

二战时期，美国的"曼哈顿工程"是科技发展与人才应用的重要里程碑，它依托军方大项目、以国家任务的方式，从全国集中抽调科技人才并对资源集中配置，进行科技攻关，并在人才使用上设立雇佣职工公平时间委员会、劳工政策委员会以及人才培养配套措施，开创了人才培养及应用的新模式。二战结束后，美国从"曼哈顿工程"中意识到科技的重要性，在科技人才上面美国进一步加强了支持力度，通过成立美国国家科学基金会来开发人才以及激励科学研究，这是其人才培养的另一个重要里程碑。

在20世纪90年代至21世纪初的"国际竞争力时期"，美国的科技人才战略基本是依靠私有部门的力量，与世界竞争者在电子、汽车以及科技园等方面展开角逐；在这一时期，美国国家科学基金会也通过设立各种项目的方式，提供研究机会给科技人才，并且在这一阶段美国开始进行教育改革，强调就业与人才培养之间的关系，为所有工人提供获取基础和高级技术的机会。在进入数字化时代，美国认为竞争的关键在于科学、技术、工程以及数学（以下简称STEM）人才的竞争，因此，唐纳德·特朗普就任美国总统后就瞄准科技发展要求，签订了《总统STEM教育备忘录》，将STEM教育置于国家战略高度，政府每年投入2亿美元支持STEM教育。同时，亚马逊、脸书、谷歌、微软等全球排名前5的数字内容企业也积极响应特朗普的人才战略，优先资助计算机科学等数字技术人才的培养发展。综合而言，得益于"曼哈顿工程"到STEM的人才战略，美国数字内容产业发展获得了强有力的人才资源以及智力支持，从人才资源层面确保了数字内容产业竞争力的提升，实现了动态竞争优势。

6.2 英国数字内容产业发展模式成功经验分析

6.2.1 英国数字内容产业发展概况

英国是全球重要的创意产业大国，尤其是版权的输出量位居全球前三。据英国经济与商业研究中心2022年最新统计显示，由媒体、互联网、电影、广告、音乐等部门构成的创意产业已经超越制造业、发电以及采矿等工业部门，成为英国最大的经济部门，其比重占2021年英国经济增加值总额的48.5%。据英国数字、文化、媒体和体育发布的公告显示，按照GDP附加值（GVA）计算，英国创意产业增加值从2013年的360亿英镑增加到2021年的1090亿英镑，其增长速度是英国整体经济增长速度的1.5倍。其中，数字内容产业（数字出版产业、内容软件产业、动漫产业、音乐表演与视觉艺术产业、游戏产业以及广播电视产业）占整个创意产业的份额达到85%以上，已经占据创意产业的绝对主导地位，并成为英国经济增长的新引擎。英国尚未形成数字内容产业的具体分类，目前更多的是把数字内容产业划分在创意产业之中，其中发展最突出的是游戏产业、数字音乐产业以及数字出版产业。

（1）游戏产业

英国目前是仅次于中国、美国、日本、韩国、德国的全球第六大游戏消费市场。据Newzoo 2018年统计数据显示，英国游戏产业市值2021年达到71亿英镑，超过英国视频和音乐产业的市值总和（36.7亿英镑）。英国拥有3730万的游戏玩家，占整个英国总人口的比重达到56%，并且其中约有66%的玩家会在游戏过程中进行消费，31%的上网用户会观看游戏视频。英国游戏产业发展迅速，已经占据其数字内容市场的半壁江山（见表6.4）。

表6.4　　　　　　　　2020年全球游戏市场排名

世界排名	国家	游戏收入（亿美元）	游戏玩家规模（亿人）	玩家消费额（美元/人）
1	中国	440	6.37	94
2	美国	413	1.90	217
3	日本	195	0.67	291
4	韩国	71	0.32	222
5	德国	66	0.45	147
6	英国	61	0.37	174

第6章　主要发达国家数字内容产业发展模式成功经验分析

续表

世界排名	国家	游戏收入（亿美元）	游戏玩家规模（亿人）	玩家消费额（美元/人）
7	法国	44	0.35	126
8	加拿大	34	0.21	162
9	西班牙	30	0.35	86
10	意大利	29	0.27	107

资料来源：Newzoo、前瞻产业研究院。

虽然目前游戏市场是英国规模最大的数字内容市场，但是在实体游戏以及个人电脑的销售上却在2021年下降了21%。与此同时，数字游戏的销量同比增长了13%，其销售额占据整个游戏市场的20.4%。[1]游戏产业虽然是英国数字内容产业中最年轻的产业，但是得益于数字技术的高效应用，已经成为英国规模最大的数字内容产业。

（2）数字音乐产业

国际唱片业协会（IFPI）2019年统计数据显示，英国目前是仅次于美国、日本的全球第三大音乐市场，占据全球音乐市场销量的12.9%，同时占据欧洲市场的22%、美国市场的12%、加拿大市场的15%、澳大利亚市场的24.9%。在英国音乐产业中，数字音乐收入自2012年起开始超越CD光盘的销售收入，2018年Spotify、Amazon Music以及Apple Music运营的订阅音乐流媒体平台在英国创造了6.14亿美元的收入，占唱片行业总收入的54%，已经成为英国唱片业收入的主要来源。与此同时，CD销量在快速下降，2018年CD销量达到2.32亿美元，同比下降28.4%。从发展趋势来看，以流媒体音乐为代表的数字音乐将会逐渐取代实体音乐市场，成为英国音乐产业发展的主流。

---

[1] 资料来源：《2021年英国消费者游戏市场估值》。

(3) 数字出版产业

英国目前出版产业的数字化转型已经基本完成,是欧洲最为成熟的数字出版市场之一。2021年英国电子书相关的销售额达到32亿英镑,占整个英国出版业销售总额的47.8%,同比上升5%;电子书相关书籍出口总额达到4.2亿英镑,占据整个出版行业出口总额的18%。与此同时,纸质书相关销售额虽然达到35亿英镑,占整个英国出版业销售总额的52.3%,但同比增速却下降2.3%,已经呈现多年连续下滑态势。从产品结构来看,2014~2021年英国有声电子书强势崛起,年销售额增长率达到155%,市场份额从4%上升到11%,已经成为数字出版领域的重要组成部分。未来随着数字技术的持续创新发展,英国传统出版产业的数字化转型将会进一步深化,数字出版将会逐渐成为出版行业的主流。

6.2.2 英国数字内容产业发展模式成功经验分析

英国是全球首个界定"创意产业"的国家,同时更是全球首个成功利用国家政策影响力,来促进创意产业(数字内容产业)快速发展的国家,其在发展中所形成的一系列科学理念、系统政策及具体措施,对中国数字内容产业的发展有着重要的启示和借鉴之处,主要包含以下几个方面。

(1) 以强大的政府推进力来推动数字内容产业发展

英国自20世纪90年代就开始依靠强大的政府推进力来发展创意经济,经过将近20年的快速发展,已经成为全球排名第二的创意产品生产国,也是全球重要的数字内容产品生产国,究其原因,主要包含以下几个方面。

首先,英国对政府文化管理部门及时进行整合。英国贯彻"大文化"的发展理念,对文化管理机构进行改革,合并分散的管理职能,从而进一步扩大管理范围,如梅杰政府于1992年整合分散的六大文化管理机构,组建了国家文化遗产部;布莱尔政府于1997年改组国家文化遗产部,成立了文化、传媒和体育部,并针对创意产业设立了"创意产业工作组",下设四个专门的创意产业机构,工作组主席由首相亲自担任,分设机构的领导职务分别由文化、传媒和体育部以及贸易和投资部的官员担任,该部门由此成为英国创意产业中最重要、最关键的政府管理部门;卡梅伦政府于2011年成立了专门负责协调和指导国家创意产业发展的创意产业委员会。英国通过对文化产业施行集中统一管理,消除了政府部门之间的相互牵制,最终推动了整个创意产业的飞速发展。

其次,英国政府对产业进行精确定位且引导得力。英国并未像其他国家一样使用"文化产业"或者"数字内容产业"的概念,而是创新性地提出了"创意产业"的概念,并把包含电影、互动休闲软件、音乐等数字内容产业在内的13个行业纳入创意产业的统计范畴,该分类体系也为全球其他国家数字内容产业的划分提供了借鉴;文化、传媒和体育部于1998年及2001年分别发布了《创意产业路径文件》,明确了创意产业的发展战略以及政策方向;2000年和2005年又相继出台了《创意经济计划》和《英国创意产业竞争力报告》,为创意产业的发展建立了更加完善的政策框架。这一系列政策文件的出台,虽然隶属于不同英国政府时期,但是其发展思路却秉持着很强的一致性,政府政策对产业的支持逐步细化,为英国整个创意产业的发展指明了方向。

最后,英国政府为推动创意产业发展积极创造有利环境。英国政府认为创意产业的发展离不开优越的发展环境,因此在进行政策扶持的同时,还积极创造良好的人才以及金融环境。在人才环境建设层面,英国针对创意人才培养拟定了长期且系统的规划,为创意产业的持续发展提供了不竭源泉;产业技能委员会利用高等院校为数字内容行业开展人才再造工程;利用互联网对公共图书资源进行数字化改造,拓宽普通民众获取资源的渠道;利用旅游目的地举办博览馆以及画廊项目,对利用政府资助资金发展的文化艺术机构指导其进行艺术教育工作,实施创意合作伙伴计划,把英国青少年从小就纳入其中,为后备人才的培养打下坚实基础。在金融环境建设层面，英国于1993年实施了国家彩票法案，其目的是利用国家彩票募集专项资金以推动创意产业发展；积极建立基金会以及包含各领域的融资网络，为创意企业解决融资困难问题；以政府融资为基础，引导私人资金流向创意产业，拓宽融资渠道。

（2）以完善的知识产权保护体系加快数字内容产业发展

英国近年来始终保持着版权输出大国的地位，2014年其数字出版行业收入就达到800亿英镑，数字出版销售收入增长率达到32%，数字出版版权输出额上升了47%；影视行业占据全球11%的电影票房，音乐产业占据全球14%的市场规模；数字出版、电影、音乐、游戏等数字内容行业占英国GDP的比重达到5%以上。英国之所以能在数字内容产业上取得如此成绩，与其建立了完善的知识产权保护体系密不可分。

一方面，英国建立了完善的知识产权保护法律体系。英国是世界上最早通过制定法律开展知识产权保护的国家，1623年就颁布了世界上第一部专利法（《垄断权条例》），1709年又颁布了世界上首部具有现代意义的著作权法（《安娜女王法令》），这两部法令使得英国由此在全球知识产权保护领域确立了始祖位置，同时也对以后各国制定知识产权保护法带来重要影响。与此同时，英国通过加入保护知识产权的国际公约（如《保护知识产权的巴黎公约》《专利合作条约》等），不断推动全球知识产权保护法律制度的进步与发展。英国知识产权保护经过将近400年的发展历程，最终建立了具有英国特色并且较为完善的知识产权法律保护体系，为数字内容产业发展构建了良好的生态环境。

另一方面，英国建立了科学的知识产权管理体系。英国政府为了科学管理知识产权，1852年在颁布实施《专利法修正法令》的同时设立了英国专利局，并于1990年把专利局规定为政府正式机构，隶属于英国贸工部（DIT），共包含有关知识产权管理的六大职能；2007年为进一步向公众明确专利局的服务职能，英国政府把专利局改名为知识产权局，从而为进一步利用知识产权做好保障。知识产权局既负责申报、审批及批准专利、商标、设计以及版权,又负责打击侵犯知识产权的犯罪行为,同时还负责协调政府决策机构、执法部门以及企业之间的关系,知识产权局实际上是一个综合性较强的知识产权保护机构。知识产权局为有效保护知识产权,制定了详细的规划,规定每年要分别发布总结过去和规划未来的年度报告及企业计划,同时在知识产权项目的审批及处理上都设定有明确的程序和度量标准。知识产权局为英国知识产业保护提供了高效的服务,进而也为英国创意产业(数字内容产业)的发展做出了杰出的贡献。

(3) 以跨界融合为发展理念促进数字内容产业发展

数字内容产业发展的新常态是跨界融合,英国创意产业(数字内容产业)的成功发展对此观点进行了实践验证。英国创意产业从发展之初就秉承着"文化+"的跨界融合发展理念,在包含的13个分类(其中数字内容产业占到7类)中,几乎每个行业都存在着明显的跨界融合现象。

一方面,英国积极推动"文化+科技"的跨界融合。以数字内容产业为核心的英国创意产业之所以能够成长为核心增长极,主要得益于"文化+科技"的跨界融合。在传统媒体改造方面,开展实施"多媒体革命",英国政府大力推动传统媒体向数字化转型,给予大量资金扶持BBC等国家重要媒体进行数字化转型,促使其成为公共数字内容服务的提供者以及"数字英国"的推动者;积极研究互联网和数字技术对音乐消费、电影制作和销售以及知识产权保障的影响,进而制定相应的产业数字化发展政策;大力推动广播、电影、电视、出版、设计等传统文化产业加速与现代数字技术融合,使其向数字报纸、数字图书馆、数字剧场以及数字教育等方向转型发展。

另一方面,英国积极推动"文化+旅游"的跨界融合。虽然英国未能拥有如中国、意大利以及埃及等国丰富的文化遗产,但是英国却通过"文化+旅游"的方式将其文化影响力提升到很高的程度。一是英国通过"创意无限"为主题的文化节积极推动创意产业发展。据统计显示，目前英国大约有600个艺术节活动，通过这些文化节激发了普通市民及学生的创意才能，提升了整个英国的文化活力以及多样性，为英国塑造了浓郁的创意氛围。二是英国积极推动"创意产业+旅游业"的方式来发展创意产品。英国是目前全球排名第二的音乐产出国以及排名第三的音乐销售国，这主要得益于剧院文化在其中所起的推动作用，英国剧院每年接待外国游客约300万人次，依靠票房和创意衍生品为英国增加了7亿英镑的收入，也间接推动了音乐产业的迅速发展。

6.3 日本数字内容产业发展模式成功经验分析

6.3.1 日本数字内容产业发展概况

日本是全球数字内容产业最发达的国家之一，对于"数字内容产业"概念的界定，日本普遍把其定义为"内容产业"，是指可以把享受的信息提供给人的精神的产业，也是一种能够经营的财产。根据最新发布的《数字内容产业白皮书（2016）》对数字内容产业的划分，日本把其划分为影像、音乐、游戏、出版、互联网广告以及手机移动广告、图书报刊等几类。在国家的大力推动下，日本数字内容产业取得了快速发展，尤其是动漫产业、游戏产业、移动应用产业发展最为迅速。

（1）动漫产业

被誉为"动漫王国"的日本，其动漫产业的产值超过2.74万亿日元（见图6.5），是仅次于汽车、家用电器的第三大支柱产业。日本目前也是全球第一大动漫作品出口国，整个国际市场的60%被其所占据，占据欧美市场的80%以上，海外销售额约达到1.31万亿日元。日本动漫旅游也已形成气候，每年约有420万名的海外游客因日本动漫而到日本旅游，显著刺激了日本经济发展。[①]

[①] 资料来源：日本动画协会、前瞻产业研究院。

第6章 主要发达国家数字内容产业发展模式成功经验分析

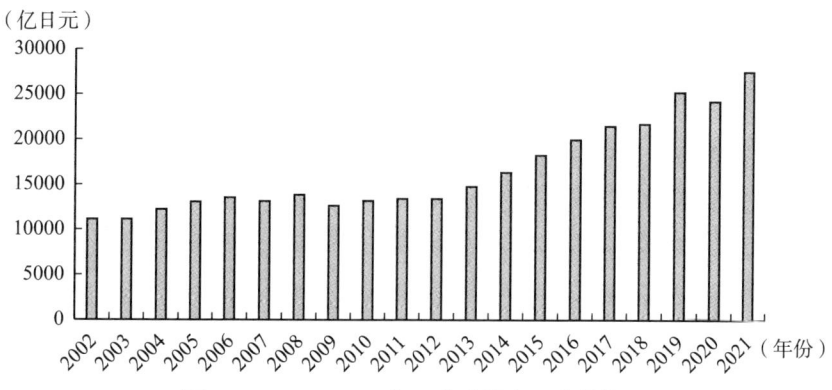

图6.5 2002～2021年日本动漫产业产值状况

资料来源：根据日本动画产业报告整理所得。

日本动漫产业之所以能够取得巨大的成绩，得益于其以漫画为起点，形成了完备的巨大产业链（见图6.6）。日本动漫产业呈现动画、漫画、游戏齐头并进的显著特点，在产业链上并未形成如美国一样的上下游垄断模式，而是在细分市场上诞生了更多的"领袖"，基本形成了"大为支柱、中为补充、小为基础"的动漫产业发展格局。

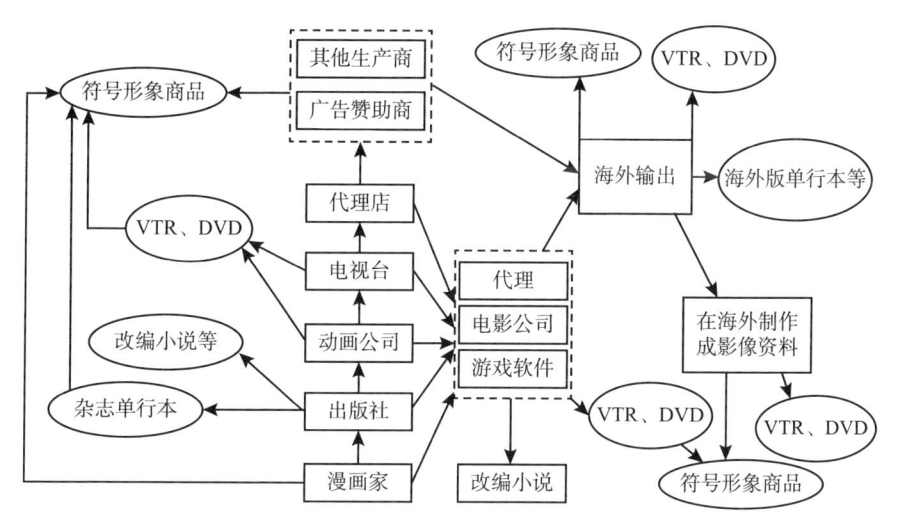

图6.6 日本动漫产业链流程

资料来源：前瞻产业研究院。

225

（2）游戏产业

从日本整个游戏产业发展历程来看，日本游戏产业经历了主机游戏的衰落、手机游戏的崛起两大阶段。从1983年至今，日本主机游戏经历了萌芽期、诞生期、黄金期、低谷期、复苏期、衰退期，伴随着智能手机的普及，日本从2008年全球性金融危机后开始过渡到手游时代，并迅速占据日本游戏市场的中心地位。日本虽然主机游戏和PC端游戏不复往日辉煌，但目前日本仍是仅次于中国和美国的全球第三大游戏市场，2021年游戏市场收入高达221亿美元，占据全球游戏市场规模的13%，并且全球前十大游戏厂商中日本占据了其中的3个（索尼、任天堂、卡普空）。日本目前形成了世界独树一帜的游戏市场发展格局，形成以手游市场为主、主机游戏和PC端游戏为辅的发展态势，而中韩则是以PC端游戏为主，欧美则在各细分领域差别甚小。其中，手机游戏占据日本游戏市场的83%，规模达到184亿美元；主机游戏和PC端游戏分别占据日本游戏市场的13%和4%，规模分别达到28.3亿美元和8.7亿美元。[①] 从发展趋势来看，未来日本主机游戏的市场规模将会进一步缩小，手机游戏将逐渐进入成熟期，整体游戏市场规模将趋于稳定。

（3）移动应用产业

日本在全球最发达的经济体中，移动消费的支出位居世界前列，是仅次于美国、中国的全球第三大市场，移动应用消费支出达140亿美元。目前日本互联网渗透率达到78.8%，安卓手机用户比例达到60%，且本土手机品牌占据市场大部分份额，这由此导致了日本App市场与游戏市场一样较为封闭，形成了以本土移动内容产品为主的市场格局，从畅销App TOP10中可以明显反映这一格局，十款App产品全部为日本本土产品。工具类及通信类App是目前日本移动应用市场的主角，这主要是由于移动办公渐成主流所导致的；视频类App活跃度排名第三，则主要是日本民众通勤时间很多，视频已经成为日本民众最主要的

---

① 资料来源：根据Newzoo发布的数据整理所得。

第6章 主要发达国家数字内容产业发展模式成功经验分析

娱乐手段（见图6.7）。

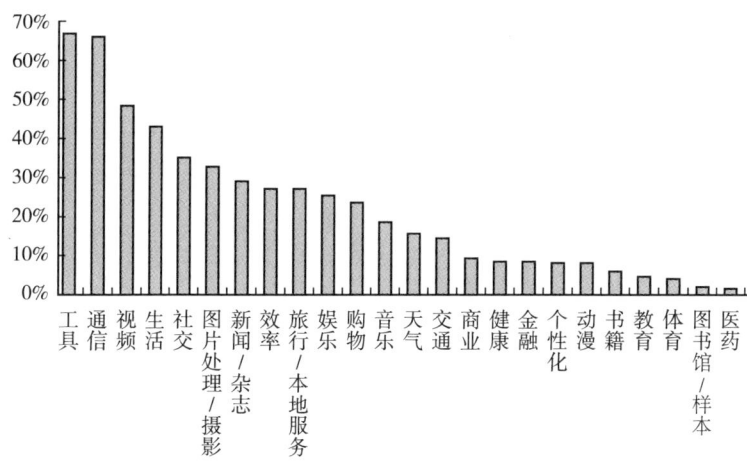

图 6.7 日本非游戏类 App 活跃分类

资料来源：猎豹全球智库。

由于日本所形成的本土化发展格局，App 畅销榜 100 中日本占据了 87% 的市场份额，美国、中国以及其他国家分别占据 9%、3% 以及 1% 的市场份额。其中，日本 LINE 公司占据最大的市场份额，前十名畅销 App 中包揽四席，在日本的活跃渗透率达到 51%；美国在日本主打郊游及效率类 App 产品，如 Google 旗下的相关产品；中国在日本主打交友及直播类 App 产品，对于封闭的日本市场而言整体表现尚可，Top Buzz Video、ES File Explorer 以及 Say Hi 最受欢迎。

6.3.2 日本数字内容产业发展模式成功经验分析

（1）以阶段化顶层战略推动数字内容产业发展

日本为推动数字内容产业发展，从 21 世纪初就开始通过国家力量实施阶段化发展战略，并逐步对战略规划进行深化升级，从而促进了日本数字内容产业快速发展。

首先，通过"e-Japan 战略"及"u-Japan 战略"推动互联网的普及和应用。2001年，首相小泉纯一郎改组日本政府并成立IT战略本部，同时为推动互联网的普及及应用，政府制定并实施了"e-Japan战略"，该战略主要侧重于建设超高速互联网、推进电子商务、实现电子政府以及强化人才培养四个方面。基于对该战略目标的有效执行，日本约有3000万户及1000万户家庭分别享用了高速网络以及超高速网络，网络资费全球最低，互联网普及率和手机等移动端互联网利用率分别达到了66.8%和57%，基本实现了"e-Japan战略"的目标，信息通信网络基本建成，为数字内容产业的发展奠定了基础。2004年，日本在"e-Japan战略"的基础上提出了"u-Japan战略"，其目标是发展各种应用，提升网络中数字内容的流通，发展重点是将影像、音乐、游戏以及图书等内容数字化，为数字内容产业的发展创造有利环境，最终使得日本数字内容产业从2006~2010年实现了大幅度增长。

其次，通过"IT新改革战略"推动网络及数字化完全普及。2006~2009年，在"e-Japan战略"目标基本实现的基础上，日本为打造IT网络社会提出了"IT新改革战略"，其目标主要是对日本网络社会的基础进行完善，利用IT的结构改造力量来解决日本存在的多种社会问题，同时向全球发出日本声音并做出贡献。由于在此期间日本也受到了全球性金融风暴的影响，为使经济重新焕发生机和活力，日本实施了"i-Japan战略"，其目标是突破一批核心数字技术，并利用数字技术与信息技术的跨界融合发展以促使日本经济焕发活力。通过"e-Japan战略"以及"i-Japan战略"的实施，日本很大程度上普及了网络化和数字化，网络通信社会基本形成，极大地促进了数字内容产业的发展。

最后，通过"新成长战略"推动数字媒体网络新时代的发展。2010~2017年，为实现重振日本经济的目标，先后三次制定了"新成长战略"，2009年和2010年内阁会议两次制定了"新成长战略"，提出了依靠科学、技术以及信息通信立国的发展战略；2013年日本制定了卓有成效的新成长战略，即"日本再兴战略"，其目标是让日本成为全球最领先的IT国家。新成长战略的实施，使得日本强化了数字化通信

第6章 主要发达国家数字内容产业发展模式成功经验分析

技术,进一步推动了数字内容产业发展。

(2) 以"走出去"模式加快数字内容产业发展

数字内容产业在日本被定位为"积极振兴的新型产业",依靠题材的新颖性、成本的低廉化以及制作的快速化,其动漫、游戏等领域在全球占有重要的地位,如日本对美国出口动漫产品的规模是其对美国出口钢铁产品规模的4倍。高度重视国际化发展战略,以"走出去"模式来加快数字内容产业发展,是日本促进数字内容产业发展的重要战略。

首先,日本制定了清晰明确的海外战略发展导向。在"u-Japan战略"中,日本明确提出数字内容产业战略较其他产业更能带动日本经济发展,并能加深全球对日本文化的尊重与理解,同时也能够提升日本在国际上的地位与形象,因而日本把有关数字内容产业的预算提升为21亿日元。其次,日本建立了专业化的海外市场拓展平台。2003年日本经贸部成立了专门化的海外市场拓展平台——数字内容产业全球策略委员会,其目的是支持日本数字内容产品成为全球化的产品,该数字内容协会积极开展数字内容领域的国际交流计划,并为日本数字内容产业发展搜集必要的情报。最后,构建完善的海外市场开拓机制。为拓展海外市场,在文化厅及经产省的扶持下,日本建立了"内容产业国外流通促进机制",其目标是支持日本数字内容产业的国际发展,振兴日本文化产业,确立著作权制度和开展国际必要的项目合作。

(3) 以强大的"移动技术"支撑数字内容产业发展

技术是推动数字内容产业发展的重要动力,其进步程度是决定一个国家或地区数字内容产业国际竞争力的重要因素,而日本正是凭借着领先的移动技术获取数字内容产业发展优势的成功典范。得益于先有移动互联网再有互联网的发展格局,日本拥有位居世界前列的尖端移动技术,是全球首个运营3G网络的国家,创造了全球首个基于手机定制、手机内容平台以及网络服务的生态系统,同时日本在通信网络的覆盖上全球领先,尤其是光纤用户渗透率高、移动通信网络覆盖率全球最广,进而推动移动互联网产业的快速发展,是全球目前最为成熟的移动互联网市场之一。得益于强大的移动通信网络，日本手机音乐、手机阅读、手机游戏以及手机视频等诸多移动服务蓬勃发展，并诞生了一批世界知名的移动互联网企业（如 DeNA），并在 2013 年超越美国成为全球第一大移动应用消费国，是韩国移动消费规模的 3 倍。此外，在移动广告市场领域，日本在 2012 年之前始终占据着全球第一的位置。

6.4 韩国数字内容产业发展模式成功经验分析

6.4.1 韩国数字内容产业发展概况

数字内容产业在韩国被定义为"内容产业或文化内容产业"，是指制造、开发、包装和销售信息产品以及服务的产业，主要划分为出版、广播、电影、音乐、动漫、游戏以及信息服务等领域，目前已超越汽车产业，成为韩国第一大产业，2021 年其内容产业的销售额达到 136.4 万亿韩元（1110 亿美元），出口额达到 124 亿美元[①]。在独特的政府主导型产业发展模式扶持下，韩国数字内容产业发展迅速，尤其是在动漫产业、游戏产业、音乐产业等领域发展最为成熟。

（1）动漫产业

在动漫产业的发展上，韩国虽然是后起之秀，但是已经成为仅次于日本和美国的亚洲第二大、全球第三大动漫产业大国，占全球动漫产业市场的比重超过 30%。作为韩国的六大支柱产业之一，先后经历了 20 世纪 80 年代以承接日本动画制作为主，90 年代逐步迈入原创阶段，进入 21 世纪后通过与网络技术的紧密融合而形成了现在的以数码动画技术为发展重点的动漫产业战略[②]。发展动漫产业已经成为韩国的国家战

---

① 资料来源：根据韩国文化产业振兴院发布数据整理所得。
② 资料来源：《韩国 2022 动画产业白皮书》。

略，政府通过实施人才培养、广泛宣传、资金投入和知识产权立法保护等措施，为动漫产业的发展创造了优越的环境，据2021年韩国文化产业振兴院发布的报告显示，动画产业2020年实现销售收入21000亿韩元（约121亿元人民币），其中实现出口收入1.8亿美元，占全球市场22%的份额。

韩国动漫产业之所以发展迅速，除了国家的强力政策扶持、推行编辑"终身雇佣制"、积极发展漫画租赁业以及在教科书中采纳漫画内容等多项措施，还与其自身所形成的特色产业链密不可分。韩国动漫产业链与日本相比在延伸方向上差异较大，韩国以网络为出发点，首先开发出网络游戏，其次推出关联衍生品，并根据游戏角色创作出漫画及动漫片，借助这一特色发展道路，韩国动漫产业迅速崛起，从原先的外来加工国一跃转变成世界第三大动漫大国。

（2）游戏产业

韩国目前是仅次于中美日的全球第四大游戏市场，2020年游戏销售收入达到144亿美元，据韩国内容振兴院发布的最新报告显示，2020年韩国内容产业出口108亿美元，其中游戏出口占比达到75%。从细分市场来看，韩国游戏产业包括PC网络游戏、手机游戏、主机游戏以及网吧游戏等，其中，PC网络游戏2020年占据市场份额的25.9%，手机游戏占据市场份额的57.4%，主机游戏仅占据5.8%的市场份额。从产业结构发展趋势来看，PC网络游戏在收入结构中所占的比重呈现下滑态势，由2011年的70.8%下降到2020年的25.9%；而手机游戏呈现快速上升态势，由2011年的4.8%上升到2020年的57.4%，未来韩国游戏产业将会逐渐形成PC网游与手游并驾齐驱的发展格局。从出口区域来看，中日美是韩国最主要的游戏出口目的地，其中，中国贡献了约33%的市场份额，日本贡献了20%左右的市场、美国贡献了17%的市场。[①]

---

① 资料来源：《2021韩国游戏白皮书》。

（3）音乐产业

韩国近年来音乐产业取得了令世界各国瞩目的发展成就，不但在本土表现出色，而且向海外不断扩张，在全球引领了 K-pop 音乐潮流，成为韩国打造世界文化强国战略的重要组成部分。韩国文化内容振兴院 2022 年 1 月 24 日发布的最新数据显示，2021 年韩国音乐出口 6.79 亿美元，在文化内容产业领域中出口额仅次于游戏、动漫以及知识信息，且出口增速达到 38.5%；从文化内容产业销售额增速来看，音乐产业同比增速达到 44.8%，位居各文化内容领域第一位。韩国数字音乐市场发展也较为成熟，其数字音乐付费率高达 90%，远超中国的 5%、新加坡的 50%、欧美的 70%，位居全球第一位。[①]

韩国音乐产业的成功得益于其对音乐版权的管理。一方面韩国两次对《著作权法》进行修订和完善，对违法盗版下载音乐进行严厉打击，并解决了数字音乐发展中存在的收费体系以及收入分配问题；另一方面，不断创新音乐版权保护方式，如实施音乐租赁服务，有效减少音乐领域的盗版侵权问题。

6.4.2　韩国数字内容产业发展模式成功经验分析

（1）以政府主导模式推动数字内容产业发展

韩国之所以能够在较短时间内一跃成为数字内容产业强国，除了特殊的历史传统以及文化氛围，还与其实施的政府主导型产业发展模式有着密切关系。韩国这种发展模式的显著特点是通过政府强有力的干预以及主导作用，积极运用宏观经济计划以及产业政策，并努力发挥市场机制在数字内容资源配置中的作用。

一是构建强有力的专门数字内容产业推进机构。为促进韩国数字内容产业发展，依据《文化产业振兴基本法》第 31 条的规定，于 2009 年成立了韩国内容振兴院（KOCCA），隶属于文化观光体育部，并在东

---

① 资料来源：《2020 年韩国内容产业调查》。

京、洛杉矶、伦敦以及北京等地成立了办事处,其核心业务是支援内容创作、支援海外输出、促进CT融合型文化事业发展、培养人才以及设立及运营相关的措施。二是加强对数字内容产业的资金、技术和政策支持。加大对数字内容产业的资金支持,构建一系列支持数字内容产业发展的基金;在技术支持方面,积极促进具备跨界性质的数字内容产业的发展;积极消除制度性障碍,改革数字内容产业等级审议制度。三是为企业制定有针对性的海外输出战略。为有效促进韩国数字内容企业占据海外市场,政府根据市场类别、产业领域以及区域差别等标准,为数字内容企业制定有针对性的海外输出战略;积极改善海外市场环境,努力消除海外数字内容产业市场存在的障碍。四是努力加强人才培养。成立专门的"文化产业培养委员会",制定高标准的数字内容产业人才培养计划;在高校设立专门的影视及游戏专业,培养高素质数字内容产业人才。

(2) 以"文化立国"战略推动数字内容产业发展

鉴于资源匮乏现状,为克服1997年亚洲金融危机带来的影响,韩国政府连续四届实施"文化立国"战略,实现了产业结构的转型、经济的增长及国际地位的提升,并成为世界第五大文化强国,"韩流"更是席卷全球。

第一,金大中政府时期的《内容韩国蓝图21 (Content Korea Vision 21)》。金大中政府于1998年指出,高新技术以及文化产业是21世纪韩国的立国之本,并于同年正式提出了"文化立国"的战略。2001年金大中政府为保障数字时代文化内容领域的竞争力,制定了《内容韩国蓝图21 (Content Korea Vision 21)》,其目标是让韩国成为21世纪的文化大国和知识经济强国,其具体实现路径主要包括调整相关法令和制度以适应数字时代发展的需要、提升文化内容创作力量、构建内容产业发展基础、针对知识经济发展培育专门高端人才、扩大文化内容产品海外市场营销战略五个方面。

第二,卢武铉政府时期的《C韩国战略 (C - Korea 2010)》。卢武铉政府于2004~2005年先后颁布实施了《创意韩国》《新艺术政策》和《C韩国战略（C-Korea 2010）》等文化内容发展规划，确立了"文化立国"的总体蓝图。其中尤以《C韩国战略（C-Korea 2010）》为代表，它确立了让韩国成为世界第五大文化强国的宏伟目标，其具体实现路径主要包括培育在国际上具备高水平的文化市场、革新文化产业流通结构、提升著作权产业的活跃度并为其发展提供基础、以韩流世界化来推广国家品牌四个方面。

第三，李明博政府时期的《内容产业振兴基本计划》。为提升韩国文化产业国际竞争力，李明博政府积极把握数字融合的发展现状，2011年制订了努力让韩国于2015年进入全球5大内容产业强国的宏伟计划，即《内容产业振兴基本计划》，该计划的战略目标是"体现智慧内容的韩国"，为实现该目标制定了详细的5大核心促进战略以及15项重点项目。

第四，朴槿惠政府时期的以"韩流"文化创造经济的战略理念。朴槿惠在就任之初就把"文化昌盛"作为其三大治国纲领之一，号召通过创意与技术相结合来创造新的经济增长动力；2013年朴槿惠再次提出了"创造经济"的执政理念，希望通过广播、游戏、动漫、网络、影视等领域的"韩流"文化来创造新的经济增长点。

综合而言，从金大中政府到朴槿惠政府，依靠在"文化立国"战略上的连续性和稳定性，利用"举国体制"来推动产业发展，最终实现了文化内容产业的巨大成功。

（3）以文化产业法制规范促进数字内容产业发展

自1998年"文化立国"战略被确定以来，韩国就陆续出台了多部相关法律法规来保障文化内容产业的发展，成为"韩流""举国体制"不可或缺的重要架构，为文化内容产业发展创造了良好的环境。尤其是金大中政府于1999年颁布的《文化产业振兴基本法》，是韩国首部文化产业领域的综合性法规，明确了繁荣文化产业的基本方略，为文化产业发展奠定了法制基础；自《文化产业振兴基本法》颁布实施以来，四届政府根据经济社会发展状况，对该项法律不断进行修订和补充，截至目前已经有三十多次。韩国政府还对《影像振兴基本法》《著作权法》以及《电影振兴法》等多部文化领域的法制法规进行了修改及修订，并推出了《文化产业发展五年计划》以及《21世纪文化产业的设想》等纲领性政策性文件，为数字内容产业发展提供了全面的法制依据以及明确的宏观指导，促进了数字内容产业的快速发展。

6.5 本章小结

本章对主要发达国家数字内容产业的发展现状及发展经验进行了分析和总结。首先，对美国数字内容产业发展模式成功经验进行分析总结，重点分析了数字动漫、数字游戏、数字音乐以及网络视频行业的发展状况，并总结了美国通过版权保护、培养具备国际竞争力的国际企业以及科技人才来推动数字内容产业发展的成功模式；其次，对英国数字内容产业发展模式成功经验进行分析总结，重点分析了游戏产业、数字音乐产业以及数字出版产业的发展现状，并总结了英国依靠政府推动力、完善知识产权保护体系、跨界融合发展理念来推动数字内容产业发展的成功模式；再次，对日本数字内容产业发展模式成功经验进行分析总结，重点分析了动漫产业、游戏产业、移动应用产业的发展现状，并总结了日本依靠阶段化顶层战略、"走出去"模式以及移动技术来推动数字内容产业发展的成功模式；最后，对韩国数字内容产业发展模式成功经验进行分析总结，重点分析了动漫产业、游戏产业、音乐产业的发展现状，并总结了韩国依靠政府主导模式、文化立国战略以及文化产业法制法规来推动数字内容产业发展的成功模式。

第7章
中国数字内容产业国际竞争力提升路径

数字内容产业作为数字经济时代的战略性新兴产业,是培育经济发展新动能和获取未来国际竞争优势的核心领域,其国际竞争力的强弱直接关系到中国在全球国际分工以及产业格局中的地位,更加关系到新时代中国社会主义现代化强国进程的实现。通过前面构建的数字内容产业国际竞争力评价指标体系,对中国数字内容产业国际竞争力进行了直观的量化分析,衡量和判断了中国数字内容产业在全球国际格局中的地位,进而为探索中国数字内容产业发展路径提供了参考和指导。从前面对中国数字内容产业国际竞争力实施的横向国际比较来看,虽然中国数字内容产业国际竞争力近年来呈现明显的快速增长趋势,发展前景广阔,但由于受到数字基础设施薄弱、资源要素短缺、产业结构失调等内部因素以及政府政策不完善、市场开放不彻底等外部因素的制约,与美英日等数字内容强国相比仍然存在较大的差距。

总体而言,数字内容产业的发展离不开合理优化配置生产要素,而要实现生产要素的高效利用,并成功实现向国际输出具备中国特色的数字内容产品,关键在于宏观层面的政府数字内容产业发展战略、中观层面的行业协会协调发展机制以及微观层面的企业经营发展模式,三者之间虽然对数字内容产业的影响侧重点不同,但是三者之间相互作用、相互影响,共同构成一个完美的系统,才能合力实现数字内容产业国际竞争力的提升。

7.1 政府宏观层面的数字内容产业发展路径

政府作为影响数字内容产业国际竞争力的重要因素,虽然不像企业一样直接参与国际竞争,但其通过经济、法律等宏观产业政策可以为数字内容产业发展提供所需的企业资源、创造良好的发展环境,进而影响产业国际竞争力。从当前中国数字内容产业发展现状以及竞争力水平来看,之所以落后于美国等发达国家,除了外部环境受到经济实力、经济效率、市场开放度、政府政策等影响,更主要的是内部受制于企业在产品实力、企业战略、产业结构、创新能力、生产要素等方面与发达国家存在着的巨大差距。但从深层次分析来看,现存的数字内容产业发展机制不能与产业发展相匹配才是中国数字内容产业国际竞争力落后的根源所在。因此,政府作为宏观产业发展机制的塑造者和调控者,应进一步通过加强顶层设计、优化产业布局、完善政策体系、扩大开放水平等措施对数字内容产业进行扶持、调控和监管,从而构建完善的与产业发展相匹配的发展战略。

7.1.1 加强顶层战略设计 科学规划产业布局

从当前国际经验来看,无论是市场化主导的美国等发达国家还是新兴市场国家,在数字内容产业大发展过程中政府的引导作用是不可或缺的。尽管中国针对数字内容产业相关领域出台了一系列的发展政策,但是从国家层面尚未制定专门性的纲领性数字内容产业发展政策,数字内容产业内涵、分类界定不清晰,产业政策不明确,亟须加强顶层战略设计,科学规划数字内容产业布局。

(1)以顶层战略设计推动数字内容产业快速发展

政府是数字内容产业发展的直接推动者,政府政策对推动产业发展有着明显的促进作用,因此要通过顶层战略设计来促进战略发展。政府要积极践行"数字中国""网络强国"战略,在原有的宏观产业政策基础上,从全局高度确立数字内容产业的战略性支柱产业地位,制定数字内容产业总体战略规划和部署,明确数字内容产业发展的指导思想、基本原则、发展路径、重点任务以及保障措施,统筹中央各部门以及地方政府的力量,推动数字内容产业快速发展;要积极践行党的十九大提出的"培育新型文化业态"的发展理念,积极促进数字技术与文化创意产业的跨界融合,进一步丰富数字内容产业的形式和内容,做大做强数字内容产业;要发挥科研院所及高校的作用,针对数字内容产业发展构建专业性的高端智库,分析国际国内数字内容产业发展趋势,研判其发展规律和发展阶段,科学判断目前数字内容产品与消费者心理诉求之间的差距,科学规划数字内容产业发展的顶层设计,为其发展制定科学合理的宏观产业政策,营造优良的经营环境。

(2)引导数字内容产业发展方向以促进产业高质量发展

数字内容产业具备较强的跨领域性以及高复杂性,政府必须从宏观方面引导产业发展方向,促进数字内容产业高质量发展。首先,优化数字内容产业供给结构。要强化数字内容产业的原创性发展,鼓励全民创意以及创作联动等数字内容产业创作方式的发展;要强化数字技术对数字内容创作、开发及传播的支撑作用,提升数字内容产品的品质,丰富数字内容产业的表现形式;要深化"互联网+"的表现形式,深度应用数字技术的创新成果,实现创新链与产业链之间的高效对接;要促进数字内容产业不同形式之间的融合与转换,适应数字经济时代的消费需要,创作更多多样化及个性化的内容产品。其次,促进优质传统文化资源数字化。积极践行数字内容创新发展工程,鼓励对传统优质文化资源进行数字化转化及开发;要鼓励地方依托特色文化,开发具备区域和民族特色的内容产品;要推动馆藏文化资源实现数字化,打破物理和地域局限,为公众提供多元异构的数字内容产品。最后,要扩大和引导数字内容产品消费需求。要结合目前开展的"引导城乡居民扩大文化消费试点工作"的契机,增加城乡数字内容产品有效供给,引领数字经济

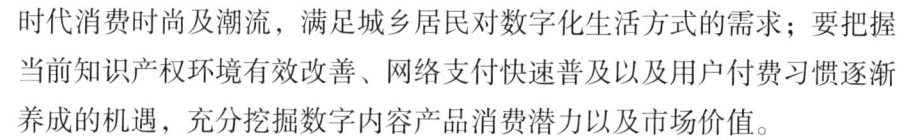

时代消费时尚及潮流，满足城乡居民对数字化生活方式的需求；要把握当前知识产权环境有效改善、网络支付快速普及以及用户付费习惯逐渐养成的机遇，充分挖掘数字内容产品消费潜力以及市场价值。

(3) 优化数字内容产业整体布局以促进产业健康有序发展

数字内容产业涉及领域众多，必须通过合理规划来优化产业结构，推动数字内容产业健康、有序发展。首先，推动数字内容产业重点领域提质升级。要依托新兴数字技术以及新媒体，创新表现形式以及传播渠道，推动网络动漫产业提质升级；要以内容价值为导向，积极培育国产原创品牌，推动网络游戏产业健康发展；要大力推行网络内容建设工程，提升内容产品的原创能力以及文化品位，丰富数字影音及数字出版产业的表现形式；加强自主创新能力建设，突破关键核心技术，促进内容软件产业高质量发展。其次，推进数字内容产业内外部结构的合理配置。数字内容产业涉及八大门类，各门类、各区域之间又存在着交叉与融合，为减少重复投资以及盲目的自由市场竞争，必须通过政府力量合理配置内外部结构。在外部方面，要优化数字内容产业布局，发挥东中西部各自的优势和特色，加强数字内容产业基地规划和建设，打造数字内容产业集群；在内部方面，要实现内部行业协同发展，既要激活数字音乐、数字动漫、网络服务等相对弱势行业，又要创新发展网络游戏、数字出版、数字影视、内容软件等优势内容产业。最后，超前布局数字内容产业前沿领域。伴随数字经济发展壮大，数字技术不断推陈出新，国家应顺应时代变革以及技术发展趋势，推动数字内容产业实现产品、模式及业态创新。要重点推动物联网技术、5G技术、3D打印技术、智能制造技术在数字内容产业领域的应用，促进产业向虚拟化、超现实方向发展，进一步拓展数字内容产业边界。

7.1.2 规范产业发展秩序　优化产业发展环境

数字内容产业涉及规模庞大的产业集群，包含内容产品制作、传播、交易、技术和服务支持等多个复杂的环节，这使得数字内容产业的发展面临着较强的冲突与挑战。快速发展的数字技术虽然给数字内容产业的发展带来了便利、开拓了空间，但同时也增加了数字版权保护的难度，使得传统的市场监管体系遭到冲击，从而导致数字内容产业在发展过程中面临着严峻的市场秩序问题。在此背景下，亟须出台相关政策和法律法规，规范数字内容产业秩序，优化产业发展环境。

（1）完善数字内容版权立法工作

数字内容产业发展目前面临的最主要问题就是在互联网环境下如何保护知识版权，涉及著作权保护、数据库保护、网络传播、虚拟财产等各个方面，因此，为促进数字内容产业发展，必须制定配套的法律法规来保护数字内容知识版权。要仿效欧盟、日本等地区和国家制定国家层面的数字内容领域纲领性法律文件，如欧盟颁布实施的《关于数据库法律保护的指令》以及《协调信息社会中特定著作权和著作邻接权指令》、日本颁布实施的《高度信息通信网络社会形成基本法（IT基本法）》，加大对知识产权保护力度，规范和引领产业发展；要加强数字内容产业的著作权立法工作，在国家颁布的《互联网著作权行政保护办法》以及《信息网络传播权保护条例》的基础上，进一步构建著作权补偿制度，通过立法对数字内容领域大量出现的复制设备以及存储产品予以补偿；要构建数字内容产业著作权保护支撑体系，逐步完善著作权登记制度，建立数字著作权查询体系，并探索新的版权使用方式。

（2）加强数字内容产业执法改革和普法宣传

一是要全面推动数字内容产业执法改革。要加强专业化网络执法队伍建设，面向数字内容产业选择网络化、信息化、数字化执法人才的选拔与培训，提高执法队伍的整体专业素质；要针对数字内容产业的特性转变执法理念和方式，积极运用数字化手段加强对数字版权的监测和保护，提高数字内容产业保护效率；要整合信息部门、网络部门、公安部门、文化部门以及社会公众的力量，建立跨部门、跨区域的快速反应机制及上下联动机制，提高数字内容产业领域执法效率。二是要加强对数字内容产业领域法律法规的宣传教育及普及。社会公众的数字版权意识

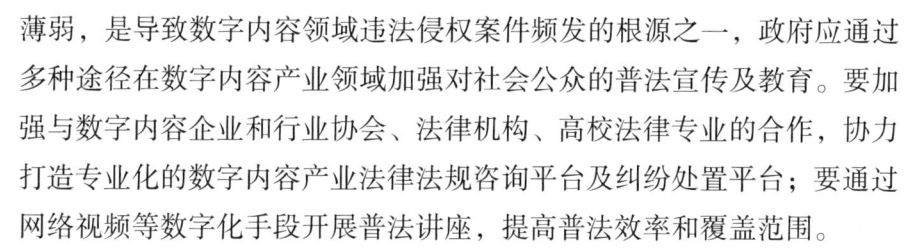

薄弱，是导致数字内容领域违法侵权案件频发的根源之一，政府应通过多种途径在数字内容产业领域加强对社会公众的普法宣传及教育。要加强与数字内容企业和行业协会、法律机构、高校法律专业的合作，协力打造专业化的数字内容产业法律法规咨询平台及纠纷处置平台；要通过网络视频等数字化手段开展普法讲座，提高普法效率和覆盖范围。

（3）加强数字环境下市场监管和标准体系建设

要针对数字内容产业领域的网络运营监管、公共信息资源开放以及行业标准等问题，拟定相应的规范政策。一是要积极运用宏观调控手段，加强对网络基础设施运营的监管，防止歧视性市场准入，推动数字内容产业市场公平竞争。二是要优化对数字内容产业政策的评价体系与监督机制，科学评价和判断数字内容产业政策对产业发展的影响及效果，及时调整政策执行过程中出现的偏差和错误，以保障政策运行的科学化以及有序化。三是要加强数字内容产业统计体系建设，明确数字内容产业分类体系，构建与国际接轨的数字内容产业统计体系，进而加强对数字内容产业发展的实时监控。四是要促进数字内容行业标准化建设稳步推进，协调解决在内容产品开发、传输和互用性等方面存在的产业标准问题，建立健全数字内容传输、描述以及安全等标准体系。

7.1.3 加强产业引导扶持　完善产业政策体系

数字内容产业的稳步发展以及国际竞争力的提升，与国家强有力的政策保障密切相关。国家应积极仿效美日英韩等国的数字内容产业发展经验，进一步完善公共服务体系、投融资体系以及数字人才体系等产业政策，实现对数字内容产业的资源要素的高效利用，夯实产业发展基础，引导和扶持数字内容产业发展。

（1）加强数字内容产业引导及服务体系建设

政府要发挥其在产业发展中的"催化剂"作用，积极加强对数字内容产业的引导，面向数字内容产业制定投资负面清单以及导向投资目录，加强对数字内容产业的宏观引导及规范；要加强公共服务平台建设，为政府和数字内容企业搭建沟通桥梁，一方面起着发布政府优惠政策及扶持措施的平台作用，另一方面通过凝聚社会力量来开展共性技术的应用服务，从而提高区域数字内容产业的竞争力；要积极搭建数字内容企业中介服务机构，合理优化配置数字资源，为产业的发展提供技术支持、应用推广服务、知识产权服务、人才培训服务以及对内对外合作交流等专业化服务。

（2）加强数字内容产业投融资体系建设

政府应借鉴欧美等发达国家数字内容产业发展模式，建立健全多元化的数字内容产业投融资体系，促进产业发展、抢占新一轮国际竞争的制高点。一是要设立数字内容产业专项扶持基金，以"重点倾斜"为支持原则，引导和培育数字内容产业发展，支持重大项目的开发、技术成果转让以及产业化。二是要加快设立数字内容产业创业投资引导基金，采取以中央资金为主导、社会资金参股的形式，积极引导资金投向国家重点发展的数字内容领域，并主要投资处于种子期和成长期的数字内容企业，促进优质数字内容创业资本、项目、技术及人才的集聚。三是要扩大融资渠道以服务数字内容产业，积极鼓励天使投资、VC 和 PE 的创新发展，进一步拓展数字内容企业的直接融资渠道；建立和完善多层次的资本市场体系，推动场外交易市场的发展，满足不同发展阶段的数字内容企业对资金的需求。四是要发挥政府投资的引导和放大作用，积极发展公私合营的创业风险投资基金，引导民间资本投向数字内容产业；整合政府财政性资金和银行贷款资金的力量，在利用银行信贷资金扶持重点领域数字内容产业发展的同时，财政性资金也应该通过贴息贷款以及担保风险补偿等方式进行支持。五是要积极探索新兴产业融资模式，选择特定区域试点推行"科技银行"、科技融资租赁公司以及"众筹融资"等模式，推动数字内容产业发展。

（3）完善数字内容产业人才培养体系

数字内容产业的竞争归根到底是创新竞争和技术竞争，而创新竞争和技术竞争依赖于一国在人力资本上的竞争优势。目前，中国高知识、高技术、专业化的人才短缺，尤其是数字内容领域现阶段存在着严重的人才体系不匹配，成为制约中国数字内容产业发展的关键因素，因此，要高度重视数字内容产业领域的人才培养，完善现阶段数字化人才培养体系。具体而言，政府要加强数字化人才的顶层设计，利用国家自然科学基金和国家社会科学基金扶持数字内容重点领域开展重大课题研究，并在此基础上培养高端数字化人才；要整合高校、科研院所以及大型数字内容企业的力量，对数字内容理论和实践进行系统化研究，为人才培养奠定基础；要创新数字内容人才培养体系，打造多层次、多元化的数字化人才培养模式，推动高等教育和职业教育融合发展，整合高校、科研院所、职业院校以及培训机构的力量，打造专业化的数字人才培训基地，培育数字内容产业所需的创作人才、高端技术人才、集成创新人才；要构建数字内容培训与教育的在线管理系统，实现培训项目的网络化、公开化以及自动化，疏通人们获取基础数字技术的通道；要积极建立优越的国际化人才政策环境和人才管理机制，努力吸引并留住国内外高端数字技术人才以满足企业发展需求。

7.1.4 推动跨界融合发展 构建协同产业集群

数字内容产业并不是孤立存在的一个产业门类，它具备很强的扩散性以及产业链跨度大的鲜明特点，是集物质与精神生产、经济与社会效益于一体的复合型交叉产业。数字内容产业衍生品开发必须依托关联产业，关联产业的发展能够提升数字内容产品的价值含量，提高数字内容产业国际竞争力；而数字内容产业的发展能够为关联产业提供经济附加值，从而促进关联产业的发展。因此，必须高度重视数字内容产业与关联产业、行业的跨界融合发展，构建与数字内容产业协同发展的产业集群。

（1）促进文化科技融合下的业态模式创新转型

数字内容产业依托数字信息技术为载体迅速崛起，它以创意为核心，通过"文化资源＋数字技术"的跨界融合，重新构建了新型生产及消费模式，促使新型产业群落产生，为国家创造了巨大的经济社会价值，成为数字经济时代国民经济发展中的重要力量。由此可见，数字内容产业发展依托的基础是"文化资源"，而数字技术是"文化资源"焕发生机的载体，数字内容产业实质上就是"文化+技术"的跨界融合，要想促进数字内容产业发展，就必须推动文化科技的跨界融合，促进业态和模式的创新。具体而言，要推动"数字技术+博物馆资源"的高度融合，促使博物馆向数字化转型；要推动"数字技术+表演+庆祝活动"的高度融合，促使其向数字音乐转型发展；要推动"数字技术+书籍+报刊"的高度融合，促使传统出版产业向数字出版转变；要推动"数字技术+设计+创意服务"的高度融合，促进时尚产业向数字化、智能化迈进；要推动"区块链+文化创意"的高效融合，拓展文化创意产品保护的新模式；要推动"数字技术+视觉艺术+手工艺"的高度融合，利用电商平台向全球输出创意产品；要推动"人工智能+文化创意"的高度融合，促进经济和商业形态的变革。

（2）促进文化科技融合下的产业跨界聚合升级

跨界聚合指的是在不同产业融合实践的基础上，信息技术产业、文化产业以及其他关联产业在跨界融合的过程中，各种要素在不断撮合的过程中所形成的一种融合模式。要推动数字内容产业发展，既要促进文化科技融合下的业态模式创新转型，更要促进文化科技融合下的产业跨界聚合升级。文化科技下的产业跨界聚合升级，能够实现资源整合以及优势互补，促进各生产要素之间的集聚创新，最终提升数字内容产品的升级。具体而言，一方面要促进产业跨界升级。要以信息科技为主导，推动不同产业之间进行跨界融合，既包括促进传统文化产业、创意产业之间的跨界聚合，也包括促进数字内容产业向传统产业的跨界聚合，更包括促进数字内容企业之间施行跨行业、跨空间的企业兼并，从而形成高度龙头数字内容企业的发展过程。另一方面要促进数字内容生产要素的跨界聚合。数字内容产品的出现并非文化要素与科技的直接融合，必须借助产业的跨界融合来推动要素的跨界聚合，因此，要推动数字内容

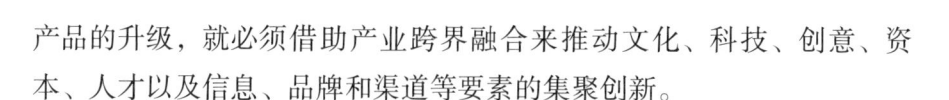

产品的升级，就必须借助产业跨界融合来推动文化、科技、创意、资本、人才以及信息、品牌和渠道等要素的集聚创新。

(3) 促进文化科技融合下的关联产业集群发展

数字内容产业实质上是数字技术与相关产业的跨界融合，所以其具备很强的产业关联度，关联产业的发展对其竞争力的提升有着重要影响，必须积极推动与数字内容产业密切相关的信息技术产业、教育业、传统文化产业、创意产业、新媒体产业等领域的快速发展，构建协同发展的产业集群。具体而言，国家要大力推进互联网、大数据、云计算、区块链、人工智能、5G 等高端信息技术的快速发展，利用尖端数字信息技术推动传统产业向数字化转型发展；要依靠数字技术大力推动教育业转型升级，创新现代教育的人才培养模式，为数字内容产业发展培养应用型人才以及高端人才；要推动电视、移动以及网上新媒体产业的发展，丰富数字内容产业的传播渠道以及表现形式；要推动演艺娱乐、工艺品、文化旅游以及文化会展等传统文化产业以及创意产业向数字化转型升级，强化数字内容产业的内容支撑。

7.1.5　全面深化改革开放　培养高端国际企业

改革开放 40 多年来，中国走出了一条独具特色的渐进式发展道路，以实现工业化为主要发展目标，依托全球劳动密集型产业开展跨境转移的历史机遇，使得中国成为全球最大的制成品出口国。国外数字内容产业的发展经验也说明，正确的改革开放战略是至关重要的，站在新的历史起点上，要针对新兴产业的发展研究新一轮改革开放的目标与重点。目前，中国数字内容产业国际竞争力与发达国家相比还存在一定的差距，重要原因之一在于数字内容领域对内管制较严、对外开放不足，需要针对数字内容领域进一步深化改革开放，以提升数字内容产业国际竞争力。

(1) 降低数字内容产业的外资准入门槛

随着 2019 年版外商投资准入"负面清单"的公布，中国在 13 个领域进一步放宽外资准入限制，但是在服务业领域却仍然存在着较大的限制，尤其是涉及数字内容产业的文化、体育和娱乐业领域，国家出于经济安全的目的，在数据本土化、网络安全、知识产权、内容审查以及市场准入等方面采取严格的限制性措施，对数字内容产业乃至整个经济发展都带来一定的负面影响。根据欧洲国际政治经济中心（ECIPE）的统计显示，数据本土化会导致中国GDP下降1.1%，国内投资损失下降1.8%，消费者福利损失达到630亿美元。因此，国家要进一步降低数字内容产业的外资准入门槛，打造更高水平的数字内容产业对外发展环境。具体而言，要放宽增值电信领域的外资准入门槛，促进信息服务业的发展；要放宽互联网和相关服务的外资准入门槛，对网络出版服务、网络视听节目服务、互联网文化经营等数字内容领域进一步放宽限制，促进数字内容产业发展；要放宽文化、体育和娱乐业的外资准入门槛，促进数字内容产业关联产业的发展。

（2）鼓励高端国际数字内容企业发展壮大

从美国等发达国家数字内容产业的发展经验来看，具有强大技术研发能力以及全产业链整合的高端大型数字内容企业，对于提升一国数字内容产业国际竞争力至关重要。美英日韩等发达国家都拥有一批世界知名的高端数字内容企业，为其在全球数字内容产业领域占据主导地位做出了重要贡献。因此，国家要大力支持数字内容企业发展壮大，形成一批拥有核心技术、强大产业带动力、区域辐射力以及国际影响力的高端国际数字内容企业。具体而言，要大力推动基础研发型数字内容企业发展壮大，在探索商业模式创新的同时，加强数字硬件技术领域的自主创新，努力践行党的十九大报告中提出的"数字中国"战略，鼓励形成一批在国际上拥有核心竞争力的基础技术研发型企业；要积极引导国内文化企业和高科技企业提前布局数字内容产业，并创造条件以使高新科技企业和文化企业能够有效开展技术研发和项目合作，促进数字内容产业发展壮大；要鼓励数字内容企业开展跨行业及垂直化的兼并收购，促使中小微数字内容企业成长壮大；要高度重视数字内容产业国际化发展,借助国家力量将具备国家特色和强大吸引力的数字内容企业推向世界,从而为国内数字内容产业发展带来活力及创新力。

7.1.6 完善数字基础设施 推动数字经济发展

数字内容产业伴随数字经济发展而来,数字经济的发展壮大是促进数字内容产业发展的最关键因素,而数字基础设施已成为当前制约中国数字经济发展以及缩小与美英等国数字内容产业国际竞争力差距的重要劣势因素。以数字内容产业为代表的数字经济代表着未来的发展方向,面对竞争日益激烈的数字经济发展潮流,国家应集中力量加强数字基础设施建设,夯实数字经济的发展基础,最终促进数字内容产业发展。

(1) 进一步提高网络服务质量水平

尽管目前中国4G网络已经覆盖了95%的行政村以及99%的人口,仍存在着较为严重的宽带费用偏高、网络速率较慢、高速宽带使用率不高等现象,如何将数量增长转化为质量增长是当前网络建设的关键。国家要积极制定宽带设施发展计划,全面调控光纤接入网建设;要持续推进网络提速降费,优化网络供给质量,扎实推进电信普遍服务;要加快"光网中国""无线中国""高清中国"建设,推动高速光纤网以及4G网络城乡全面深度覆盖。

(2) 积极布局未来数字经济基础设施

加强数字基础设施建设,不仅要把握现在,更要重视未来。要在未来数字经济发展潮流中掌控发展局势,要在未来数字内容产业竞争格局中勇立潮头,就必须加快推进5G的研发应用,力争较短时间内实现城乡5G信号深度覆盖;要加快建设工业互联网、大数据、云计算、人工智能等新一代数字基础设施,并依靠其拉动制造、电力、交通等传统基础设施数字化改造,促进智能制造、智慧城市、智慧电力以及智慧交通发展;加快区块链技术的研发及创新,并推动其与大数据、云计算、人工智能进行创新融合,进而开创出新的治理手段。

7.2 行业中观层面的数字内容产业发展路径

政府和企业作为二元主体在推动产业发展时经常会陷入政府失灵以及市场失灵的困境，而国外发达国家促进数字内容产业发展的经验表明，作为第三方主体的行业协会能够有效解决政府和企业二元主体所陷入的发展困境，在推动产业发展的过程中起着重要的作用。目前，行业协会虽然在中国的发展过程中被赋予了新的使命，但是其在推动产业发展过程中的作用尚显不足，尤其是对于数字内容产业来说，虽然在落实产业政策、组织人才培训、开展技术研究以及提供社会服务等方面已经取得了一些成绩，但是在推动数字内容产业发展方面尚未取得明显的成效。与美国等发达国家相比，中国数字内容行业协会并未有效发挥出第三方行为主体的作用，尤其是未能有效履行行业自律管理职能，这也是导致现阶段数字内容产业领域不规范现象频发以及竞争力弱于发达国家的重要因素之一。因此，必须高度重视行业协会在数字内容产业发展中的作用，积极发挥其政策倡导、行业自律、资源整合以及沟通协调等功能，为提升中国数字内容产业国际竞争力做出贡献。

7.2.1 发挥政策倡导功能 推动产业快速发展

所谓政策倡导，是指行业协会通过与政府的平等协商及对话，积极参与政府宏观经济及产业政策的制定，维护本行业内部成员的利益。在推动数字内容产业发展过程中，行业协会的定位本质上是沟通政府与数字内容企业的纽带和桥梁，是为市场和企业服务的公益性社会团体，其通过游说的方式对政府的公共政策施加影响，政策倡导功能对于推动商业活动法律法规的通过以及废除产业内部不公平法律法规起着重要的作用，所以备受政府和企业的关注。因此，作为沟通企业与政府的中介组织，应充分发挥其政策倡导功能，推动数字内容产业稳步有序发展。

(1) 协助政府制定落实宏观产业政策

行业协会与宏观层面的政府相比，能够更加接近于数字内容企业，因此，行业协会应协助政府及相关产业部门制定并落实宏观产业政策，协助政府对行业及企业实施管理和援助，从而推动数字内容产业发展。一方面，行业协会作为整体企业利益的代表者，应积极向政府部门反映企业的意见、呼声以及发展诉求，通过与政府及相关部门的协商对话，间接影响数字内容产业政策的制定及实施，进而获得在税收及财政等方面的产业扶持；另一方面，要及时向数字内容行业及企业宣传和解读最新发布的数字内容产业政策，提升企业对政策的理解度，明确国家对产业的支持和资助政策，并积极引导数字内容企业按照政策开展经营活动，促使其能够抓住发展机遇。

(2) 协助政府贯彻落实各项法律法规

行业协会作为微观企业和宏观政府之间的纽带与桥梁，在辅助政府贯彻落实法律法规、营造良好产业发展环境方面起着重要的作用。首先，行业协会应积极搜集现阶段数字内容产业在发展环境方面所面临的问题，尤其是不公平、不完善的法律法规所导致的发展问题，如对数字内容产业来说最关键的数字版权保护问题，及时向政府反映企业在法律法规上的诉求，以期得到政府以及相关产业部门的积极回应和支持；其次，国家应积极回应行业协会所提交的企业相关诉求，并对数字内容产业实际发展现状进行调研，根据实际制定保护和促进数字内容产业发展的法律法规，营造有利于产业发展的宏观环境；最后，行业协会应辅助政府贯彻和落实相关法律法规，督促数字内容企业遵守法律法规，辅助政府规范数字内容产业市场秩序以及企业经营行为，为产业发展创造良好的经营环境。

7.2.2 发挥行业自律功能　维护产业发展秩序

在行业协会的所有功能之中，行业自律是其中最重要的职能，是促进产业发展不可或缺的因素。所谓行业自律，一般是指行业协会利用所制定的行业规范以及发展策略，对行业内企业的竞争行为进行规范，对行业内企业之间建立信任关系进行推动，对行业内企业经营中的机会主义行为进行弱化，最终达到维护行业共同利益和良好秩序的治理活动。对于数字内容产业来说，要想实现国际竞争力的稳步提升，就离不开公平公正、稳定健康的市场秩序，而要构建这种市场秩序，除了依赖于宏观上政府的调控和微观上企业的有序经营，也离不开中观上行业协会的自律作用。

（1）加强行业协会内部自律管理机制建设

虽然现阶段中国数字内容企业已经处于由成长期向成熟期过渡的阶段，但是企业内部却普遍缺乏规范经营意识，尤其是侵犯数字版权的事件屡有发生，这与数字内容行业协会内部自律管理机制不完善而导致行业自律功能难以有效发挥有着密切的关系。因此，中国数字内容行业协会应在借鉴欧美等发达国家管理模式的基础上，结合自身发展实际加强内部自律管理机制建设，为行业自律功能的发挥提供保障。

首先，充实数字内容行业协会自律管理职权。功能匮乏是导致目前数字内容行业协会难以担当行业管理重任的关键，所以首要的前提就是充实数字内容行业的自律管理职权，要从法律上明确数字内容行业协会的自治性职责，赋予数字内容行业协会独立的自治性权力；要改革数字内容行业协会组织管理体制，充实其管理职权以增强其自治性职能；要积极推动数字内容行业协会加强自身建设，提升其自律服务职能。

其次，加强数字内容行业协会自律组织机构建设。负责行业自律任务的主体是自律组织，所以要建设完善的自律管理机制就必须重点加强自律组织机构建设。国家要建设严格的行业组织审批机构，规范审批程序，对于数字内容行业协会的成立、年检、变更乃至终止都要经过严格的组织审批；要设置完善的行业协会内部权力机构，除了保留现在的会员代表大会以及常务理事会，还应在内部建立监督机构，促进自治权力的良好运行；要严格规范行业协会分支机构的设置，除了要严格遵守政府严格的分支机构准入和设置制度，还应借鉴欧美等发达国家的成熟经验，以功能生成为机构设置原则，构建灵活机动的分支机构。

最后，加强行业协会内部自律管理机制建设。在设置科学灵活的自律组织机构的基础上，还应建立公平公正、科学合理的自律管理机制，保障组织机构的良好运转。要完善决策程序，改变传统的不定期集会制为定期集会制，通过定期举办会员代表大会的方式，研讨和商谈数字内容行业内存在的问题和不足；改革人事任免机制，国家应放宽行政管制，支持行业协会按照自立、自主、自养的原则管理行业协会；完善会员管理机制，根据会员在需求及特性上的差异施行差别收费及分级管理，明确收费标准和表决权。

（2）构建自律惩戒为主、法律监管为辅的自律监管体系

构建一个科学高效的自律监督体系既是行业协会治理结构的一部分，也是行业协会推动自律功能发挥的重要保障。行业协会作为一种特殊的社会团体，其自律功能的发挥更多应采用的是自律惩戒这一非法律惩罚性措施，辅以法律监管，其主要原因，一是在于行业内的矛盾更多的是源于协会成员之间，采取非法律惩罚性措施能够有更强的针对性及专业性；二是在于行业协会是互助性的服务组织，其建立的原则是平等互利和资源共享，成员之间的行为倾向于合作共赢而非背叛，所以自律惩戒更有利于维护行业秩序；三是在于自律惩戒机制有利于行业协会保持自治性，降低成员对国家机关的依赖心理。

在公正性、自律性以及保护成员合法利益的基础上，构建的自律惩戒为主、法律监管为辅的自律监管体系，要针对数字内容产业的特性制定明确的自律惩戒种类以及适用范围，促进自律功能的发挥。一是要针对数字内容企业制定明确的自律惩戒手段，重点通过声誉罚、财产罚、限期整改、集体抵制以及开除的方式，对扰乱数字内容行业秩序的经营行为进行惩罚；二是要针对数字内容从业人员制定明确的自律惩戒手段，重点通过行业警告、通报批评、公开谴责以及吊销从业资格证书的手段，对违反行业自律规范的行为进行惩戒。

7.2.3 发挥资源整合功能 提高资源配置效率

行业协会能够整合行业内分散的企业资源，并通过制定行业发展的长远规划，从而避免行业内单个企业各自为战所造成的重复性资源投入，提高资源配置效率。所谓行业资源整合，是指为谋求行业长远发展竞争优势，在遵循行业客观发展规律的基础上，以行业内的企业为资源整合对象，跨空间、跨行业、跨区域乃至跨所有制对生产要素进行重新配置，对资本组织进行调整或者重新构筑，从而构建以龙头企业为核心的主导优势产业以及相应的产业结构的发展过程。目前，中国数字内容产业处于快速发展阶段，但是相关行业协会在资源整合角色的扮演上却仍然存在较大的不足，应加快整合海内外资源以服务数字内容产业的发展。

（1）加强行业协会准公共服务体系建设

在发挥资源整合功能的过程中，行业协会担任的是一种"准公共服务"提供者的角色，主要为企业成员提供非集体物品以及集体物品。因此，要有效推动数字内容产业发展，提升其国际竞争力，行业协会就必须加强准公共服务体系建设，提升整体服务质量和能力。一方面，在非集体物品领域加强服务体系建设。要根据授权进行行业统计，发布数字内容行业统计年报，便于企业掌握国内外数字内容行业最新动态；要遵循国家相关规定，创建数字内容行业信息共享网站和内部刊物，为数字内容企业提供专业咨询服务；要组织开展专业培训，提升数字内容行业从业人员的素质。另一方面，在集体物品领域加强服务体系建设。要加强行业信誉建设，完善行业自律体系；要积极倡导公共政策，对不同政策进行专门研究，向政府部门提交企业意见书；要积极通过直接或间接的方式向政府或相关部门反映企业诉求，从而影响政府决策，为行业内成员企业谋取政策利益。

（2）加强差异化对接和个性化服务建设

为有效发挥资源整合功能，服务于国家和数字内容企业，行业协会应针对数字内容产业资源的特性,加强差异化对接和个性化服务,为行业内的企业提供优质服务,促进整个行业向前向好发展。在差异化对接方面,要积极促进数字内容企业之间的差异化对接,促进数字影音、网络视频、网络游戏、数字出版等行业之间的业务对接,实现资源的优势互补,推动产业发展壮大;要积极促进传输传播平台与数字内容制作企业之间的对接,建立密切的资源整合关系,实现各自成本的降低;要积极促进高校及科研院所与数字内容企业的对接,促进科研成果的承接与转化。在个性化服务方面,积极为数字内容企业举办系列展览会,向国际国内进行数字内容产品推介;积极推动国内中小微数字内容企业联合行动,共同"出海"以拓展国家市场;积极开展专业化咨询活动,针对数字内容企业的差异提供个性化的服务,帮助企业改进管理方法及管理技术;要向数字内容企业积极提供招商引资和金融投资的机会,为中小型数字内容企业拓展资金来源渠道。

7.2.4 发挥沟通协调功能 完善桥梁纽带作用

数字内容行业协会发展的不健全,使得政企之间以及企业与企业之间缺乏有效的衔接和协调平台,进而导致政策失调、资源重复配置、管理混乱等多种问题出现,在很大程度上影响到了数字内容产业国际竞争力的提升。行业协会作为中介组织,应发挥其沟通协调功能,为政府与企业之间搭建桥梁,积极维护行业内部秩序,促进数字内容产业发展。

(1) 加强行业协会在政府与企业之间的沟通和协作

政府是促进产业国际竞争力提升的宏观调控者,企业是推动产业国际竞争力提升的直接微观主体,只有促进政府与企业的相互协作,才能最终实现数字内容产业的稳步发展。而行业协会作为联结政府与企业的纽带和桥梁,应积极加强两者之间的沟通与协作,推动数字内容产业发展。一方面,要协助政府对数字内容企业进行管理。行业协会要积极发挥政策倡导功能,协助政府向企业宣传相关产业政策以及法律法规,同时协助政府对数字内容行业内的企业进行监督及引导;要在政府部门的授权和委托下，积极参与产业规划、国家标准、行业标准的制定与修改以及重大科研项目的论证工作；要积极参与资质审查、产品市场建设、成果鉴定与推广以及国内外交流与合作，最终维护行业内成员的利益，促进数字内容产业健康发展。另一方面，要协助数字内容企业向政府反映诉求。行业协会由于比政府更直接地接触到微观企业，又更容易接触到政府及相关部门，所以行业协会要建立完善的企业意见征询机制，积极向政府反映企业的呼声与诉求，争取有利于数字内容产业发展及国际竞争力提升的产业政策。

（2）加强行业协会在企业与企业之间的沟通和协作

中国数字内容产业包含数字影音、网络视频、数字出版等八大领域，各领域均成立了相关的行业协会，包含规模庞大的大中小型数字内容企业，所以数字内容行业协会必然包括众多的会员企业以及分支机构，为保证数字内容产业下的各企业能够在健康的市场环境下有序发展，行业协会就必须构建完善的内部沟通和协调机制，为产业发展提供保障。行业协会要发挥内部成员利益协调者的作用，协调行业发展秩序，促进行业健康发展。具体而言，要积极协调大型数字内容企业与中小型数字内容企业之间的利益纠纷，坚决处理相关企业扰乱破坏数字内容行业公平竞争的经营行为，积极处理和协调因成员企业不规范经营而导致行业信誉受损的行为。行业协会在处理成员企业相关经营问题的过程中，必须坚持行业内部规章制度，并以维持行业内的良好秩序以及长远利益为根本目标，实现数字内容产业竞争力的全面提升。

7.3 企业微观层面的数字内容产业发展路径

国际竞争力由国家竞争力以及企业竞争力组成，而企业竞争力是其中的关键。企业作为产业的微观主体，既是一个国家经济的细胞，也是一个国家的经济基础，更是国际和国内市场进行竞争的主体。一个国家整体经济能否实现良好运转，企业的竞争力以及经济效益在其中发挥着根本性的作用。尤其是随着以跨国公司为基础的全球价值链分工体系的形成，企业能否独立自主地跨越国界参与两个甚至多个市场的竞争，将会对一个国家在全球的经济地位以及全球市场份额产生重要的影响。总体而言，企业应通过夯实自身发展基础，推动内容、技术、模式持续创新，推进要素资源持续优化，提升企业管理水平，积极拓展国际市场，为提升数字内容产业国际竞争力贡献力量。

7.3.1 推动企业持续创新　促进产业整体提升

创新是引领企业发展的首要核心动力，也是提升企业国际竞争力的关键。"创新则兴，不创新则亡"，对于数字内容企业来说，要不断适应数字经济的发展变化，在内容、技术、模式等方面不断创新，为国内外消费者提供更加优质的数字化产品和服务，提升企业的国际竞争力，促进整体产业国际竞争力的提升。

（1）要积极推动内容产品持续创新

从对数字内容产业的内涵界定来看，创意内容是产业发展的核心，持续推动内容创新才是提升企业竞争力的关键。所谓内容创新，是指数字内容企业对其产品进行创新升级，提升数字内容产品对国内外消费者的吸引力，进而提高国际国内市场占有率。对于数字内容企业来说，内容创新是其生命力的根源所在，如果企业不能根据市场需求生产出消费者所需要的内容产品，则企业必然会被快速发展的市场所淘汰，因此，企业必须加快推动内容创新，推动产业快速发展。具体而言，企业要在内部积极实施内容创新发展计划，利用企业现有技术对传统优秀文化资源进行数字化转化及开发，实现对传统优秀文化资源的创造性转化以及创新性开发；企业要积极推动数字技术与传统工艺融合创新，开发出适应数字经济时代消费者所需要的数字内容产品；企业要针对当地发展特色和民族特点，开发制作具有鲜明地方和民族特色的数字内容产品；企业要提升不同形式的数字内容产品之间的融合度及转换率，适应数字经济时代各种传播路径的需要，创造出更加优质化、个性化及多样化的数字内容产品。

（2）要积极推动数字技术持续创新

数字内容产业有别于传统产业的最大不同，就在于其从生产制作、传输传播乃至售后服务都是依托数字技术进行的，数字技术是其发展的基础性要素，是数字内容产业创新发展的关键，因此，要提升企业的国际竞争力，就必须加强数字技术的持续创新。所谓技术创新，是指数字内容企业通过加强基础研究，以技术研发的方式，研发出更加易于生产制作、传输传播、产品保护的数字技术，从而提升企业的市场效益。大中型数字内容企业要加大基础研究的投入力度，重点围绕基础前沿和关键核心数字技术进行自主创新，摆脱关键核心技术受制于人的局面；要以共同利益为基础，加强与关联企业、地方高校、科研院所的联合创新，在技术创新的过程中实现投入共摊、风险共担、人员共参、成果共享。中小型数字内容企业要以自主创新者的思路和行为参照对象进行模仿创新，通过数字内容产品进口、技术许可、技术转让、合作企业、合作生产等方式吸收和掌握领先数字内容产品的核心技术，在此基础上进一步改进和完善，开发出更具有市场竞争力的数字内容产品。

（3）要积极推动商业模式持续创新

伴随着数字内容产品形态的多元化，新型商业模式正日益细分数字内容市场，满足消费者的个性化需求成为数字经济时代企业竞争的新方向。尤其是随着互联网、移动终端、物联网、云计算、VR、AI等新兴技术的不断演进，数字内容企业在生产经营的各环节正经受着严峻的挑战，重塑商业模式是提升企业竞争力的重要影响因素。首先，企业要实施品牌化和延伸产业链相互结合的商业模式。对于数字内容产品品牌而言，数字技术的进一步发展为其创造了机遇，也为完善产业链提供了便利，数字内容企业应通过打造更多优质品牌来延伸产业链，反过来产业链的延伸也会辅助企业创造更多的优质品牌，双方相辅相成的商业模式将会有效推动企业发展。其次，企业要积极推行"五位一体"的平台商业发展模式。在数字经济时代，平台公司将会逐步垄断数字化产业利润，欧美发达国家呈现"内容为王"的商业模式，而中国目前却是"平台为王"占据主流。数字内容企业要提升盈利水平，就必须开发属于自己的互联网平台，推行"传播内容＋交易内容＋下载内容＋自制内容＋开发延伸产品"为一体的商业模式。最后，企业要积极打造数字全产业链集聚发展的商业模式。企业尤其是大中型数字内容企业，要积极打造全产业链的数字内容产业园区，实现虚拟形象打造、制作数字影视动漫、广告植入、新媒体平台经营以及内容频道经营等共同发展，从而实现规模效益。

7.3.2 提升企业管理水平　促进企业科学发展

虽然近年来中国数字内容企业进入了快速发展期，取得了一系列显著的发展成就，得到了政府及社会各界的一致认可，但是由于缺乏对数字内容产业的整体把握，企业内部的管理机制出现了一些问题，已经严重影响到了数字内容企业乃至数字内容产业的发展。因此，中国数字内容企业应积极吸取欧美发达国家数字内容企业发展经验，以中国数字内容产业的实际管理状况为出发点，逐步提升企业管理水平，促进企业科学发展，提升企业的国际化竞争能力。

（1）要不断更新管理理念

管理思想及理念的创新，是数字内容企业实施创新管理的首要前提。首先，数字内容企业管理人员要提升对数字内容产业的认识程度。数字内容产业是数字经济时代文化创意产业与信息技术产业高度融合的产物，既涉及传统文化产业，又包含新兴技术产业，所以在管理上是一项极其复杂的工程，管理人员必须对其有清醒的认识，明确数字内容产业与传统产业的区别和联系，进而在企业管理体制上进行创新。其次，数字内容企业管理人员要积极转变思维方式。企业管理人员要积极适应数字经济时代的发展需要，要认识到企业的数字化转型不仅仅是一场技术革命，更是一场认知革命，同时也是思维方式和经营模式的革命，将会涉及企业战略、组织、运营以及人才等方面的变革与创新，必须积极培养数字化思维，随机而动、主动作为。最后，数字内容企业要具备合作联盟的管理理念。数字内容产业涉及数字影视等八大领域，为提升国际市场占有率，不同领域的数字内容企业之间应相互合作，由单一化经营向规模集聚化转变，所以企业必须具备集团化和多元化的合作管理理念以应对发展的需要。

（2）要加快管理机制建设

目前国内数字内容企业出现的一系列问题，与内部管理机制不健全存在着明显的关联性，只有逐渐建立起完善的内部管理机制，才能有效激发数字内容企业的创新活力和发展动力，从而提升企业产品的竞争能力。因此，数字内容企业要加强内部管理机制建设，为企业提升管理效率及水平打下坚实的基础。具体而言，企业首先应把握互联网时代的特征以及数字内容产品的特性，打碎传统的组织结构，以贴近客户、走进客户为目标，并以客户为中心建立事业体，实行扁平化的组织结构，缩短企业与消费者间的距离，让消费者成为企业的"员工"，参与数字内容产品的设计研发，传播和推动数字内容产品。其次，企业要用互联网思维来构建管理机制，在企业内部推行企业平台化、员工创客化以及用户个性化的管理机制改革，强调管理无边界和去中心化，管理者要从企业的发号施令者转变为资源的提供者以及员工的服务者，企业与员工实现价值共创、利益共享。最后，基于互联网时代的特性，企业应积极推行自组织、自管理、自运行的管理机制，加强对员工内在潜能的开发以及自我管理，激发员工的创新创业精神，为数字内容企业发展提供不竭的创新动力。

（3）要持续优化管理模式

为适应企业向数字化转型发展的需要，在完善内部管理机制的基础上，企业还应加快优化管理模式，增强自身的盈利水平和能力。首先，企业要从战略上高度重视数字内容产业的发展，把握国际国内数字内容产业发展趋势，从组织结构、管理机制、产品布局、品牌运营、国际化发展等方面为企业发展制定短期和中长期发展战略,为提升企业管理水平奠定基础。其次,要积极借助互联网、大数据、云计算、人工智能等数字技术来推动传统管理模式向数字化转型升级,打造数字化制作、管理、经营、传播等平台,提升管理效率与水平。最后,要利用大数据升级监管手段,构建高效运行的大数据监控平台,积极运用电子预警、数据分析、数据挖掘等数字化技术,围绕数字内容企业的生产经营活动,开展全方位的监管并进行历史数据分析,从而有效帮助企业监管人员实时发现生产经营过程中的不当行为。

7.3.3 参与国际竞争合作 不断开拓国际市场

创新国际化发展之路一直是中国企业实现技术赶超以及能力提升的关键路径,但是作为后发经济体,在国际化过程中一直面临着市场和技术的双重劣势。企业在当前数字经济时代实现从技术模仿到技术引领,真正参与全球竞争、实施国际化经营,实现从"追随者"向"引领者"的转换,才是推动中国企业真正崛起的关键。对于数字内容企业来说,要创新国际化竞争合作路径,实现"走出去""走进去""走上去",进而打开数字内容领域的国际版图。

(1)"走出去"要加快步伐

就数字内容企业而言,需要加快"走出去"的步伐,其目的并不是单纯地占有国际市场,而是在于增强数字内容企业的国际化经营能力,能够对全球的资源进行有效的整合与转化,持续提升数字内容企业的学习和适应能力,进而成为具有世界一流水平的跨国公司。在"走出去"阶段,数字内容企业在区域的选择上要更加全面,既要关注"一带一路"国家,也要关注新兴市场国家,更要关注欧美等成熟市场国家,通过海外经营引进成熟市场国家的资质、技术以及标准等,弥补企业的短板及软肋;数字内容企业在"走出去"阶段,既要重视内容产品的数量和规模,更要重视树立企业品牌及品牌价值,为后续企业"走进去"和"走上去"打下坚实的基础;数字内容企业在"走出去"

阶段，要注意把握所在国政策法律背景、市场环境，深刻了解当地消费者的消费习惯以及偏好，避免因管控不力给企业形象和品牌带来负面影响。

(2)"走进去"要更有深度

数字内容企业要实现长远发展，"走出去"不能只注重眼前红利和短期利益，要以追求各方的共同利益为目标，与所在国的文化、民俗相融合，从"走出去"实现"走进去"。所谓"走进去"，是指数字内容企业要积极融入当地和国际市场，依照国际惯例经营企业。在"走进去"阶段，数字内容企业不仅仅要参与到全球价值链体系之中，更重要的是要构建属于自己的国际品牌。数字内容企业要实现"走进去"，应积极通过海外并购及合作创新的方式来建立创新伙伴，实现对关键技术的收购及整合，从而利用本地品牌来打开国际市场；数字内容企业要加强要素资源的属地化配置，提升对文化资源、创意要素、劳动力资源的属地化配置能力，积极融入当地市场，实现海外事业扎根发展。

(3)"走上去"要更有力度

对于数字内容企业来说，开展国际竞争的本质并不是简单地提供质优价廉的数字化产品和服务，企业在通过"走出去"进行国际化经营的过程中，要积极开拓国际化视野，提升企业的核心竞争能力，在国际上树立企业的品牌形象，努力"走上去"，最终实现高质量发展。数字内容企业要实现"走上去"，就必须以创新为驱动，开展技术含量高、附加值高、生命周期长的高端技术研发，向全球输出中国标准；要以创新和布局全球产业链为发展导向，以国际融资为手段，在全球范围内配置资源，向产业链的高端迈进，提升企业核心竞争力；要在全球范围内树立领先的国际品牌形象，打造以数字技术为驱动的自主品牌，提升企业在全球市场的美誉度及话语权。

7.3.4 促进要素资源升级 形成动态竞争优势

波特认为依靠静态要素所形成的竞争优势会随着资源的不断消耗而持续降低,只有推动要素资源的动态升级,才能形成持久的竞争优势。除了上述中所提到的技术要素,资源、资本以及人才要素也是形成企业核心竞争力的关键因素,数字技术的快速更新换代,为要素资源的可持续升级提供了可能性,进而为数字内容产业形成动态竞争优势打下坚实的基础。

(1) 以数字技术推动文化资源可持续发展

文化资源是决定中国数字内容产业国际竞争力的基础,中国拥有丰富的文化资源以及世界文化遗产,为中国数字内容产业的发展提供了不竭的源泉以及潜在竞争优势。然而,文化资源从属性上属于静态竞争优势,企业必须利用数字技术对其进行转换并与产品开发相结合,才能使其焕发出新的生命力。具体而言,企业要加强基础文化资源平台建设,推动数字技术与传统文化资源的深度融合,将可接触的以及不可接触的文化遗产转化为数字文化资源;要借助数字技术加强对传统文化资源的研发、共享及管理,将传统优秀文化资源研发为消费者喜欢的数字影视动漫、网络游戏、网络文学等,使传统文化的理念和精髓通过互联网平台走进消费者的心里;要积极利用数字技术拓宽文化资源的传播路径和空间,丰富消费者的观感体验。

(2) 要积极拓宽资金来源渠道和投资能力

对于数字内容企业来说,资本要素是提升其竞争力的重要保障,其发展离不开对资本要素的高效利用。现阶段中国数字内容企业与欧美发达国家相比,在融资和投资能力方面存在着较大的差距,这也是影响其竞争力的重要因素,因此,数字内容企业要积极拓宽资金来源渠道,提升资本经营能力。一方面,要积极把握国家对数字内容产业的财税金融扶持政策,争取国家的扶持与资助。要积极利用国家文化产业发展基金,促进企业数字内容创作、研发以及平台建设;要积极申报高新技术企业认定，争取企业所得税优惠。另一方面，要积极实现投融资渠道多元化发展。数字内容企业要积极通过相互持股、联合经营的方式，开辟多元化的投融资渠道，构建以上市融资、"股权+项目"、互联网金融、海外融资、私募以及信托等相结合的多元化投融资体系。

（3）要积极为企业长足发展提供人才储备

对于数字内容企业来说，人才要素是提升其竞争力的根本。目前中国数字内容企业与国外相比存在着明显的劣势，尤其是数字内容领域存在着严重的人才体系不匹配，在数字影音、网络游戏等领域严重缺乏专业人才，在较大程度上制约了中国数字内容产业国际竞争力的提升。因此，数字内容企业要加快优化人才结构，为企业长足发展提供人才储备。具体而言，企业要加大对数字内容相关领域人才培养的投入力度，针对企业发展战略制定合理有效的数字化人才培育和管理体系；要积极与高校合作加强高层次人才培养，针对企业发展需要重点培养数字视频编辑、数字音乐制作、网络游戏开发以及移动娱乐开发等高技术复合型人才，尤其是培养硕士、博士层次的技术型、管理型人才；企业要与高校、职业院校及培训机构合作加强应用型人才培养，为企业发展提供基础性人才资源；企业要加强培养或引进一批具备国际视野和运营能力的复合型人才，为企业"走出去"提供人才保障。

7.4 本章小结

本章从政府宏观层面、行业中观层面以及企业微观层面提出了中国数字内容产业国际竞争力提升策略。从政府宏观层面，提出要加强顶层战略设计、科学规划产业布局，规范产业发展秩序、优化产业发展环境，加强政府引导扶持、完善产业政策体系，推动跨界融合发展、构建协同产业集群，全面深化改革开放、培养高端国际企业，完善数字基础设施、推动数字经济发展；从行业中观层面，提出要发挥行业政策倡导功能、推动产业快速发展，发挥行业自律功能、维护产业发展秩序，发挥资源整合功能、提高资源配置效率，发挥沟通协调功能、完善桥梁和纽带作用；从企业微观层面，提出要推动企业持续创新、促进产业整体提升，提升企业管理水平、促进企业科学发展，参与国际竞争合作、不断开拓国际市场，促进要素资源升级、形成动态竞争优势。

第8章

结论与展望

本书以数字内容产业国际竞争力相关国内外研究以及竞争力理论为基础，深入分析数字内容产业国际竞争力的构成要素，探索数字内容产业国际竞争力的实现路径和分析框架。以中国数字内容产业发展现状为基础，构建中国数字内容产业国际竞争力综合评价指标体系以及灰色综合评价模型，以此对中国数字内容产业国际竞争力开展横向国际比较，并根据评价结果，围绕政府、行业协会以及企业三个层面为中国数字内容产业国际竞争力的提升制定针对性策略。通过对数字内容产业进行详细的理论和实证分析，本书得出了相应的一些结论与观点，同时也存在着一些不足及未来需要改进之处。

8.1 研究结论

（1）中国数字内容产业发展迅速且处于快速成长期

从2003年首次提出"数字内容产业"的概念以来，经过短短十几年的发展历程，中国数字内容产业发展迅速，产业规模达到6.8万亿元，数字游戏、数字音乐、数字出版等领域开始崛起并在全球占有重要地位，但在产业生命周期上中国目前仍处于快速成长期，尚未进入成熟期。本书利用Logistic曲线对中国数字内容产业生命周期发展阶段进行了判断和识别，结果表明中国数字内容产业 2017 年才开始进入成长期，2027 年将会进入成熟期，2038 年将会进入衰退期，但是数字内容产业的特性决定了其将会在新一轮科技革命下，由衰退期转变成蜕变期，从而开始进入新一轮生命周期。产业生命周期的明确，为国家制定宏观产业政策提供了有益参考。

（2）中国已经成为全球数字内容产业大国但并非强国

中国依靠强大的数字经济推动力，已经成为数字内容产业大国，在国际分工和国际贸易格局中占据重要位置，但是中国并未成为数字内容产业强国。实证研究表明，中国在 G20 国家中数字内容产业竞争力水平目前仅位居第三梯度，虽然目前中国已由 2010 年的第 10 位跃居到 2017 年的第 7 位，但是综合竞争指数低于处于第一梯度的美国和处于第二梯度的英国、德国、日本、韩国、法国，尤其是远低于美英两国。总体而言，中国当前在规模上属于数字内容产业大国，但是在竞争力水平上却并非数字内容产业强国。

（3）中国数字内容产业国际竞争力提升存在明显劣势

本书通过中国与其他 G20 国家数字内容产业国际竞争力水平的比较，明确了制约中国数字内容产业国际竞争力提升的主要优劣势指标，尤其是通过与美国、英国进行综合比较发现，中国与美国相比存在着 46 项劣势指标，与英国相比存在着 36 项劣势指标。具体而言，中国存在内外两个层面的制约因素，从内部来看，产品竞争实力有待提升、企业战略能力有待加强、产业基础设施有待完善、关联支持产业有待加强、生产要素资源有待升级；从外部来看，政府政策体系有待完善、市场开放幅度有待扩大、经济实力有待持续加强。

8.2 研究局限

首先，数字内容产业涉及数字游戏、数字音乐、影视动漫、网络服务、数字出版、内容软件等多个领域，本书评价中国数字内容产业国际竞争力时限于数据原因，仅从总体上对数字内容产业国际竞争力进行分析研究，没有细分到各领域，可能会导致总体评价与各领域的评价呈现一定的不一致性，即可能出现总体上数字内容产业中国弱于其他国家，而某一领域却在全球呈现竞争力领先的状况。

其次，由于数字内容产业和数字内容产品的特殊性，其复杂性以及不确定性远高于传统产业，政府干预在数字内容产业发展过程中起着举足轻重的作用。然而，政府干预因素很难被量化所体现，本书在构建数字内容产业国际竞争力时更多的是选用定性指标来衡量这些因素，会在一定程度上影响结果的准确性。

最后，受限于时间以及数据收集难度，本书在实证研究方面仅对2010~2017年G20国家数字内容产业国际及竞争力进行了比较分析，没有对全球233个国家和地区进行完整的比较分析，同时在细节上研究得不够充分，需要在后续的研究中，分区域对不同国家和地区进行细致的分析，以期对中国数字内容产业发展提供更加准确的参考。

8.3 未来展望

随着数字经济的持续发展，数字内容产业将会在经济发展中扮演更加重要的角色，对其竞争力的研究有待进一步深入展开。鉴于本书研究过程中存在的不足，未来应重点探讨以下几个方面的问题。

第一，进一步细化数字内容产业的分类体系，在总体把握数字内容产业国际竞争力的基础上，根据指标体系进一步研究各细分行业（如网络游戏、网络视频、数字音乐等）的数字内容产业国际竞争力状况，深入把握中国数字内容产业存在的优势与不足，进而根据竞争力制约因素制定各细分行业的数字内容产业国际竞争力提升路径。

第二，及时追踪数字内容产业的发展态势，根据其内容形式的变化,进一步分析数字内容产业国际竞争力的构成要素,优化数字内容产业国际竞争力评价指标体系,运用更加科学的方法加强对指标体系的修正与筛选,进一步降低某些难以量化的指标对评价结果的影响,以保证其能够更加准确地反映数字内容产业的发展现状,进而为政府和企业制定发展战略提供指导。

第三,进一步扩大研究周期以及样本容量,研究周期由现在的2010年的起始点,扩展至数字内容产业在中国的萌芽点2003年,探索各发展阶段数字内容产业的竞争力特点;样本容量由现在的G20国家扩展至全球233个国家和地区,重点探索国家、区域之间的差异,探索适合中国数字内容产业发展的路径。

附录 A　数字内容产业国际竞争力初始评价指标专家咨询表

尊敬的专家：

您好！感谢您百忙之中填写此次问卷。该问卷主要围绕数字内容产业国际竞争力评价来展开调查，旨在咨询您对数字内容产业国际竞争力初始评价指标集的意见，包括对指标重要性程度以及指标数据易得性程度的理解，从而实现对数字内容产业国际竞争力评价指标的筛选与修正！本次调查问卷采用不记名方式，调查结果主要用于博士论文研究，您的评价和判断对于本次研究十分重要。请您分别对指标重要性程度（1-完全不重要，2-基本不重要，3-不太重要，4-不确定，5-有些重要，6-比较重要，7-非常重要）以及易得性程度（1-易得，0-不易得）进行判断，并在相应的分值下面打"√"。

系统层	要素层	序号	初始指标层	重要性程度 1	2	3	4	5	6	7	易得性 1	0
核心竞争力	产品竞争实力	1	数字内容产品原创性									
		2	数字内容产品互动性									
		3	数字内容产品品牌知名度									
		4	数字内容产品出口复杂度									
	企业战略	5	数字内容产业集中度									
		6	数字内容企业运作与策略整合指数									
		7	数字内容企业经营管理水平									

附录 A 数字内容产业国际竞争力初始评价指标专家咨询表

续表

系统层	要素层	序号	初始指标层	重要性程度							易得性	
				1	2	3	4	5	6	7	1	0
核心竞争力	企业规模	8	数字内容企业国际化能力									
		9	全球数字经济 100 强企业上榜数量									
		10	全球互联网 TOP 50 强上市企业上榜数量									
	创新能力	11	专利申请数量									
		12	创新投入指数									
		13	创新产出指数									
		14	数字科研指数									
基础竞争力	生产要素	15	数字内容产业从业人员数量									
		16	每百万人中研究人员数量									
		17	非物质文化遗产数量									
		18	数字内容产业从业人员素质									
		19	信息技术与文化创意产业融合度									
		20	风险资本可获得性									
	关联产业	21	公共教育经费支出占 GDP 比重									
		22	研究与开发经费支出占 GDP 比重									
		23	互联网普及率									
	产业结构	24	数字内容产业聚集程度									
		25	数字内容产业内部结构合理化程度									
		26	数字内容产业内部结构高级化程度									
	产业基础设施	27	数字基础设施指数									
		28	每百万人互联网服务商数量									
		29	信息化发展指数									
		30	每千人宽带用户量									

续表

系统层	要素层	序号	初始指标层	重要性程度 1	2	3	4	5	6	7	易得性 1	0
环境竞争力	经济实力	31	人均国民收入									
		32	国内生产总值									
		33	居民教育、休闲与文化支出占总支出比重									
		34	数字经济发展指数									
		35	全球竞争力指数									
	政府政策	36	数字内容产业政策科学完备性									
		37	数字内容法律法规完善度									
		38	数字贸易规则完备性									
		39	政府数字版权保护度									
		40	政府行政效率指数									
	市场开放度	41	数字内容产业外贸依存度									
		42	吸引外商直接投资流量									
		43	全球化指数									
		44	文化包容性									
现实竞争力	国际贸易绩效	45	贸易竞争优势指数（TC）									
		46	显示性比较优势指数（RCA）									
		47	Michaely波动指数（MI）									
	国际贸易规模	48	数字内容产品出口总额									
		49	数字内容产品出口增长率									
		50	数字内容产品出口占总出口比重									
		51	国际市场占有率指数（MS）									
	产业经营水平	52	数字内容产业增加值占GDP总量比重									
		53	数字内容产业产值规模占GDP总量比重									
		54	数字内容产业产值增长率									

注：①数字内容产品原创性（定性指标）：是指利用信息技术以及先进数字技术，以传统文化

附录 A 数字内容产业国际竞争力初始评价指标专家咨询表

创意产业为基础，进行数字内容产品的创作和研发，形成具有民族和地方特色、健康向上以及技术先进的数字内容产品。数字内容产品原创性越高，则表明数字内容企业乃至整个产业具备较高的国际竞争实力。

②数字内容产品互动性（定性指标）：是指消费者所确信的与虚拟内容产品之间能够产生相互作用的程度，这是传统内容产品与数字内容产品之间最大的差别。数字内容产品的互动性程度，一般用数字内容产品可供选择的程度、可供消费者修改的程度、可被选择和修改的数量、被激发感官的程度来衡量。数字内容产品互动性越高，消费者越容易接受该类数字内容产品，则导致其市场占有率提升。

③数字内容产品品牌知名度（定性指标）：是指一国数字内容产品被潜在消费者认识到或记起的程度，从侧面反映产品的国际化程度。品牌知名度越高，则表明产品国际竞争力越强。

④数字内容产品出口复杂度（定量指标）：是反映出口产品结构的指数，一般用 PRODY 指数或 EXPY 指数来表示。出口复杂度越高，则出口产品的技术含量就越高。

⑤数字内容产业集中度（定量指标）：是指市场上少数几家数字内容企业在产量、销量、市场规模等方面对数字内容产业的支配程度，用于反映一国数字内容产业在市场上的地位高低、规模经济水平以及对市场支配能力的强弱。本书用一国排名前四的数字内容企业产值规模占整个产业超值规模总量的百分比来表示。

⑥数字内容企业运作与策略整合指数（定性指标）：是指一国数字内容企业在产业经营过程中，为使企业的所有资源服从整个战略发展需要，对企业运作能力和策略进行调整与安排，使之形成相互关联、互相配合的战略体系。指数值越高，则企业越能够使得资源利用最大化。

⑦数字内容企业经营管理水平（定性指标）：是指一国数字内容企业为实现自身的生存与发展，对企业经营活动进行计划、组织、指挥、协调以及控制，同时加强对内部员工的约束和激励，从而优化组织结构、提升管理效率。数字内容企业经营管理水平越高，则企业的生产效率就会越高，经营效益就会越好，从而企业就会具备很强的可持续发展能力以及国际经营能力。

⑧数字内容企业国际化能力（定性指标）：是指一国数字内容企业通过产品贸易和对外投资的方式向国际市场输出数字化产品和服务，并积极吸收和转化国际先进经验的能力，既包括数字内容企业的扩张能力，也包括数字内容企业的引进吸收能力。数字内容企业的国际化能力越高，企业越能够在国际范围内促进生产要素的流动与合理配置，则企业的国际形象就会越好，国际竞争力就会越强。

⑨全球数字经济 100 强企业上榜数量（定量指标）：是指通过考察数字内容企业的销售额、利润、资产以及市值，判断一国在全球数字经济 100 强企业中所占的数量，衡量一国数字内容企业的发展规模。

⑩全球互联网 TOP 50 强上市企业上榜数量（定量指标）：是指通过对电子商务、社交、娱乐媒体、金融为代表的互联网应用领域的销售额、利润、资产以及市值进行考察，判断一国在全球互联网 TOP 50 强中所占的数量，用于衡量一国互联网产业的发展规模。

⑪专利申请数量（定量指标）：是指一国专利机构受理技术发明申请专利的数量，包括居民申请专利数量和非居民专利申请数量两部分，用于侧面衡量一个国家和企业的创新能力。

⑫创新投入指数（定量指标）：是指一国通过创新的人力财力投入情况、企业创新主体中发挥关键作用的部门（即研发机构）建设情况以及创新主体的合作情况来反映国家创新体系中各主体的作用和关系。

⑬创新产出指数（定量指标）：是指一国通过论文、专利、商标、技术成果成交额反映创新中间产出结果的量化指标。

⑭数字科研指数（定量指标）：是通过考察一国的 ICT 专利数量以及数学、计算机科学高引用论文来判断该国的数字科研水平。

⑮数字内容产业从业人员数量（定量指标）：是指一国从事数字内容产业经营的人员总和，直接反映一国数字内容产业的发展程度。

⑯每百万人中研究人员数量（定量指标）：是指一国每一百万人中所拥有的专业研究人员的数量，用于衡量一国数字内容产业高端研发人才方面的竞争优势。

⑰非物质文化遗产数量（定量指标）：指一国所具有的被各群体、团体，有时为个人所视为其

文化遗产的各种实践、表演、表现形式、知识体系和技能及其有关的工具、实物、工艺品和文化场所的总数。用于衡量数字内容产业所具备的文化资源优势。

⑱数字内容产业从业人员素质（定性指标）：指一国数字内容产业从业人员在从事生产经营活动中所具备的知识、技巧、品质以及工作的能力。用于衡量该国数字内容产业中人力资源方面的竞争优劣势。

⑲信息技术与文化创意产业融合度（定性指标）：是指一国信息技术与文化创意产业深度融合的能力和程度，用于衡量一国文化资源的数字化转化程度。

⑳风险资本可获得性（定性指标）：是指一国数字内容产业发展过程中通过私募方式募集发展资本的能力，用于衡量一国数字内容产业资本方面的竞争优势。

㉑公共教育经费支出占GDP比重（定量指标）：指一国用于开展公共教育活动的全部实际支出占同期GDP比重，用于衡量数字内容产业的相关产业即教育产业发展状况的指标。

㉒研究与开发经费支出占GDP比重（定量指标）：指一国用于开展研究与发展活动的全部实际支出占同期GDP的比重，用于从宏观上衡量数字内容产业的关联产业即科技产业的发展水平。

㉓互联网普及率（定量指标）：指一国互联网用户占该国总人口的比重，是体现网络普及程度的国际通用指标，用于考察数字内容产业的关联产业即网络产业的总体发展状况。

㉔数字内容产业聚集程度（定量指标）：指一国数字内容产业上下游企业之间的空间聚集与联系水平以及产业与相关产业间相互影响带动、协同发展的能力，用于考察该国数字内容产业上下游企业的集聚效应以及空间内部的产业联系网络。

㉕数字内容产业内部结构合理化程度（定性指标）：是指一国数字内容产业通过结构调整，实现各细分行业协调化发展的程度，用于从侧面衡量一国数字内容产业结构水平。

㉖数字内容产业内部结构高级化程度（定性指标）：是指一国数字内容产业从低级形式向高级形式转化的程度，用于从侧面衡量一国数字内容产业结构水平。

㉗数字基础设施指数（定量指标）：是指通过考察一国的网络接入的覆盖、速度、网络使用的可负担水平，从而侧面衡量该国数字化基础设施的发展水平。

㉘每百万人互联网服务商数量（定量指标）：是指一国每百万人中面向公众提供信息服务的经营者，用于侧面反映网络基础设施的发展水平。

㉙信息化发展指数（定量指标）：是指由国际电信联盟（IDI）发布的用于衡量和跟踪一国信息技术发展程度、测算和比较信息化发展水平、衡量各国数字鸿沟以及信息化发展潜力的定量指标。信息化发展指数越大，则表明一国信息化发展水平越高，则数字内容产业发展的基础就越强，竞争力就越大。

㉚每千人宽带用户量（定量指标）：是指一国每一千人中使用宽带的用户数量，用于衡量一国的宽带覆盖率。

㉛人均国民收入（定量指标）：指一国在一年内按人口平均的国民收入占有量，用于从侧面衡量该国国民的生活水平以及开展数字内容产品消费的物质基础与经济实力。

㉜国内生产总值（定量指标）：是一定时期内一个国家（地区）内的经济活动中所生产出之全部最终成果（产品和劳务）的市场价值，是衡量一个国家或地区经济状况和发展水平的重要数据。

㉝居民教育、休闲与文化支出占总支出比重（定量指标）：指一国个人用于教育、休闲、文化的实际支出占所有消费支出的比重，其主要用于衡量一国居民文化消费心理及消费构成。

㉞数字经济发展指数（定量指标）：是指由阿里研究院和毕马威联合构建的评价指标，其包含数字基础设施、数字消费者、数字产业生态、数字公共服务、数字科研五大维度，该指标反映了数字经济的发展水平、结构及路径。数字经济发展指数越高，则表明数字经济发展水平越强，数字内容产业发展的基础越雄厚，国际竞争力就会越强。

㉟全球竞争力指数（定量指标）：是通过考察一国的基础条件、效能提升以及创新成熟度来衡量竞争力，旨在衡量一国在中长期取得经济持续增长的能力。

㊱数字内容产业政策科学完备性（定性指标）：指一国所出台的各项数字内容产业政策是否科学可行、健全完善以及为产业发展营造良好政策环境的能力，用于考察数字内容产业发展与产业管理的宏观政策环境。

㊲数字内容法律法规完善度（定性指标）：指一国数字内容产业发展所处的宏观法律环境以及

产业法律体系的完善度，用于衡量政府在数字内容产业管理以及法规制定等方面为产业营造良好环境的能力。

㊳数字贸易规则完备性（定性指标）：是指一国所出台的数字化产品贸易的规则是否完备、健全及合理，用于衡量政府在数字内容产业国际贸易方面为产业所营造的良好环境。

㊴政府数字版权保护度（定性指标）：是指政府对网络中传播的数字产品进行保护的力度，用于衡量该国从数字版权保护方面为数字内容产业发展提供法律保障的能力。

㊵政府行政效率指数（定性指标）：是指一国政府所具备的政府决策能力、地方政府执行能力、公权廉洁管制力、公务员素质以及行政成本，用于衡量政府行政能力的高低及为数字内容产业发展提供外部动力的能力。

㊶数字内容产业外贸依存度（定性指标）：指一国的数字内容产业进出口总额占该国国民生产总值或国内生产总值的比重，用于考察该国数字内容产业对国际市场的依赖程度与对外开放程度。

㊷吸引外商直接投资流量（定性指标）：指外国企业和经济组织或个人按该国有关政策、法规，用现汇、实物、技术等在该国境内开办外商独资企业、与该国境内的企业或经济组织共同举办中外合资经营企业、合作经营企业或合作开发资源的投资，以及经政府有关部门批准的项目投资总额内企业从境外借入的资金，用于侧面衡量一国对外开放的程度。

㊸全球化指数（定量指标）：是指通过经济、社会、政治三个方面考察一国的国家化程度，侧面反映了国家的整体开放程度。

㊹文化包容性（定性指标）：是指一国对国外文化所具备的兼收并蓄和求同存异的能力，用于衡量一国对外来文化所持有的开放态度。

㊺贸易竞争优势指数（TC）（定量指标）：是指一国进出口贸易的差额占其进出口贸易总额的比重，反映的是相对于全球其他国家所供应的某种产品而言，本国供应的产品是否具备竞争优势。数值越大，则表明本国产品竞争优势越强。贸易竞争优势指数的计算公式：TC 指数 =（出口 - 进口）/（出口 + 进口）。

㊻显示性比较优势指数（RCA）（定量指标）：是指一个国家某种产品的出口值占该国所有出口产品总值的份额，与全球同类产品的出口值占世界所有产品出口总值的份额的比例，反映的是一个国家某一产业在全球同类产业中的竞争地位。数值越大，则表明产业竞争力越强。显示性竞争优势指数的计算公式：RCA 指数 =（数字内容产品出口额/本国所有产品出口额）/（全球数字内容产品出口额/全球所有产品出口额）。

㊼Michaely 波动指数（MI）（定量指标）：是指经济变数每年变动平均程度的大小，其值代表的是经济稳定程度。数值为正，表明具备竞争优势；数值为负，表明具备竞争劣势。Michaely 波动指数（MI）的计算公式：MI =（数字内容产品出口额/该国所有产品出口额）-（数字内容产品进口额/该国所有产品进口额）。

㊽数字内容产品出口总额（定量指标）：是指一国一年内数字内容产品的出口总量，用于从量上衡量数字内容产业的出口规模。

㊾数字内容产品出口增长率（定量指标）：是指一国当前数字内容产品出口额与去年数字内容产品出口额的比重，用于从增长率上衡量数字内容产业出口规模。

㊿数字内容产品出口占总出口比重（定量指标）：是指一国数字内容产品出口额占本国所有产品出口总额的比重，所占比值越高，则竞争力越强。

(51)国际市场占有率指数（MS）（定量指标）：是指一国数字内容产品出口额占全球数字内容产品出口总额的比重，所占比值越高，则竞争力越强。国际市场占有率指数（MS）计算公式：MS =（本国数字内容产品出口总额/全球数字内容产品出口总额）×100%

(52)数字内容产业增加值占 GDP 总量比重（定量指标）：是指一国数字内容产业的总收入扣除在生产过程中消耗或转移的物质产品和劳务价值后的余额后所占当期 GDP 的比重，反映了一国数字内容产业的利润水平。

(53)数字内容产业产值规模占 GDP 总量比重（定量指标）：是指一国数字内容产业产值规模占同期 GDP 的比重，用于衡量一国数字内容产业的经营水平。

(54)数字内容产业产值增长率（定量指标）：是指一国当年数字内容产业产值规模与去年数字内容产业产值规模的比值，用于衡量一国数字内容产业的成长水平。

附录 B 基于层次分析法的数字内容产业国际竞争力评价指标权重确定调查问卷

尊敬的专家：

您好！我是对外经济贸易大学博士研究生，为确定数字内容产业国际竞争力评价指标体系各指标的权重，麻烦您在百忙之中抽出时间完成以下问卷！请您针对问卷中提到的两个指标之间的相对重要性加以比较：调查问卷采用 1~9 标度法，请在相应的刻度下打"√"，数字标度的具体含义如下表所示：

标度	定义	说明
1	同样重要	两因素相比，具有相同的重要性
3	稍微重要	两因素相比，一因素比另一因素稍微重要
5	明显重要	两因素相比，一因素比另一因素明显重要
7	非常重要	两因素相比，一因素比另一因素重要得多
9	极端重要	两因素相比，一因素比另一因素极端重要
2、4、6、8	—	上述相邻判断的中间值

第一层比较："数字内容产业国际竞争力"系统层重要性两两比较

指标	1	2	3	4	5	6	7	8	9	指标
核心竞争力										基础竞争力
核心竞争力										环境竞争力

附录 B　基于层次分析法的数字内容产业国际竞争力评价指标权重确定调查问卷

续表

指标	1	2	3	4	5	6	7	8	9	指标
核心竞争力										现实竞争力
基础竞争力										环境竞争力
基础竞争力										现实竞争力
环境竞争力										现实竞争力

第二层比较："数字内容产业国际竞争力"系统层下各要素重要性两两比较

1. "核心竞争力"系统下各要素重要性两两比较

指标	1	2	3	4	5	6	7	8	9	指标
产品竞争实力										企业战略
产品竞争实力										企业规模
产品竞争实力										创新能力
企业战略										企业规模
企业战略										创新能力
企业规模										创新能力

2. "基础竞争力"系统下各要素重要性两两比较

指标	1	2	3	4	5	6	7	8	9	指标
生产要素										关联产业
生产要素										产业组织
生产要素										产业基础设施
关联产业										产业组织
关联产业										产业基础设施
产业组织										信息基础设施

3. "环境竞争力"系统下各要素重要性两两比较

指标	1	2	3	4	5	6	7	8	9	指标
经济实力										政府政策
经济实力										市场开放度
政府政策										市场开放度

4. "现实竞争力"系统下各要素重要性两两比较

指标	1	2	3	4	5	6	7	8	9	指标
国际贸易绩效										国际贸易规模
国际贸易绩效										产业经营水平
国际贸易规模										产业经营水平

第三层比较:"数字内容产业国际竞争力"要素层下各指标重要性两两比较

1. "竞争实力"要素层下各指标重要性两两比较

指标	1	2	3	4	5	6	7	8	9	指标
数字内容产品原创性										数字内容产品互动性
数字内容产品原创性										数字内容产品品牌知名度
数字内容产品互动性										数字内容产品品牌知名度

2. "企业战略"要素层下各指标重要性两两比较

指标	1	2	3	4	5	6	7	8	9	指标
数字内容产业集中度										数字内容企业运作与策略整合指数

附录 B 基于层次分析法的数字内容产业国际竞争力评价指标权重确定调查问卷

续表

指标	1	2	3	4	5	6	7	8	9	指标
数字内容产业集中度										数字内容企业经营管理水平
数字内容企业运作与策略整合指数										数字内容企业经营管理水平

3. "企业规模"要素层下各指标重要性两两比较

指标	1	2	3	4	5	6	7	8	9	指标
数字内容企业国际化能力										全球数字经济 100 强企业上榜数量
数字内容企业国际化能力										全球互联网 TOP 50 强上市企业上榜数量
全球数字经济 100 强企业上榜数量										全球互联网 TOP 50 强上市企业上榜数量

4. "创新能力"要素层下各指标重要性两两比较

指标	1	2	3	4	5	6	7	8	9	指标
专利申请数量										创新投入指数
专利申请数量										创新产出指数
专利申请数量										数字科研指数
创新投入指数										创新产出指数
创新投入指数										数字科研指数
创新产出指数										数字科研指数

5. "企业规模"要素层下各指标重要性两两比较

指标	1	2	3	4	5	6	7	8	9	指标
每百万人中研究人员数量										非物质文化遗产数量
每百万人中研究人员数量										数字内容产业从业人员素质
每百万人中研究人员数量										信息技术与文化创意产业融合度
每百万人中研究人员数量										风险资本可获得性
非物质文化遗产数量										数字内容产业从业人员素质
非物质文化遗产数量										信息技术与文化创意产业融合度
非物质文化遗产数量										风险资本可获得性
数字内容产业从业人员素质										信息技术与文化创意产业融合度
数字内容产业从业人员素质										风险资本可获得性
信息技术与文化创意产业融合度										风险资本可获得性

6. "关联产业"要素层下各指标重要性两两比较

指标	1	2	3	4	5	6	7	8	9	指标
公共教育经费支出占GDP比重										研究与开发经费支出占GDP比重
公共教育经费支出占GDP比重										互联网普及率
互联网普及率										研究与开发经费支出占GDP比重

附录 B 基于层次分析法的数字内容产业国际竞争力评价指标权重确定调查问卷

7. "产业结构"要素层下各指标重要性两两比较

指标	1	2	3	4	5	6	7	8	9	指标
数字内容产业聚集程度										数字内容产业内部结构合理化程度
数字内容产业聚集程度										数字内容产业内部结构高级化程度
数字内容产业内部结构合理化程度										数字内容产业内部结构高级化程度

8. "信息基础设施"要素层下各指标重要性两两比较

指标	1	2	3	4	5	6	7	8	9	指标
数字基础设施指数										每百万人互联网服务商数量
数字基础设施指数										信息化发展指数
数字基础设施指数										每千人宽带用户量
每百万人互联网服务商数量										信息化发展指数
每百万人互联网服务商数量										每千人宽带用户量
信息化发展指数										每千人宽带用户量

9. "经济实力"要素层下各指标重要性两两比较

指标	1	2	3	4	5	6	7	8	9	指标
人均国民收入										国内生产总值
人均国民收入										居民教育、休闲与文化支出占总支出比重
人均国民收入										数字经济发展指数

续表

指标	1	2	3	4	5	6	7	8	9	指标
人均国民收入										全球竞争力指数
国内生产总值										居民教育、休闲与文化支出占总支出比重
国内生产总值										数字经济发展指数
国内生产总值										全球竞争力指数
居民教育、休闲与文化支出占总支出比重										数字经济发展指数
居民教育、休闲与文化支出占总支出比重										全球竞争力指数
数字经济发展指数										全球竞争力指数

10. "政府政策"要素层下各指标重要性两两比较

指标	1	2	3	4	5	6	7	8	9	指标
数字内容产业政策科学完备性										数字内容法律法规完善度
数字内容产业政策科学完备性										数字贸易规则完备性
数字内容产业政策科学完备性										政府数字版权保护度
数字内容法律法规完善度										数字贸易规则完备性
数字内容法律法规完善度										政府数字版权保护度
数字贸易规则完备性										政府数字版权保护度

11. "市场开放度"要素层下各指标重要性两两比较

指标	1	2	3	4	5	6	7	8	9	指标
数字内容产业外贸依存度										吸引外商直接投资流量
数字内容产业外贸依存度										全球化指数

附录 B　基于层次分析法的数字内容产业国际竞争力评价指标权重确定调查问卷

续表

指标	1	2	3	4	5	6	7	8	9	指标
数字内容产业外贸依存度										文化包容性
吸引外商直接投资流量										全球化指数
吸引外商直接投资流量										文化包容性
全球化指数										文化包容性

12. "国际贸易绩效"要素层下各指标重要性两两比较

指标	1	2	3	4	5	6	7	8	9	指标
贸易竞争优势指数（RCA）										显示性比较优势指数（TC）
贸易竞争优势指数（RCA）										Michaely波动指数（MI）
显示性比较优势指数（TC）										Michaely波动指数（MI）

13. "国际贸易规模"要素层下各指标重要性两两比较

指标	1	2	3	4	5	6	7	8	9	指标
数字内容产品出口总额										数字内容产品出口增长率
数字内容产品出口总额										数字内容产品出口占总出口比重
数字内容产品出口总额										国际市场占有率指数（MS）
数字内容产品出口增长率										数字内容产品出口占总出口比重
数字内容产品出口增长率										国际市场占有率指数（MS）
数字内容产品出口占总出口比重										国际市场占有率指数（MS）

14. "产业经营水平"要素层下各指标重要性两两比较

指标	1	2	3	4	5	6	7	8	9	指标
数字内容产业产值规模										数字内容产业产值规模占GDP比重

附录 C　数字内容产业国际竞争力评价指标体系定性指标专家打分表

尊敬的专家：

您好！感谢您百忙之中填写此次问卷。该问卷主要围绕所构建的数字内容产业国际竞争力评价指标体系来展开调查，目的在于了解您对评价指标体系中所涉及的 17 项定性指标在 G20 国家不同状况的认识和判断，并通过打分的方式以获取这些定性指标的数据。本次调查问卷采用不记名方式，调查结果主要用于博士论文研究，您的评价和判断对于本次研究十分重要。麻烦您就以下 17 项指标按照 7 分值（1 - 最低，2 - 低，3 - 较低，4 - 一般，5 - 较高，6 - 高，7 - 最高）的标度在以下表格内进行打分！再次感谢您对本次研究的帮助与支持！

指标	中国	美国	日本	德国	法国	英国	意大利	加拿大	俄罗斯	阿根廷	澳大利亚	巴西	印度	印度尼西亚	墨西哥	沙特阿拉伯	南非	韩国	土耳其
数字内容产品原创性																			
数字内容产品互动性																			
数字内容产品品牌知名度																			
数字内容产业聚集程度																			
数字内容产业内部结构合理化程度																			

续表

指标	中国	美国	日本	德国	法国	英国	意大利	加拿大	俄罗斯	阿根廷	澳大利亚	巴西	印度	印度尼西亚	墨西哥	沙特阿拉伯	南非	韩国	土耳其
数字内容产业内部结构高级化程度																			
数字内容企业运作与策略整合指数																			
数字内容企业经营管理水平																			
数字内容企业国际化能力																			
数字内容产业从业人员素质																			
信息技术与文化创意产业融合度																			
风险资本可获得性																			
数字内容产业政策科学完备性																			
数字内容法律法规完善度																			
数字贸易规则完备性																			
政府数字版权保护度																			
文化包容性																			

参 考 文 献

[1] 安欣. 我国出版企业核心竞争力评价及提升策略研究 [D]. 武汉: 武汉大学, 2011.

[2] 艾瑞咨询. 2018 中国动漫行业研究报告 [EB/OL]. http://www.199it.com/archives/808558.html.

[3] 陈佳贵. 关于企业生命周期与企业蜕变的探讨 [J]. 中国工业经济, 1995 (11): 5 – 13.

[4] 崔党群. Logistic 曲线方程的解析与拟合优度测验 [J]. 数理统计与管理, 2005 (1): 112 – 116.

[5] 陈芳, 赵彦云. 中国汽车制造企业群的国际竞争力评价与分析 [J]. 统计研究, 2007 (5): 83 – 89.

[6] 曹芳, 杨宁宁. 产业演进中企业技术创新的路径选择——以信息产业为例 [J]. 工业技术经济, 2007 (1): 21 – 22.

[7] 常征. 中国数字内容产业生命周期模型建立与阶段识别 [J]. 北京邮电大学学报 (社会科学版), 2012 (1): 67 – 73.

[8] 陈少峰, 陈晓燕. 基于数字文化产业发展趋势的商业模式构建 [J]. 北京联合大学学报 (人文社会科学版), 2013 (2): 68.

[9] 陈美华. 全媒体视域下的区域出版产业竞争力评价与提升研究——以江西省为例 [D]. 南昌: 南昌大学, 2018.

[10] 陈鹏. 中国互联网视听行业发展报告 (2018) [M]. 北京: 社会科学文献出版社, 2018.

[11] 狄昂照. 国际竞争力 [M]. 北京: 改革出版社, 1992.

[12] 郭毅夫. 基于产业生命周期的商业模式创新 [J]. 高科技与产业

化，2012（2）：29-31.

[13] 韩洁，谭予涵，谭霞，等.美国版权战略对我国文化产业发展的启示[J].重庆工商大学学报（社会科学版），2009（1）：105.

[14] 黄先蓉，田常清.新闻出版业国际竞争力与影响力评价指标体系研究[J].贵州师范大学学报（社会科学版），2013（4）：21-29.

[15] 何向莲.上海数字内容产业贸易竞争力[J].编辑学刊，2018（4）：12-16.

[16] 贺正楚，曹德，吴艳.中国制造业发展质量与国际竞争力的互动路径[J].当代财经，2018（11）：88-99.

[17] 黄楚新.2018年中国数字内容产业发展报告[J].出版发行研究，2019（7）：5-11.

[18] 林红.中国服务贸易竞争力研究[D].西安：西北大学，2007.

[19] 李建峰.英国的知识产权保护及其对我国的启示[J].学习与探索，2007（4）：117-119.

[20] 雷弯山.福建省数字内容产业发展问题研究[J].中共福建省委党校学报，2008（12）：95-102.

[21] 李霄.出版行业自律管理研究[D].武汉：武汉大学，2010：115-119.

[22] 吕宇翔.美英数字内容产业发展概况[J].文化产业导刊，2014（7）：24-26.

[23] 陆琳.数字内容产业园区建设[D].苏州：苏州大学，2015.

[24] 李鹏.中国数字内容产业的发展与平台生态自我规制研究[D].南京：东南大学，2015.

[25] 李鹏.数字内容产业的自我规制研究[J].软科学，2017（2）：33-37.

[26] 蓝志勇，刘洋.美国人才战略的回顾与启示[J].国家行政学院学报，2017（1）：50-55.

[27] 刘果, 王梦洁. 数字内容产业发展：基于经济、产业、用户的视角 [J]. 求索, 2017 (7)：91-95.

[28] 林环. 欧美国家数字内容产业发展政策模式比较 [J]. 中国出版, 2018 (6)：63-66.

[29] 李向阳. 经济全球化的发展方向 [J]. 求是, 2018 (21).

[30] 迈克尔·波特. 国家竞争优势 [M]. 北京：华夏出版社, 2002.

[31] 迈克尔·波特. 竞争论 [M]. 北京：中信出版社, 2003.

[32] 迈克尔·波特. 竞争优势 [M]. 北京：华夏出版社, 2005.

[33] 迈克尔·波特. 竞争战略 [M]. 北京：华夏出版社, 2005.

[34] 金碚. 产业国际竞争力研究 [J]. 经济研究, 1996 (11)：39-59.

[35] 金碚. 竞争力经济学 [M]. 广州：广东经济出版社, 2003.

[36] 沈菲. 我国数字内容产业发展现状及对策分析 [A]. 首届中国传媒经济学博士生论坛文集, 2007：134-142.

[37] 苏浩. 我国银行业自律管理问题研究 [D]. 保定：河北大学, 2013.

[38] 汤伟伟, 汪涛, 王三银. 基于改进灰色关联分析法的企业文化竞争力综合评价 [J]. 商业时代, 2010 (11)：138-139.

[39] 田常清. 出版产业国际竞争力评价理论与实证研究 [D]. 武汉：武汉大学, 2014.

[40] 王京安, 徐梁. 美国数字内容产业发展历程及其启示 [J]. 现代情报, 2010 (8)：119-122.

[41] 王斌, 蔡宏波. 数字内容产业的内涵、界定及国际比较 [J]. 财贸经济, 2010 (2)：110-117.

[42] 王珊. 基于产业融合的数字内容产业发展研究 [D]. 北京：北京邮电大学, 2010.

[43] 伍文卓. 中国数字内容产业发展研究 [D]. 北京：北京邮电大学, 2012.

[44] 王云, 朱宇恩, 张军营, 等. 中国煤炭产业生命周期模型构建与发展阶段判定 [J]. 资源科学, 2015 (10): 1881-1890.

[45] 王晓红, 谢妍. 中国网络视频产业: 历史、现状及挑战 [J]. 现代传播, 2016 (6): 1.

[46] 谢康. 经济效率: 中国企业国际竞争力的核心和本质 [J]. 世界经济研究, 2004 (11): 4-10.

[47] 徐革. 电子资源评价之重要影响因子的灰色统计研究 [J]. 现代图书情报技术, 2005 (11): 82-90.

[48] 谢小勇. 我国数字内容产业的发展及国际竞争优势分析 [D]. 上海: 复旦大学, 2006.

[49] 谢友宁, 杨海平, 金旭虹. 数字内容产业发展研究——以内容产业评估指标为对象的探讨 [J]. 图书情报工作, 2010 (12): 54-58.

[50] 向勇, 权基永. 韩国文化产业立国战略研究 [J]. 华中师范大学学报 (人文社会科学版), 2013 (4): 107-112.

[51] 肖洋. 我国数字出版产业发展战略研究——基于产业结构、区域、阶段的视角 [D]. 南京: 南京大学, 2013.

[52] 熊励, 顾勤琴, 陈朋. 数字内容产业竞争力指数评价体系研究——来自上海的实证 [J]. 科技进步与对策, 2014 (18): 140-144.

[53] 熊澄宇, 张铮, 孔少华. 世界数字文化产业发展现状与趋势 [M]. 北京: 清华大学出版社, 2016.

[54] 熊澄宇, 孔少华. 世界数字内容产业发展概况 [J]. 文化产业导刊, 2014 (7): 16-23.

[55] 谢锐, 王菊花, 王振国. 全球价值链背景下中国产业国际竞争力动态变迁及国际比较 [J]. 世界经济研究, 2017 (11): 100-111.

[56] 徐晨, 吴大华, 唐兴伦. 数字经济: 新经济 新治理 新发展 [M]. 北京: 经济日报出版社, 2017.

[57] 肖宇，夏长杰．我国数字文化产业发展现状、问题与国际比较研究［J］．全球化，2018（8）：70－85．

[58] 闫世刚．数字内容产业国际发展模式比较及借鉴［J］．技术经济与管理研究，2011（1）：104－107．

[59] 杨海平，古丽，沈传尧．数字内容产业创新管理研究［J］．图书馆杂志，2011（2）：57－60．

[60] 杨毅，张琳，王佳．政府补贴对数字内容产业绩效影响的实证研究——基于我国上市影视公司的全业态数据分析［J］．中国文化产业评论，2017（1）：334－347．

[61] 张会恒．论产业生命周期理论［J］．财贸研究，2004（6）：7－11．

[62] 赵彦云，等．中国产业竞争力研究［M］．北京：经济科学出版社，2009．

[63] 赵东麒，桑百川．入世十五年中国产业国际竞争力变动趋势分析［J］．国际经贸探索，2016（11）：4－15．

[64] 曾涛．我国地区文化创意产业竞争力评价研究［D］．西安：西安建筑科技大学，2016．

[65] 赵春华．我国数字内容产业的政策演变与评估［D］．太原：山西大学，2018．

[66] 中国音像与数字出版协会．2018年中国数字阅读白皮书［EB/OL］．http：//www.199it.com/archives/911487.html．

[67] 中国互联网信息中心．第44次互联网络发展状况统计报告［EB/OL］．http：//www.cac.gov.cn/2019－08/30/c_1124938750.htm．

[68] 中国音数协游戏工委（GPC）、伽马数据（CNG）．2018年中国游戏产业报告［EB/OL］．http：//www.cgigc.com.cn/gamedata/20752.html．

[69] 中商产业研究院．2017年中国在线动漫市场发展报告［EB/OL］．http：//www.askci.com/news/chanye/20180413/174308121492.shtml．

[70] 中商产业研究院．2018年中国动画行业市场前景研究报告［EB/

OL］．http：//www．askci．com/news/chanye/20180713/1726081125949．shtml．

[71] 中国信息通信研究院．中国数字经济发展与就业白皮书（2018）［EB/OL］．http：//www．199it．com/archives/862928．html．

[72] 中国信息通信研究院．中国数字经济发展与就业白皮书（2019）［EB/OL］．https：//www．dx2025．com/newsinfo/1070745．html．

[73] 赵章靖．美国：培养有竞争力的技能人才［N］．中国教育报，2018－10－26．

[74] 郑飞．产业生命周期、市场集中与经济绩效——基于中国493个工业子行业的实证研究［J］．经济经纬，2019（3）：81－87．

[75] 张立，吴素平．我国数字内容产业投资价值与发展趋势研究［J］．出版发行研究，2019（7）：12－22．

[76] 张立．数字内容市场规模持续增长发展前景广阔［N］．国际出版周报，2019－09－09：008．

[77] Bill Mickey. Special report：State of the content industry［J］. Econtent, 2001（24）：20－21.

[78] Cartwright, W R. Multiple linked diamonds：New Zealand's experience［J］. Management International Review, 1993, 33（1）：55－69.

[79] C Vanessa Barnett. Everyone agrees that DRM is now holding the industry back［J］. New Media Age, 2008（3）：16.

[80] Chao Lu, Jingyuan Qiao, Jialu Chang. Herfindahl－hirschman index based performance analysis on the convergence development［J］. Cluster Computing, 2017, 20（1）.

[81] David M Scott. The web isn't a new spaper, it's a city［J］. Econtent, 2005（28）：48.

[82] Dong－Hee Shin. A web of stakeholders an strategies in the digital TV transition：The switch over to digital broad-casting in Korea［J］. CPR

Africa 2012/CPR South 7 Conference, 2012.

[83] Dunning J H. Internationalizing porter's diamond [J]. Management International Review, 1993, 33 (2): 8 – 15.

[84] Downey. Feminine empowerment in Disney's beauty and the beast [J]. Women's Studies in Communication, 1996, 2 (19): 185 – 212.

[85] Elias Crim. Are digital assets real money [J]. American Printer, 1997, 220: 84.

[86] Eleonara Pantano. Virtual cultural heritage consumption: A 3D learning experience [J]. Int. J. of Technology Enhanced Learning, 2011 (5): 482 – 495.

[87] Forgacs D. Disney animation and the business of childhood [J]. Screen, 1992, 4 (33): 361 – 374.

[88] Fu Qiang. Digital publishing: A new revolution [J]. Zhejiang Daxue Xuebao, 2008 (38): 84 – 89.

[89] Han Jieping. The research and progress of global digital content industry [C]. 2010 Second International Seminar on Business and Information Management, 2010: 74 – 79.

[90] Jovi Tanada Yam. Napster faces the music [J]. Business World, 2001 (1): 15.

[91] Justin Pearse. Media giants lobby mobile operators [J]. New Media Age, 2005 (6): 2.

[92] Jialin Jin, Jiaxin Zhu. Study on the development and evolution of digital content industry and strategic countermeasures taking Japan as an example [C]. Proceedings of the 3rd International Conference on Judicial, Administrative and Humanitarian Problems of State Structures and Economic Subjects (JAHP 2018), 2018: 316 – 320.

[93] Klepper S, Gort M, Klepper S, et al. Time paths in the diffusion of product innovations [J]. General Information, 1982, 92 (367):

630 - 653.

[94] Kurt Ernst Weil, Porter. Competitive advantage, creating and sustaining superior performance [J]. Revista de Administração de Empresas, 1985 (2): 82 - 84.

[95] Klepper S, Graddy E. The evolution of new industries and the determinants of market structure [J]. Rand Journal of Economics, 1990, 21 (1): 27 - 44.

[96] Kevin Crowston, Michael D Myers. Information technology and the transformation of industries: Three research perspectives [J]. Journal of Strategic Information Systems, 2004: 5 - 28.

[97] Ko Hsien - Tang, Chang Chi, Chu Nan - Shiun. The positioning and current situation of Taiwan's digital TV [J]. International Journal of Digital Television, 2011, 2 (11): 95 - 107.

[98] Law rence Lessig. Make way for copyright chaos [N]. New York Times, 2007 - 03 - 18: 12.

[99] Li Chuan. Evaluating weights of stages in digital content lifecycle using AHP [C]. Proceedings of 2008 International Conference on Public Administeration (3RD), 2007 (1): 1042 - 1046.

[100] Li Xiong, Peng Chen. Analysis of digital rights management for the consumer behaviors and the implications for the digital content industry [C]. Proceedings of 3rd International Conference on Multimedia Technology (ICMT - 13), 2013: 309 - 316.

[101] Li Zhang, Suping Wu. Current status, trends and investment value of the digital content industry in China [J]. Publishing Research Quarterly, 2019 (3): 463 - 484.

[102] Justin Pearse. Mobile industry vulnerable to Euro regulation [J]. New Media Age, 2004 (10): 2.

[103] Markku Sotarauta. Customized innovation policies and the regions:

Digital contentservices and intelligent machinery in Finland [J]. European Urban and Regional Studies, 2013, 20 (2): 258 – 274.

[104] Nigar Pandrianto. "Networking Strategy", Business and Media Content Strategy of Print Media Industry in Digital Era (Case Study of Kompas Gramedia Media) [C]. Proceedings of the 1st Aceh Global Conference (AGC 2018), 2019: 15 – 18.

[105] Porter, M. E. The competitive advantage of nations [M]. New York: Free Press, 1990.

[106] Porter M E. Clusters and the new economics of competition [J]. Harvard Business Review, 1998 (6): 77 – 90.

[107] Oscar Gonzalez – Rojas, Dario Correal, Manuel Camargo. ICT capabilities for supporting collaborative work on business processes within the digital content industry [J]. Computers in Industry, 2016 (80): 16 – 29.

[108] Peter Maskell, Anders Malmberg. The competitiveness of firms and regions: 'Ubiquitification' and the importance of localized learning [J]. European Urban and Regional Studies, 1996 (1): 9 – 25.

[109] Rugman A M, D'Cruz R. The "double diamond" model of international competitiveness: The Canadian experience [J]. Management International Review, 1993, Special Issue, 33 (2): 17 – 39.

[110] Sophie T Schweitzer. Managing interactions between technological and stylistic innovation in the media industries [J]. Technology Analysis & Strategic Management, 2003 (15): 19 – 41.

[111] Steve Smith. The rising price of privacy [J]. Econtent, 2008 (31): 18.

[112] Sung – Ho Shin, Wha – Mook Yoon, Won – Kyung Sung. A research model for evaluating the success of the dcms: A digital content management system [J]. Expert Systems with Applications, 2008, 34

(1): 63 - 71.

[113] Sascha Fuerst. Global value chains and local cluster development: A perspective on domestic small enterprises in the 3D - Animation industry in Colombia [J]. Número 16 enero-junio, 2010: 89 - 102.

[114] S. R. Subramanya. Enhancing digital educational content consumption experience [J]. Journal of research in Innovative Teaching, 2012, 5 (1): 106 - 115.

[115] Simon A. Industry self-regulation: a game-theoretic typology of strategic voluntary compliance [J]. International Journal of Economics of Business, 2012, 11, 91 - 106.

[116] Sanchez, Joseph. Forecasting public library E-content costs [J]. Library Technology Reports, 2015: 8 - 15.

[117] Technology Briefing Internet: Intertainer Files Suit Against Film Units [N]. New York Times, 2002 - 9 - 25: 7

[118] Jennifer Paige Montana, Boris Nenide. The evolution of regional industry clusters and their implications for sustainable economic development: Two case illustrations [J]. Economic Development Quarterly, 2008 (4): 290 - 302.

[119] USITC. Global digital trade1: Market opportunities and key foreign trade restrictions [EB/OL]. https://www.usitc.gov/publications/332/pub4716_0.pdf.

[120] Vernon R. International investment and international trade in the product cycle [J]. International Economics Policies & Their Theoretical Foundations, 1966, 8 (4): 415 - 435.

[121] Warren P, Greenop D, Crawley B. The content industry-convergence and diversity [J]. Journal of the Institution of British Telecommunications Engineers, 2001 (2): 59 - 66.

[122] Wen - Hong Chiu, Rongann Deng, Cheng - Tung Chang, et al. De-

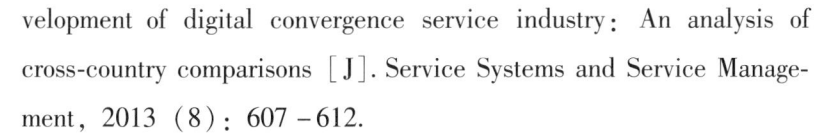

velopment of digital convergence service industry: An analysis of cross-country comparisons [J]. Service Systems and Service Management, 2013 (8): 607-612.

[123] Yong Gyu Joo, So Young Sohn. Structural equation model for effective CRM of digital content industry [J]. Expert Systems with Applications, 2008, 34 (1): 63-71.